The Richard D. Wyckoff Method
of Trading and Investing in Stocks

擒庄秘籍 精解版

威科夫量价交易技术实战教程

量价分析鼻祖理查德·D.威科夫 巅峰之作
孟洪涛

（全译本）

山西出版传媒集团
山西人民出版社

图书在版编目(CIP)数据

擒庄秘籍:精解版:威科夫量价交易技术实战教程/孟洪涛著. —太原:山西人民出版社,2019.10(2025.1重印)

ISBN 978-7-203-10839-9

Ⅰ.①擒… Ⅱ.①孟 Ⅲ.①股票投资—基本知识 Ⅳ.①F830.91

中国版本图书馆 CIP 数据核字(2019)第 198073 号

擒庄秘籍·精解版:威科夫量价交易技术实战教程

著　　者:孟洪涛
责任编辑:贺　权
复　　审:傅晓红
终　　审:秦继华
装帧设计:任燕飞工作室
出　版　者:山西出版传媒集团·山西人民出版社
地　　址:太原市建设南路 21 号
邮　　编:030012
发行营销:0351-4922220　4955996　4956039　4922127(传真)
天猫官网:http://sxrmcbs.tmall.com　电话:0351-4922159
E-mail　:sxskcb@163.com　发行部
　　　　　sxskcb@126.com　总编室
网　　址:www.sxskcb.com
经　销　者:山西出版传媒集团·山西人民出版社
承　印　者:廊坊市祥丰印刷有限公司
开　　本:710mm×1000mm　1/16
印　　张:19.5
字　　数:250 千字
版　　次:2019 年 10 月　第 1 版
印　　次:2025 年 1 月　第 4 次印刷
书　　号:978-7-203-10839-9
定　　价:88.00 元

如有印装质量问题请与本社联系调换

译者序

对冲基金不希望您知道的秘密

芬芳的迷途

> 通向资本市场的舞台有两条路。第一条路平坦而宽阔,路两旁繁花似锦,盈利就像采花一样容易,但是一个急转弯出现,在您反应过来之前,断崖式的亏损或者灾难已经成为了现实。第二条路,开始时举步维艰,每走一步都需要花更多时间和精力,但是当您越往前走,您会更执着更感兴趣。深入学习之后,您会发现这是一次积累财富的旅程,是这条路给您的成功提供了前提——知识。
>
> ——理查德·威科夫(Richard Wyckoff)

理查德·威科夫,20世纪30年代美国华尔街一位传奇交易员,凭借一份宣言,成为了华尔街万千股迷疯狂追随的偶像。

1931年,他出版了《擒庄秘籍》(*The Richard D. Wyckoff Method of Trading and Investing in Stocks: A Course of Instruction in Stock Market Science and Technique*,直译为《理查德·威科夫股票交易和投资方法:股票市场科学与技术指导课程》),这本书在股票市场上引起了巨大的

轰动，甚至被对冲基金经理视为市场操作秘籍。然而现在此书已成绝版，市面上一书难求。这本书蕴藏着机构使用者不愿意公开的秘密。

因此，很多年前我就想过把这一伟大的操盘秘籍翻译并解读给中国投资者和交易员，帮助国内广大投资者更深刻地理解市场，让他们能畅游股海。但是在我尝试翻译的过程中，我发现自己还有很多东西尚未吃透，如果就这样翻译出版，很可能会误导股民。考虑很久之后，这个想法就被搁置了。近年来国内很多朋友告诉我这本书被专业交易者奉为圭臬，希望我能够把它翻译出版。此时我已将这本书读了上百遍，对它的思想有了深刻的理解，并将本书的原理在实战当中应用了多年，因此我决定真正着手翻译这一伟大的市场操作秘籍。

自从我进入华尔街，开始我的交易生涯，这本书就从来没有离开过我。这本书用精妙的语言阐释了市场的运作机制和参与者的反应，每当我在实战当中对市场行为感到困惑的时候，犯错误导致亏损的时候，<u>我都会重新翻阅这本书</u>。每一次阅读，都会让我对市场行为和本书的精髓有更深的感悟，同时也让我明白今后如何规避风险以及运用市场反应进行科学投资。对于初学者来说，这本书也许有点复杂，但是如果从这本书开始接触市场，能高效地理解市场操作的流程和操纵者的行为。和这本书配合的是《威科夫操盘法》和《新威科夫操盘法》，如果先阅读这两本书，会对此书的理解有很大帮助。

当然，一本书并不能把每个人变成股神。一次交易是否成功，很大程度上取决于情绪控制和灵活运用，如果没有强大的控制和举一反三的能力，任何方法和教育理念都只是白费口舌。所以大家读了这本书之后，不应该只是拷贝书中的交易方法，马上应用到实战当中，而是应该在理解市场运作流程的基础上，认真思考并践行本书的思想和原则，并分析市场的参与者和操纵者的行为，再决定是否出手。

威科夫向我们详细介绍了主力资金（CM）操纵股票上涨或下跌的过程，市场行为一环接一环地呈现在我们眼前。首先，交易就像日常的商品营销，具有很强的流动性。在大趋势开始之前，专业人士通常需要一段时间吸筹，避免一次购买太多股票导致价格快速上涨。在市场疲软、沮丧的情况下，他们会通过压价以"获得更好的价格"把公众"震"出市场，通过这个方法给市场创造一个非常利于他们低吸的条件。另外，他们还向经纪人大量发送卖单，使得市场看起来非常消沉，并让公众以为市场在进行大量的清盘抛售。然后，他们会尝试用他们可能已经知道的股票的一些"好消息"来确定离场时间。

当股票股息利好，或者有一些非常看涨的消息的当天，一只股票会以最高价出售，这不是偶然的，是被人为制造出来的，它的目的是为内部人士（主力资金）争取利益。这只能通过欺骗公众，或诱使公众欺骗自己来实现。这就是传说中的"买谣言，卖新闻"。更多秘密交易策略，将在本书正文中呈现。

这本书的原著，是一本很古老的书籍，包含着一部分手绘图表，其方法在现代社会或许已经不适用了，因为现在我们的电脑已经有相应的技术，可以自动生成大部分图表了，这为我们节省了很多时间，所以对于书中描述的手绘图表，大家不用花太多精力模仿。原著的图表都是20世纪30年代手绘的行情图，已经很不清晰，我在翻译和解读的过程当中，把不清晰的地方进行了重新描绘或者做了标注，方便读者把文字和图表对照起来看。

另外，根据译者自身的阅读和交易经验，<u>强烈建议先阅读（而且需要反复阅读）本书的最后三章的内容</u>。建立正确的交易理念，以及检验自己对市场的认知。

如果您在读书当中遇到困惑，请给我们来信，我们会定期组织大家在网上解答。希望这本书能给大家打开一扇门，让大家深入地研究市场，研究自己，研究主力，研究自己的情绪，研究市场所需要的情绪，研究自己的情绪跟市场所需要的情绪是否匹配。

另外，我个人近期写的《新威科夫操盘法》可以说是这本书的现代市场应用版，也是我多年交易经历的一个总结。此外，威科夫操盘法相关的其它书籍也在翻译或撰写当中，我们将努力把威科夫先生的交易系统完整地呈献给大家。

译者，交易员：孟洪涛

美国伊利诺伊州

导读　如何有效学习威科夫的这套教程

按照下面的学习方法，您可以更有效地学习这套教程。

1. 这本书章节之间的内容相互关联，第一阶段您先通读全书，理顺整本书的框架和每个章节的基本内容，不必关注参考章节的内容。

2. 第二阶段您可以开始留意每段内容的大意，但还没必要逐字解读，深刻领会，只是对已经读过的和掌握到的知识点加深印象。

    a. 您也可以进行第三次浏览，使自己对每部分的内容记忆更加深刻，当您第三阶段深入研究每段内容的时候，就能更透彻地体会到本书的精髓是如何被精彩地演绎的。

    b. 书中的每一部分，每一个细节都非常重要，不能厚此薄彼。

3. 进行第二次或者第三次阅读的时候，您可以把不理解的段落或语句标注出来。

4. 然后开始仔细阅读第 3 章和第 5 章，进一步熟悉美国线图（竹线图）和点数图。如果对一个点或者三个点的点数图感到困惑，请咨询我们团队的交易员。

5. 深入研究第 4 章到第 24 章的内容，对其中任何一部分读不懂的内容进行标注。这次阅读要详细阅读所有的参考内容以及页脚的注释。在阅读参考篇章的时候，要把注释和参考内容和当前阅读的内容联系起来。

6. 多次阅读之后，如果对那些已经标注过困惑的内容依然理解不了，可以给我们团队发信咨询。

7. 根据第 17 章和第 18 章的内容尝试制作仓位表单。

8. 运用书中介绍的方法进行模拟交易。

9. 当您按照上述步骤完成阅读之后，如果依然难以驾驭本教程介绍的方法，或者如果模拟交易的效果不理想，那么，挑选出那些能代表您的难题的模拟交易并发给我们团队。尽量把您的交易思维详细描述出来，包括进场价、离场价、止损价、当时的进场背景，以及决定做这一单的原因。

10. 建议您把仓位表单以及模拟交易记录发给我们。

11. 当您掌握越来越多的市场知识和技巧，对市场行为的解读经验越来越丰富，并且对本教程中的威科夫方法应用得越来越熟练，不要忘了回来复习一下整个教程。您会发现这个教程是交易中一个非常有用的参考准则。因此，经常回忆总结，不但可以帮助我们更深入地理解这些市场原则，还可以让我们对关键的市场行为有全新的感悟和见解。

前　言

这是一种通过市场自身行为判断股票走势的方法，这种方法是那些想既想规避风险又想从股市赚钱的投资者和交易员的定海神针。

本书介绍的方法，同样适用于债券、优先股和期货。在进行股票、债券或者期货交易时，如果想从这些投机活动中获利，就必须充分发挥您的智慧，否则就是在赌博。

您的目标是成为一个睿智的、科学理性的和成功的交易员。

这套方法，用于帮助那些经验不多的人，也用于帮助有多年经验但还没有掌握游戏规则的人。

很少有人真正懂得市场内部运作机制，也没人愿意把这些内部机制对外公开。我想，是时候公开这些市场内部机制，让大家拓展眼界了。

每年股民的巨额亏损足以让天使为他们哭泣，这些损失是股市崩盘的直接结果。很多人市场知识极度贫乏，他们不知道自己面对怎么样的风险。

毫无疑问，在证券市场的操作方面，公众是需要帮助的，而在我心里，最好的方式就是教他们自助。在这里我把我 40 年的华尔街交易经验奉献给大家。

通过这本书所阐述的方法，我已经为自己和超过 20 万的客户赚了很多钱。现在，我把这些方法分享给想学习股市交易和投资的人，因为股市交易就像法律、机械制造一样，本身就是一个行业……把这些方法拿出来，不只是为了我以前的客户，也是为了那些没有发现合适投资机会的人。

学习了这套方法之后，您可以每天花半小时，或者一小时，或者整天，来预测市场，选最好的股票，寻觅好中最好的交易时机。

通过学习这套方法，您可以形成独立判断思维，不必再去寻求别人对市场的建议，或者听任何小道消息。您可以提高对股票市场的判断能力，掌握交易策略以及交易时机。当您对市场持怀疑态度的时候，您可以选择按兵不动。

我不能保证您永远是对的，任何人都不能。我的目的是告诉您，在大多数情况下，如何正确行事，这需要认真学习和自我磨练。

我会教您如何解读市场，从媒体的数据当中、从盘口上、从图表上，以及从所有相关的工具。

我会教您如何做市场交易计划，就像一个将军谋划一个战役。

目　录

第1章　供求关系基本法则 / 1

第2章　用自身行为判断市场 / 5

第3章　图表种类 / 9

第4章　买盘波和卖盘波 / 31

第5章　图表 / 33

第6章　用日线图确定市场趋势 / 37

第7章　大盘、板块和个股的相对强弱分析 / 65

第8章　如何布局一轮操盘战役 / 85

第9章　如何识别主力意图 / 89

第10章　点数图分析（一）/ 101

第11章　点数图第二部分 / 111

第12章　点数图第三部分 / 119

第13章　市场操作技巧——成交量研究 / 127

第14章　分析趋势线的重要性 / 137

第15章　个股行情分析——竹线图 / 151

第16章　竹线图和点数图同步分析趋势 / 175

第17章　选择最好的股票 / 193

第18章　如何确立个股的技术性位置 / 205

第19章　买入和卖出的测试：研究汇总 / 217

第20章　精华篇 / 225

第21章　波线图 / 233

第22章　止损单 / 255

第23章　建议和忠告 / 265

第24章　建议和忠告（续）/ 279

附录1　切记！/ 287

附录2　不给交易建议 / 289

附录3　指导和训练 / 291

附录4　您应用了本书中全部和完整的交易原则了吗？
　　　　您是否错过或者忽略了其中的一部分？/ 293

附录5　每日工作程序 / 295

附录6　总结 / 297

译者的话 / 299

第1章　供求关系基本法则

在华尔街工作20年后，我发现，我们是可以利用市场的自身行为判断下一波走势的。在《华尔街40年冒险》一书中，我这样总结了自己对市场的观察和交易经验：

> 我发现越来越多的市场行为在一定程度上被主力操纵着，于是我开始学着从盘口上判断出这些操纵者的意图。我的编辑工作为我提供了自我提升的机会，比如在为读者搜集有用资料的同时，我也积极寻找一些对自己有帮助的信息。我把收集到的资料当中最好的部分呈现给订阅者，而其它的资料则帮助我找到了世界上最伟大游戏的运行规则。
>
> 我有个朋友是交易所的场内交易员，他精通市场操作技巧。这些人通过盘口解读嗅到了下一波市场的趋势，而大部分人却像牛一样，被市场价格牵着鼻子走，我们经常讨论这两种操作方式的区别。
>
> "从最基本的逻辑说起，股票下跌是由于供应超过需求，相反，股票上涨是由于需求超过供应。"我们赞同这种说法，每个交易结束之后，下一个交易的成交量或者换手量非常重要。任何一个能读懂买卖双方意图的人，都可以想象到买卖双方的那种着急心态，可以从成交量猜测出买压和卖压的力度，也可以预料到市场行为背后（参与者）的目的：他是在不引起价格上涨的前提

下买入吗？是在故意抬高价格还是在打压价格？还是想让买卖双方失去信心呢？

每一笔交易，都有相应的理由，尽管不一定为人所知。任何股票，不管是谁持有的，谁买的，谁卖的，看起来都没什么差异。但是其背后的目的却有天壤之别，只有懂得市场心理的人才清楚。

每一笔交易都是买卖双方意向的碰撞。即使买卖双方相隔万水千山，互不相识，但上帝却让他们的意向巧妙地相遇了，就在纽约股票交易所这个特别的地方。

不是所有的交易都意义重大，但市场行为解读者必须识别出哪些是重要的。他必须看出哪些交易是出于哪种目的，哪些是想完成或者将要完成某种任务。解读者要识别，要分析，更要利用这些有效信息。

通过盘口研究，我发现供求法则有一种神奇的力量，能影响所有的价格变化，同时也知道了预测市场走势的最好指标是供求关系。

供求法则存在于世界市场的每一个角落。从小麦、玉米、棉花、糖等数不胜数的商品市场到水深火热的股票市场，从瞬息万变的房产市场到翻云覆雨的劳动力市场，"供不应求，价格上涨；供大于求，价格下跌"这条真理无处不在。

研究盘口的中心思想是：股票市场的自身行为，是即将发生的变化或者未来趋势的指路牌，只有能正确判断股市行为和趋势的人，才能够在交易或者投资这条路上走得顺畅，获得成功。

未来的事件，可以从盘口中找到苗头，因为主力资金的成交明细会透露出他们期待上涨还是下跌，也表明着操纵者是想抬价还是想压价。如果一个人在这方面成为专家，他能通过股票盘口的行为看出主力资金的意图，并且跟随主力资金交易。8 1 3 6 A 4 3 7

趋势就是最小阻力线。股票上涨遇阻，会出现两种情况：一个是克服阻力，直接冲过去，一个是回落，回落的时候，更多买盘介入并阻止了回落，然后股票继续上涨。股票各个阶段的关键时刻是这些大小拐点，或者突破点。

以市场自身行为判断市场的这一方法，不仅成为了我在实际操作中预测市场走势的有力武器，也促使我开始每周发表《趋势通讯》（1911年初刊）。很多年来，它都是我心中最成功的职业。通讯中对市场的预测吸引了大量订阅者，结果是，我赚到了很多钱，各地的经纪商也把这些投资建议转发给他们的客户。这么多追随者交易我们推荐的股票，导致股票的报价受到了影响，在某种程度下，这种影响意义重大。

上述内容的更多细节，在我的《华尔街40年投机和冒险》一书中有更详细的阐述，建议您去阅读。我列举上述事实是想说明，以市场自身行为判断市场的方法非常有效，那些订阅者跟随我们的建议赚了钱，那些非订阅者也因为跟随我们的交易赚了钱，这就是我们的成功之处。

综上所述，您可以看出，在股市上，掌握正确的原则是多么重要。

第2章　用自身行为判断市场

　　华尔街的生意，就是为企业融资，并销售融资中产生的股票、债券。其中有好的证券，也有垃圾证券。那些发行和销售这些证券的人，最清楚证券真正的价值。公众对证券的价值了解得比较少，除了那些已经在市场存在多年的证券：它们已经有了盈利能力和内在价值。

　　任何时候，那些做融资的银行家和证券经销商以现金或者服务形式购买证券，其目的都是择机以更高价出售这些证券。这些证券的承销，是通过分销商和银行财团，或者定向销售，或者在交易所上市。

　　对于后一种情况（上市），通过行情展示该股票在市场中的活跃程度，就是把该股票推向大众。他们推动股票价格上涨，制造很大的成交量，借以吸引买方。股价涨到他们满意的目标之后，他们便开始派发股票。

　　股票上市之后，保荐人业务依然存在。投行会自己操作股票，或者说找其他人操作。股票上市后，保荐人会努力为该股票创造一个稳定的市场氛围，并且尽量在不回购很多股票的情况下提供支撑。当股票被全部分销出去之后，很多投资者已经对该股票感兴趣，并且该股票能够自行运行的时候，在一般情况下，这些银行家、财团，以及保荐人，会停止操作这只股票，把目光转向其它有更多赚钱机会的股票。

　　这样，其他人开始操作这只股票，一般来说，每只股票的操作人（主力）有一个或两个保荐人，或者大的股票操控者。有时候也会有很多这种人（主力）。这些利益集团看到可以赚钱的机会，通过吸筹，在行情好的时候抬价，然后派发。或者他们做空，打压价格之后平仓。

没人可以否认，在华尔街就是大鱼吃小鱼。没有公众的参与，那些操控市场的主力资金无法成功。比如，市场有十个操控市场的主力资金，没有公众，他们只能互相厮杀来赚取利润。对于这些人来说，任何一家欺骗其他九家都是很困难的（他们太了解相互之间的手法了）。然而当公众进入股市的时候，这些大的主力资金操控市场的游戏就更容易玩了。

盘口解读和行情图解读，可以让我们识别这些内部运作，并从中盈利；通过衡量供求关系，来判断市场未来走向。有时候单凭价格行为就能做到这些，但是如果引入成交量，您就获得了一个更重要的更有帮助的判断因素。

通过准确地分析供求关系，我们可以确定大盘和个股的趋势，以及确定哪些股票可以买卖。最重要的是，可以知道什么时候买卖。

您的目标就是选择最有潜力的股票；就是那些启动最及时，走势最快，并走得最长久的股票。没有好的理由您不会动手操作，这样规避了风险。

任何时候您研究盘口或者行情图的时候，要考虑您所看到的，是一种可以抬价或者压价的力量表现。研究行情图，不是去比较那些几何形状，而是要从市场的自身行为角度考虑，比如主力资金的动机，以及那些博弈于每一步走势的买家和卖家的成败。

这种博弈是持续的，所有的细节都可以通过盘口看出来。图表能够让您将市场区分开来，并且任意选取其中的某一波段进行研究。

通过盘口可以研究供求关系，这样比行情图更有优势。盘口像一条移动的电影胶片，每一分钟都显示供求关系的大小。价格经常反映出市场强弱：买方主导的时候，市场就强；供应超过购买力的时候，市场就弱。下面的所有行为都表现在盘口上：市场从低迷到活跃；由强到弱；从萧条到繁荣，从顶部到底部。所有这些大大小小的走势都反映出供求关系的原则。从学习和预测的目的来说，将盘口上的部分内容转换成图表之后，您就更容易做出精确的推断。

第 2 章 用自身行为判断市场

既然开始学习这种方法，最好先抛弃那些您曾经用来判断和做决定的因素。比如：小道消息、谣言、新闻报纸、杂志文章、各种分析报告、分红比率、政策和基本面，以及市面上的书中那些不成熟的交易理论。

不需要考虑这些外部因素的原因是：所有的因素都暴露在盘口上。盘口做到了您自己做不到的事情：它集中了买卖综合效应的所有因素（就是其他人把这些用来判断市场行为的基础）。这样不用从盘口或者行情图上找很多信息就能达到您的目的。这些信息是：（1）价格行为；（2）成交量，或者交易强度；（3）量价关系；（4）所有走势的时间。

为了让您比那些看消息和统计数据的人拥有更好的信息，我建议：

- 除了报纸的股票量价一栏，其它页不要读。
- 不用关注消息、盈利、股息，或者财务报表。
- 不用研究财务基本面和商业基本面。
- 无需懂得铁路或者工业统计数据、货币市场、公司环境、银行报表、外贸、政治形势。
- 忽略所有小道消息、谣言、报告，特别是华尔街所谓内幕消息。
- 不使用技术指标！【译者补充】

如果做不到这些，您就无法在市场操作当中得到最好的结果。

第 3 章　图表种类

大部分主要趋势都是由主力资金、内部消息灵通人士、银行和私募财团制造出来的，我们必须识别出他们的幕后操作，并紧跟其后。实际上每只股票都有保荐人，尽管他们不经常活跃于市场。

当主力资金吸筹的时候，绝大多数情况下只要认真研究每笔交易，就能发现背后的秘密。越重要的市场运作，越容易通过价量行为，交易强度等盘口明细嗅出端倪。

经验丰富的盘口解读交易员不需要任何备忘录就能记住数只股票几个星期甚至几个月的走势，并且还能对当前保荐人（主力资金）的市场运作进行剖析，形成自己的观点。但是对个人投资者来说，还有一个更简单、更精确、更可靠的方式来跟踪市场背后操盘过程，从而创造利润让资本升值。这种方式就是大家所说的使用走势图或者行情图（常用的K线图、波线图、点数图，等等）。

趋势图只不过是成交明细（盘口）用图形的方式表现出来。它记录着历史行情。每一笔交易首先会出现在报价机上，然后被印在早报和晚报上。您可以从盘口中、从报纸上，或者从走势图上得到研究市场所需要的信息，并依此进行高效率高利润的交易。

趋势图在预测股市这一方面发挥着极大的作用，因为它提供了供求关系（压力和支撑）、成交量和时间这三个因素。它真实地记录了能够拉升和打压价格的力量，没有什么东西能比它更好地达到这个目的了。所有华尔街的金融巨头都兢兢业业地将大盘或个股的记录以图表的形式保存下来，几十年如一日。每当有人说保存图表，或者用图表来判断市场是件很愚蠢的事的时候，您大可认为这个人要么是井底之蛙，要么固步自封，要么不会正确地解读图表。

很多人错误地、机械地、不过大脑地使用图表，就导致人们对图表产生了偏见。他们绞尽脑汁，以不切实际的指标为判断依据，以臆想的规则或系统为对应关系，在图表上画点、画线、画任何他们能想到的几何图形，此种方法是错误的，它带给您的只有失望、失败和金钱的损失。因此，请您牢牢记住，当您研究图表的时候，请研究量价行为后面的动机，请试图去解释市场或股票的行为，而不是研究随机形成的各种时髦的图形，诸如缺口、牛角、旗帜、五角，等等。

一个能够真正读懂走势图的人，一般都能够判断出整个大盘、某只股票甚至某板块最有可能是涨是跌或者中立。不论是一只股票，还是一个市场，都总是处于三种状况：牛市、熊市、中立。能够精准地判断市场走势，就掌握了通向交易和投资成功大门的钥匙。

请选择最适合您的图表：可能刚开始我给您介绍的图表数不胜数，但是请记住，我不知道您的知识是否充足，经验是否丰富，是否身经百战，所以我只会"授人以渔"而不是"授人以鱼"。我向您描述所有可能用到的图表，您可以从中选择对您最有价值的。

我始终坚持一个原则，就是把使用图表的数量降到最低。对我而言，最有效的就是只使用含成交量的 50 只股票的平均指数竹线图和 150 只龙头股的点数图。股票数量取决于我对当日股票实时价格的分析和研究。

在您学习和使用了这里介绍的图表之后，您可以选择最接近您的目标的方法。如果您无法看到股票的实时价格，而又想做中长期的投资，那么您最好掌握以下所描述的两种图表形式，以及后面要讲到的波线图。

<u>威科夫操盘法使用三种走势图：竹线图、点数图、波线图。</u>

竹线图的竖线两端代表最高价和最低价，收盘价是右边的小横线。如图 3-1 和 3-2。每天的交易就是牛熊的博弈，收盘价就是博弈的结果，它反映了价格增长净值或者下降净值。

成交量用图底部的垂直线记录。星期六只有两个小时交易时间，我们会在成交量上方标注 S。【译者补充：在实际判断中，经常把星期六的成交量乘 2，代表全天的成交量。】

使用竹线图的优势：竹线图的制作很简单，用报纸上的交易数据，或者每日的股票走势图表都可以。竹线图包含了最高价、最低价、收盘价和成交量。单从价格行为就可以帮助我们判断供求关系、支撑和阻力价格，还有趋势。成交量代表交易的强度和买卖双方实力对比，可以帮助我们进一步剖析供求关系。

时间因素也不可缺少，因为它可以帮助我们评估涨跌速度、买卖的缓急，以及吸筹和派发的缓急。后面章节中的案例分析会告诉我们如何利用时间因素。

量价关系帮助我们：

- 判断接下来的走势；
- 决定做多和做空的时机；
- 确定什么时候股票踏上弹跳板【译者注释：踏上弹跳板是指股票进入上涨的临界状态，一触即发】；
- 明白什么时候一波走势到头。

日线竹线图记录的是大盘、板块或个股每日的价格和成交量情况。使用日线竹线图，我们可以更好地辨别吸筹、派发，或者市场其它阶段（有主力操控的和没有主力操控的）。周线竹线图和月线竹线图可以观察长期的走势。但我们最常使用的是日线竹线图，因为它对市场的变化更敏感更具历史价值。也就是说，周线竹线图和月线竹线图能够帮助我们判断市场当前位置和整体趋势的关系（主要的牛熊趋势周期），但是日线竹线图对选择进场时机和识别拐点更有效。

点数图也至关重要，如果和竹线图一起使用，那就能获得足够的判断依据。点数图不考虑小数位，不考虑成交量，不考虑时间。它显示的是股票价格从一个整数到另一个整数（上下位置）的跳动情况，比如从35到36或者到34。要分析供求强度和支撑阻力价位，点数图一定大有作为。

从点数图的主要形态，我们可以识别吸筹和派发（这不包括那些纯技术派常用的所谓的形态，比如茶碟、箱体、支点，等等），也可以清楚地看到支撑线和供应线。使用这些图表我们可以更迅速地辨认出抬价阶段和降价阶段。

<u>点数图最好的形态就是横盘形态</u>，通常可以预测股票、板块和大盘的趋势能够走多少点。

点数图的横盘形态或密集盘整区间对下列判断最有帮助：(a) 确定股票能走多远；(b) 确定阻力，也就是走势何时结束；(c) 结合竹线图确定趋势；(d) 什么时候股票站在弹跳板上（上涨即将开始）。

制作点数图需要使用：

- 盘口数据上的波动。
- 纽约股票交易所收盘后的股票成交明细报告。
- 我们每天寄给您的每日股票报告，报告包括200只以上的龙头股和活跃股票的单点点数图。
- 报纸上的或者竹线图上的数据：开盘价、最高价、最低价、收盘价。

盘口数据囊括了每一笔交易的记录。制作点数图，周一到周五您需要每天连续五个小时看盘，周六两个小时看盘，把每个波动的整数价格一个不落地记录在点数图上。如果一个人只关注几只股票，这种方法是比较可行的。但是如果股票数量增多，您就需要更多的助理来整理这些数据了。

<u>每日成交明细报告</u>可以从Francis Emory Fitch公司处找到（在纽约股票交易所会员的授权下），但是通常要在收盘后两个半小时到三小时才能

获得。成交明细报告把全天每一笔交易的盘口明细都收入囊中，这些已经被排列整齐的交易数据方便我们快速查看所有股票的价格，这就和我们看一只股票的盘口信息没什么差别了。但是，转化并记录每只股票一整天的整数交易可不是一项小工程，它需要花费不少的时间。这些成交明细单与盘口信息在制作点数图的时候有同样的作用。

<u>我们的每日股票图表报告</u>收录了超过 200 只龙头或者活跃股票的单点波动图，纽约时报综合指数、纽约先驱导报指数、道琼斯平均指数、威科夫板块平均指数以及主要的商品期货、当日价格数据和成交量，您需要的我们都有。这样您就可以不费吹灰之力地保存所有股票和指数的竹线图和点数图。值得一提的是，如果发现报告中出现了错误，工作人员会马上更正。收集数据难免犯错，然而其它的数据公司并不会为您更正。

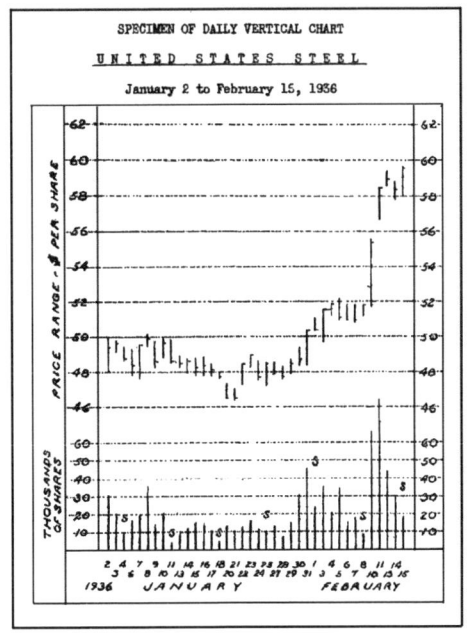

图 3-1

DAILY PRICE RANGE AND VOLUME				Volume
Week Ended	High	Low	Last	(-000)
Feb. 4	58.81	54.30	54.80	5,618
11	57.90	53.92	56.65	4,130
18	55.68	51.47	52.86	4,327
25	52.43	47.02	47.63	4,935
Mar. 3	51.63	47.03	50.50	5,365
18	59.93	55.32	57.04	8,671
25	57.92	52.92	54.07	4,977
Apr. 1	54.08	50.44	51.06	3,682
8	53.52	50.19	52.95	5,087
15	56.93	53.75	56.02	6,562
22	64.03	54.14	63.47	22,147
29	68.63	61.36	67.90	18,659
May 6	73.01	67.60	69.53	26,280
13	75.41	67.80	73.14	22,255
20	76.43	71.43	72.82	19,924
27	83.86	71.42	82.86	22,741
June 5	86.30	80.66	83.12	28,250
10	86.70	82.23	85.39	32,320
17	89.60	78.46	81.10	29,837
24	88.43	82.47	86.03	24,306
July 1	91.27	85.82	90.68	26,737
8	97.94	91.00	94.82	29,054
15	97.86	92.37	94.81	50,184
22	98.05	76.53	79.90	42,336
28	86.60	81.42	84.31	12,849
Aug. 4	85.51	78.57	83.08	8,609
11	89.11	82.24	87.06	8,728
18	88.65	82.76	86.61	8,495
25	93.14	86.79	92.96	11,165
Sept. 1	93.79	89.55	91.51	20,939
9	91.03	85.96	87.12	5,761
16	92.76	86.87	90.99	11,246
23	92.68	82.29	86.16	15,933
30	86.31	79.15	81.58	9,158
Oct. 7	84.49	78.99	83.67	7,741
14	85.62	80.38	81.82	5,476
21	81.38	71.91	72.97	13,738
28	81.20	75.06	79.71	9,829

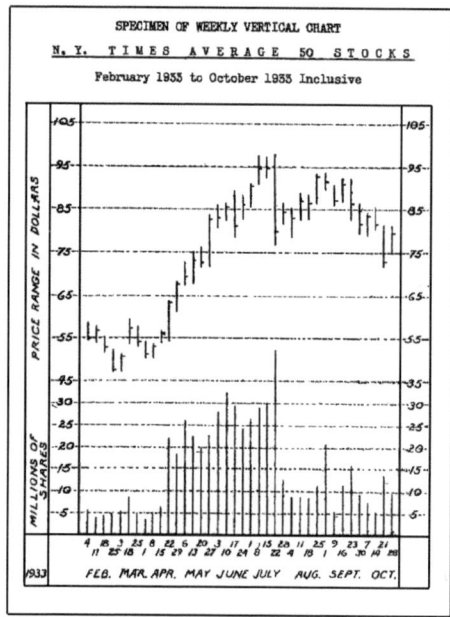

图 3-2

点数图只考虑整数，不考虑小数（因为没有计算价值）。让我们以一只价格为 50 元的股票为例，您只需关注整数点位，而不用关注其它的波动。按照整数原则，您下一个记录的数字不是 51 就是 49，如果是 49，那么接下来应该记录 50 或者 48。如果价格越过了一个或多个整数，比如说在 50 和 53 之间没有交易，您应该记录 51、52、53，就好像在每一个整数都有交易一样。但是，请注意，如果价格涨到 52⅞，您不要记录 53，只有大于或等于 53 时您才可以写下 53。

制作单点点数图，我们应该遵照这样的顺序：如果股票价格从 50 涨到 52，在同一列，应该在 50 上方依次填上 51、52。如图 3-3。

52

51

50

图 3-3

然后价格跌到45，甚至跌到44$\frac{1}{8}$，但是没有跌破44。那么在第二列记录51、50、49、48、47、46、45。图3-4中箭头方向是记录顺序。

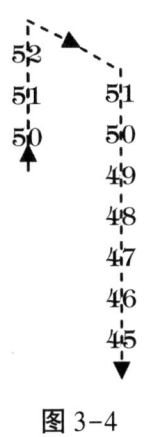

图3-4

价格又涨到49或者49$\frac{7}{8}$，但是没有达到50，则在第三列记录46、47、48、49。如图3-5。

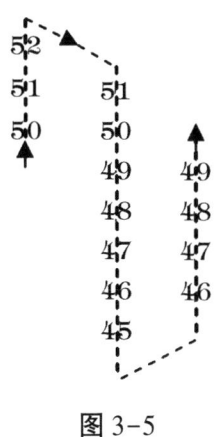

图3-5

价格回探到48，在第四列记录这个价格，如果价格再涨到49，在同一列48的上方记录49。如图3-6。

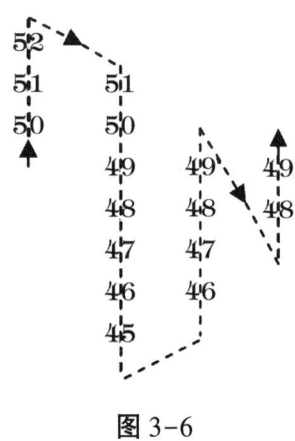

图 3-6

接下来价格下探到 46¼，在第五列记录 48 和 47。价格涨到 48¾ 之后，又下探到 46⅛。在第六列记录 48 和 47。如图 3-7。

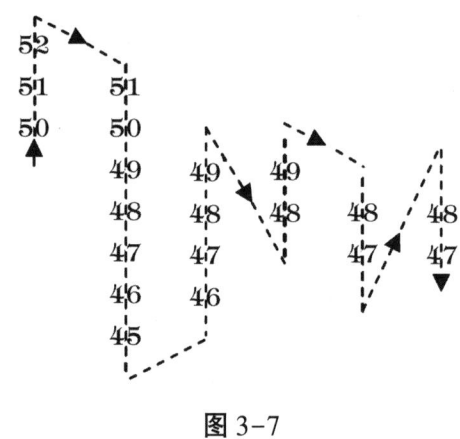

图 3-7

图中虚线表示市场（价格）变化的顺序，也表示着我们应该如何制作和解读点数图。

点数图上的日期是这样显示的：在每月最后一天的最后一个记录上画上圈，然后在下方标注下个月的第一个字母，就代表新的月份由此开始。请参考第 10 章的图 10-1，我们在第二列的 69 那里画了圈，说明这是 10 月份的最后一个记录。这个数字的下方标注了 N，N 表示 11 月份开始。继续看，下一个圈和下一个字母 D，表示 11 月份结束和 12 月份开始。再往下看 51 有圈，并且下方有 J—31，说明 51 是 1930 年 12 月份的结尾，J—31 是 1931 年的开始，其它月份也同理。

到了股票除息的时候，那一天的所有数字都要标成红色，或者其它有区别的颜色。然后在同一列的下方把股息填上。如果这一天没有点数变化，这一列仍然标成红色和其它有区别的颜色。

我们可以使用报纸的数据制作单点点数图。假设星期一收盘是 50，这是点数图的第一个记录点。星期二开盘价是 50 3/4，然后涨到当日最高点 51 7/8，记下 51，因为价格还没有涨到 52。当日最低点是 45 3/4；从高点 51 一定要经过 46 才到 45，那我们就记录 50、49、48、47 和 46。当日收盘价是 48 1/4，股票一定是从 46 一路上涨到了 48，那我们就记录 47 和 48。此时的点数图就是图 3-8 的样子。

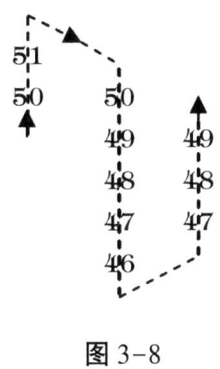

图 3-8

假如星期三开盘是 46 1/2，高点是 49 1/8，低点是 45，收盘是 47。那我们首先记录 47，因为星期二的收盘是 48，星期三的开盘是 46 1/2，价格一定经过了 47。然而我们不知道当日高点和低点谁先发生，除非是您一直观察盘口或者咨询经纪商。我们先假设星期三高点先出现，那么价格在经过 47 后涨到了 49 1/8，这样的话，在图上记录 48、49。当日低点是 45，我们再记录 48、47、46、45。最后我们知道股票收盘在 47，所以我们记录 46 和 47。这两天的记录如图 3-9。

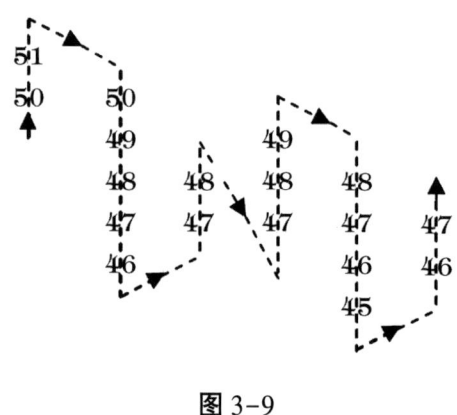

图 3-9

同观察盘口,成交明细和我们的每日图表报告相比,这种方法并不是完全准确;因为报纸上的数据没有给出所有的波动,比如说 45 和 47 之间,是波动一次还是两次。但是如果没有其它数据源,这种方式也算合理。

接下来我们学习如何制作三点点数图。三点点数图意味着压缩单点点数图的行情,凡是三点以下的反转都丢弃,不记录。如图 3-10 所示,假如从单点点数图上看(图 A)一个股票从 25 涨到 31,回调到 30,然后涨到 32。在抛弃了三点以下的反转后(31 回调到 30),三点点数图 B 就产生了。

图 A		图 B
单点点数图		三点点数图
	32	32
31	31	31
30	30	30
29		29
28		28
27		27
26		26
25		25

图 3-10

我们再练习一次：如图 3-11 所示，假如一只股票从 25 涨到 31，回调 2 个点到 29，然后涨到 32。这 2 个点的回调少于 3 个点，那么它就不能混入在三点点数图中。图 3-11 中的图 C 和图 D 分别是这个例子的单点点数图和三点点数图。再确认一遍，三点点数图上没有产生第二列，因为反转点数不够。

	图C			图D	
	单点点数图			三点点数图	
		32		32	
31	31			31	
30	30	30		30	
29	29			29	
28				28	
27				27	
26				26	
25				25	

图 3-11

如图 3-12 所示，看图 E 和图 F，价格从 25 涨到 31，下回调到 29，又涨到 32，这次是三点反转，就能排进三点点数图的队伍中了（图 F）。

	图E				图F	
	单点点数图				三点点数图	
		32			32	
31	31	31			31	31
30	30	30	30		30	30
29	29		29		29	29
28					28	
27					27	
26					26	
25					25	

图 3-12

如果单点点数图上，从32下跌开始，没有三点的反转，我们在三点点数图上第二列持续添加记录，直到出现三点反转，我们才能另起一列。请看图3-13中的图G、H、J，比较单点点数图、三点点数图和五点点数图。

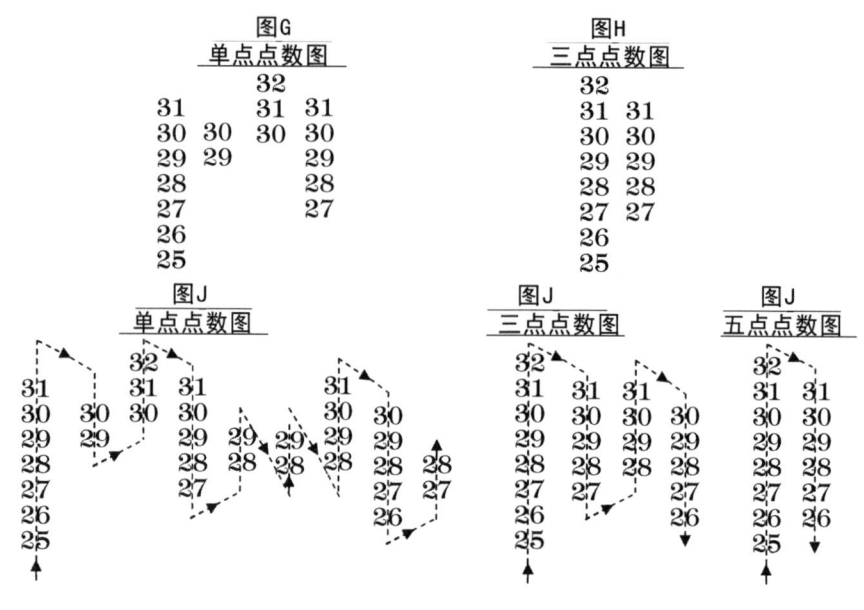

图 3-13

五点点数图的制作程序相同，少于5个点的反转不考虑。同理，制作十点点数图时，少于10个点的反转不能考虑在内。

学会制作、解读单点和三点点数图非常重要。如果不完全理解这些图，我们就无法最大程度地利用点数图分析法来准确地预测市场。

我们再次强调三点点数图的重要性，在预测长期趋势方面，与单点点数图相比，三点点数图更有效。

单点点数图的贡献主要在于判断紧接下来的，或者短期的趋势。三点点数图主要是判断大盘的基本走势，从宏观角度来看，也就是判断市场或者单个股票长期走势。

每一波大趋势都由无数条小波段组成。理论上三点点数图和单点点数图互相印证，但不绝对。如果您发现两者结果相差很大，最好选择更保守的方式。

三点点数图经常与单点点数图结合使用，但对于波动幅度特别大的股票，以及高价股票，使用五点点数图能得到更令人满意的结果。

点数图不显示成交量。

趋势图的目标是让您的判断和趋势保持一致。

交易中要考虑两种趋势：（1）超短趋势。适合那些做短线的人，或者那些不用付手续费的纽约股票交易所的场内交易员，他们通常一天交易数次；（2）5 到 30 个点或以上的中等趋势，这就包括了大部分主力资金的运作行情。

趋势图，顾名思义，就是主要综合平均指数的竹线图。您可以选择任何一只股票或板块，分别记录每天、每周或者每月的综合平均指数的走势。如果您住在纽约或者附近，可以每天看到《纽约时报》等报纸，您就会发现趋势图已经在每天早晨的财经版上了。当然，《华尔街日报》或者其它美国当地的报纸也会有类似的图表。然而，与其被动接收不如主动创造，因为您在图表上记录下每一笔交易、作成趋势图的同时，您自然而然地就开始思考这些波动产生的影响，研究它们与短期或长期走势的关系，甚至预测将来的走势了。

趋势就是最小阻力线，是判断市场大盘和个股最重要的工具。

牛市或局部上升趋势，起源于市场底部的恐慌抛售和大萧条阶段。熊市起源于顶部的繁荣阶段。当然，这种起源分析主要指较长的趋势，或者大波段。图 3-14、图 3-15、图 3-16 是自 1911 年开始的纽约时报指数月线的趋势图。

顶部和底部之间有 5 到 30 个点的趋势（甚至 30 个点以上），这种趋势属于中等波段（趋势），有相当好的交易机会和获利机会。为此，我们必须知道两件事情：第一，当前属于牛市背景还是熊市背景；第二，当前处于总体趋势中的什么位置，处于两端还是中间，还是处于主趋势的拐点阶段。

确认上述信息最好的方法，就是解读<u>趋势图</u>（大盘和平均指数的竹线图），举例如下。

	工业	铁路	公共事业	合计
纽约时报	25	25		50
纽约先驱论坛报	70	30		100
道琼斯公司和华尔街日报	30	20	20	70
标准统计公司	50	20	20	90

除了上面提到的，我们还要使用<u>波线图</u>，用以对比趋势图进行更详尽的日内行情分析。波线图在 21 章有详细描述。

牛市中大部分交易要做多，熊市中大部分交易要做空。按照这个原则交易，您获利的机会就会增加。在上升趋势中，如果在小波段顶部买入，然后价格反向走，这种情况下，如果有耐心，还有获得利润的机会。【译者注释：强烈建议不要买突破，在牛市的回调中进场做多，这样风险更低。】但是一旦您在下降趋势中做多，而价格持续下跌，您的损失就会扩大。

我们说过，万事都有例外，因此上面的原则只能应用于大部分场合。就像第 7 章将要讨论到的，<u>不是所有的股票都共同进退</u>。1929 年 9 月股市大盘到顶之前，在主趋势还处于上涨阶段，并且一些股票还在创新高的时候，很多个股就已经开始下跌了，还有很多股票正在清盘。这些提前下跌的股票是整个市场拐点的先行者，它们的下跌趋势可以从个股以及板块的行为中判断出来。同理，在熊市将要结束的时候，如果一些股票稳定下来并比其它股票先涨一步，这部分先涨的股票比其它股票涨得更快更远。熊市（下跌趋势）股票的下跌比牛市（上涨趋势）股票的上涨更同步。

我上面提到，市场自身行为决定自己的走向，下面的案例能清楚解释这一点。使用大盘的点数图，比如纽约时报50指数、道琼斯30工业股票指数，可以估算整个市场到底能走多远。使用趋势图（竹线图）可以确定趋势方向。

使用三点点数图在评估大盘、个股和板块能够走多远方面更具优势。三点图预测出了1929年市场的拐点，这一实例有力地印证了它的优势。

研究趋势的顺序是，<u>首先使用带成交量的竹线图，然后使用点数图</u>。两者各有优势，但是结合起来对判断更有帮助。您可以使用透明纸张制作这两种图，这样研究个股和板块的强弱的时候，就可以把它们叠加在一起。

<u>个股行情应同时使用竹线图和点数图记录</u>，但如果您的时间有限，很有必要减少记录的数量，那么我建议您将大部分行情以点数图的形式保存下来，同时将您的报纸或者每日股票图表按部就班地保存好。这样，当您需要的时候，只需按图索骥，查找价格范围和交易量数据就能观察到交易量的重大改变，这个过程就跟在您的脑海中构建竹线图是一样的。当您在点数图上发现趋势可能正在形成的时候，您可以很容易地通过相应的竹线图来验证。这样可以极大地提高您判断的准确性。

为了让您掌握上面提到的（在脑海中）构建竹线图的方法，我们建议您回到图3-1做个小练习。拿一张纸覆盖表中的数字（"每日价格范围和交易量"标题下），只看第一行。在心里记下这一天，也就是1月2号的价格范围和交易量。然后向下移动纸张，继续阅读下一行的数字，一直持续下去，当价格或成交量发生重大改变的时候您要特别记住，您会发现您的脑海中会浮现出股票的行为，就和您研究图表一样。例如，在表格中观察，从1月29日到2月5日，每日交易量是如何随着价格上涨逐渐积累的，从2月6日到2月8日又是如何迅速缩小的。用这种方

法，坚持每天快速浏览报纸或每日交易报告，您就能够快速地察觉重大行为变化。

如果上述程序不适合您，这儿还有另一种节省时间的办法。尽可能多地使用点数图，并保留您的报纸或每日股票图表报告。您可以快速并随时随地构建竹线图，直到您对此股票不再感兴趣，或者这一波趋势已经走完。如果这样，您必须至少从两个月或三个月前就开始记录，或者从上一个重要的支撑位或供应位开始记录，才能有足够的历史行情数据。

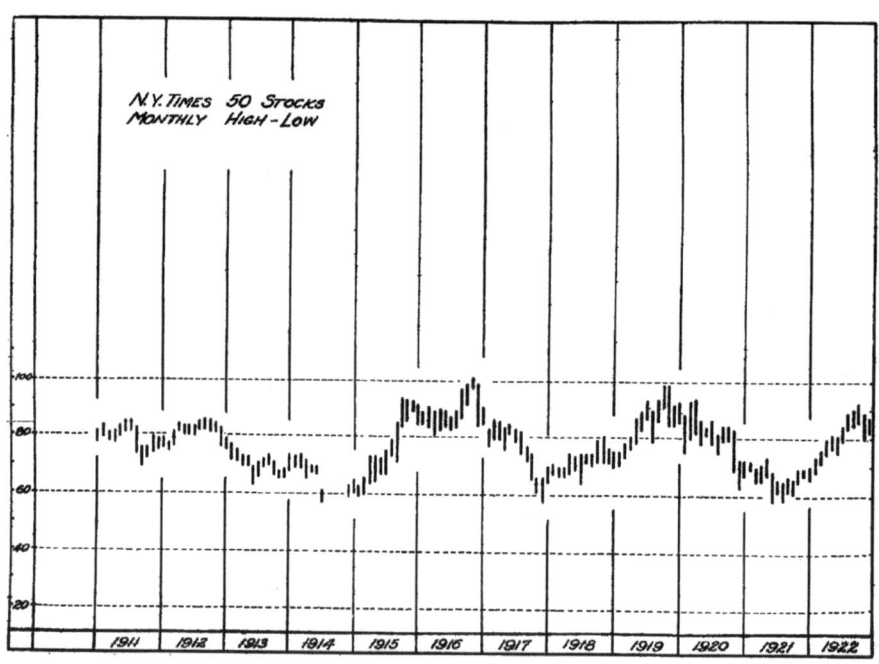

图 3-14

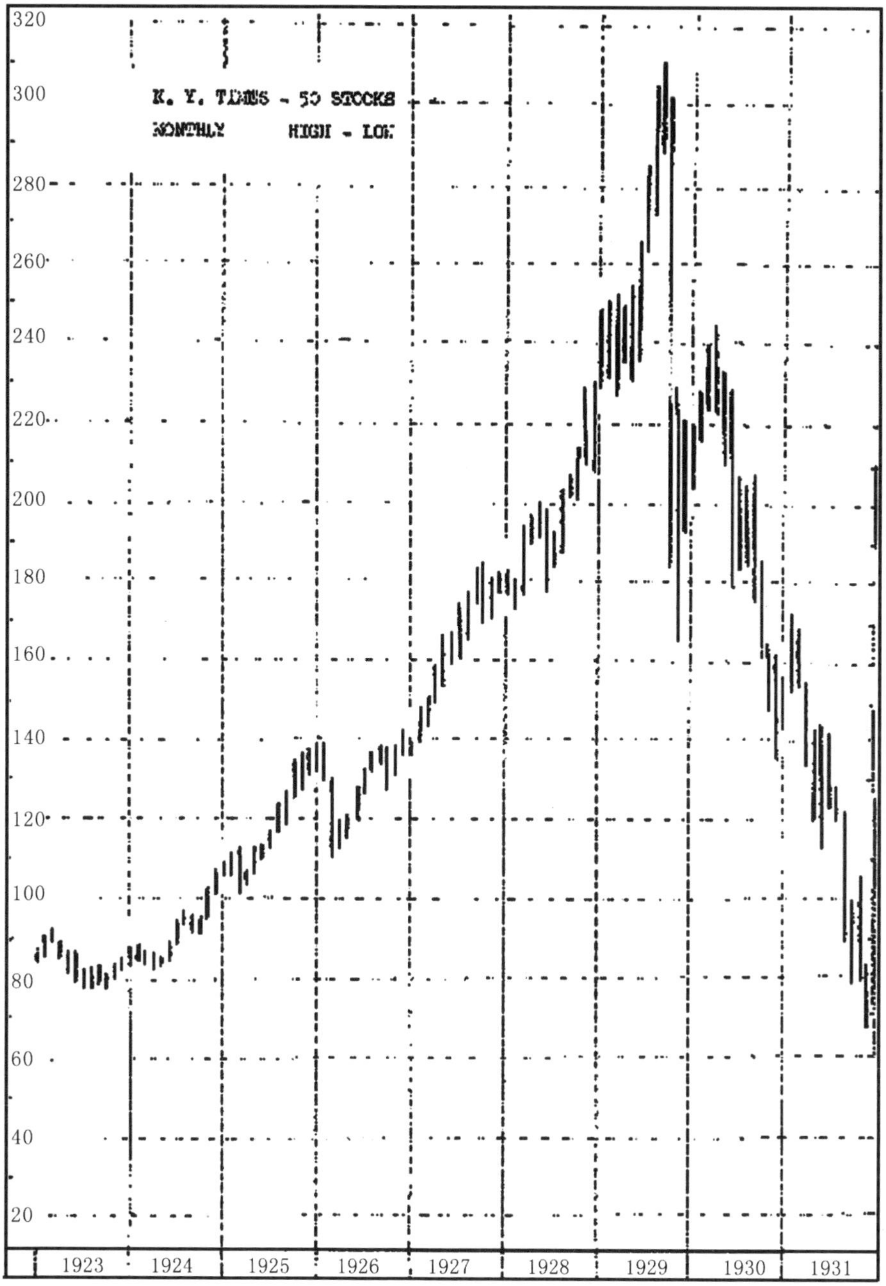

图 3-15

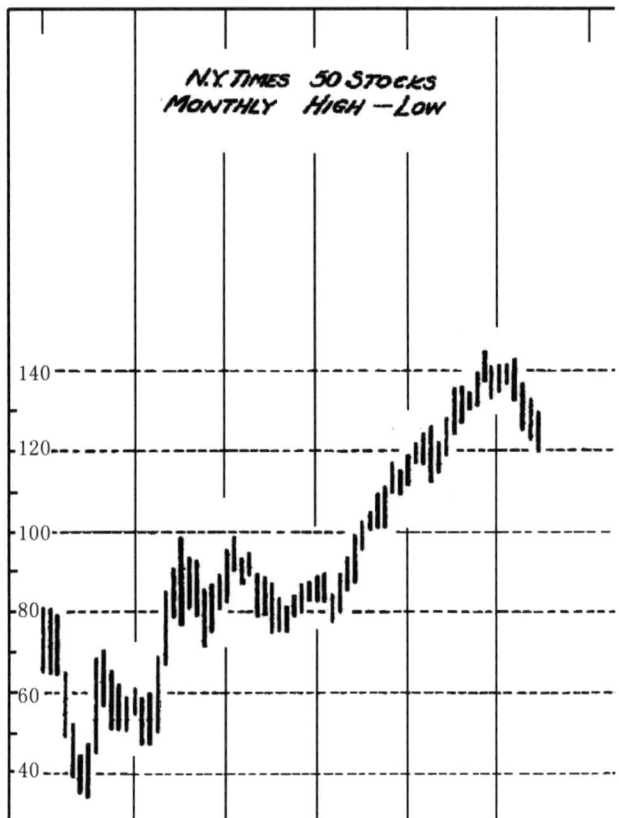

图 3-16

竹线图是确认进场时机和识别局部拐点的关键。因为，有时候点数图还没有开始出现变化，竹线图已经在一个小区间内显示出持续的供应或者需求。或者竹线图可能显示巨量股票换手，表明趋势结束；或者在一个波段的顶部出现成交量递减的情况，表明需求减少；或者在一个波段的底部出现成交量递减的情况，表明压力减小。然而上述两个信号都没法从点数图看出来（因为没有成交量）。

另一方面，点数图可能显示很多动荡而竹线图却没出现变化。例如，某天一个股票的高低价格分别是 45 和 40，点数图上可能在 42 与 43 之间有很多波动，但是竹线图上却没有显示出来。

基于以上原因，要想确定趋势，同时保存和使用两种图（点数图和带成交量的竹线图）是非常关键的。

在确定进（出）场时机方面，盘口或者盘口的波线图是最得力的助手。如果您没有机会观察盘口，此时就需使用波线图。

我在1916年设计出了盘口波线图，这个图可以把每个股票的重要走势都呈现出来。它用图形的形式展示了每天的盘口，方便我们研究市场行为，这就和我们24小时都在监控着盘口一样，每一个关键的信息都被记录下来了。

在判断市场由强变弱或者由弱变强方面，波线图也相当给力。利用波线图，我们既可以找出短期趋势又可以找出中期趋势的转折点，更重要的是，它比其它流行的平均指数的方法更快得出结论。

在第21章，我们会讨论如何制作和解读波线图，前提是先学习接下来的几章之后，才能更好地理解波线图的使用原则。

板块图：板块图的作用是选择潜力股。板块图由每一个行业的五只龙头股组成——如炼油、钢铁、汽车、铜业、糖业、烟草、零售贸易、建筑、铁路设备等行业。在纽约股票交易所包括很多行业，您可以根据自己的要求来制作板块图。

制作板块图的目的是，展示一种行业的前景好坏，然后提醒我们在这些板块当中寻找机会（发现潜力股）。

钢铁行业、汽车行业、公共事业或其它行业的前景到底如何，可以通过内部人员，比如他们的银行家以及相关的主力机构的操作立即预测出来。比如说炼油业已经低迷很长时间，但是前景开始好转，板块图会给我们一些线索。板块图可以提前告诉我们主力资金对这些股票是看涨还是看跌。当主力资金吸筹或者派发的时候，您应该跟随他们。

如果您乐意，也可以不用这些板块图，因为我们判断股票涨还是跌的方法已经够用了。位置图可以显示钢铁、汽车、炼油以及其它行业涨跌的程度，同样可以达到这个目的。

记录板块图需要相当多的文书工作，因此，如果您时间有限，利用我们每日股票图表报告中的计算来制作板块图是个更好的选择。

如果您想自己制作板块图，您只需选择每个板块当中的龙头股，记下最高价、最低价、收盘价以及成交量。把这些价格加起来，除以整个板块股票的数量，这样您就有了板块平均的最高价，最低价和收盘价。成交量直接叠加，不能使用平均值。【译者注释：现在的股票软件和平台完全能够自动显示这些板块信息，所以不必按照这里所说的方法制作板块图。】

竹线图和点数图都可以显示板块的变化。如果一些板块看起来比其它板块儿更弱，在这些板块中选择股票做空。相反，如果某些板块儿看起来比其它板块更强，在最好的时机，我们在这些板块中选择股票做多。

这几条建议足以证明我们是如何从图表中获益的。

为了让读者加深印象，下面我们对这些图表做个总结：

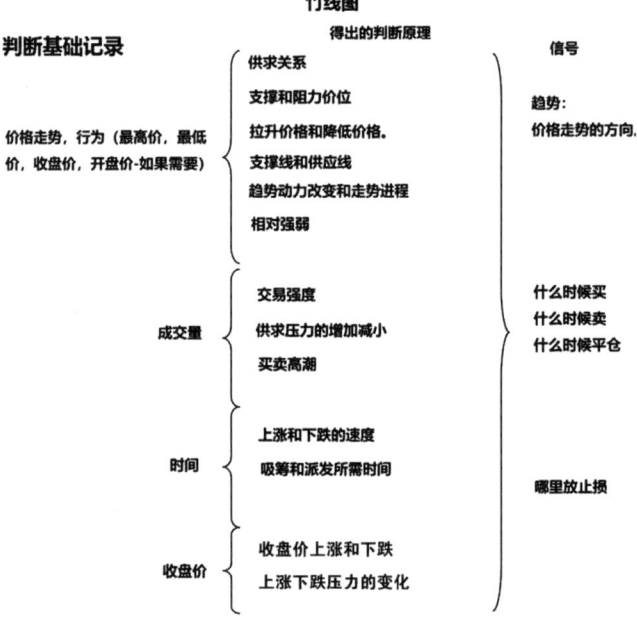

图 3-17

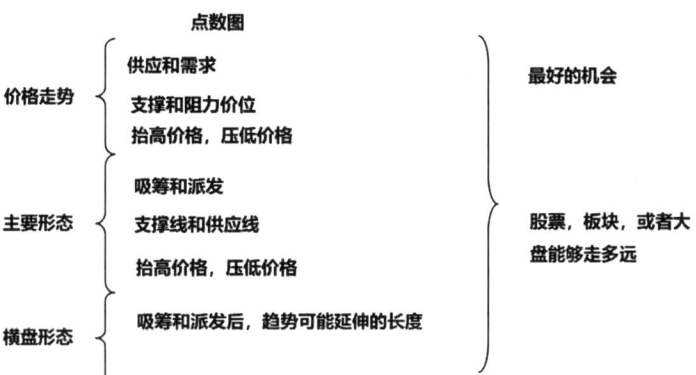

图 3-18

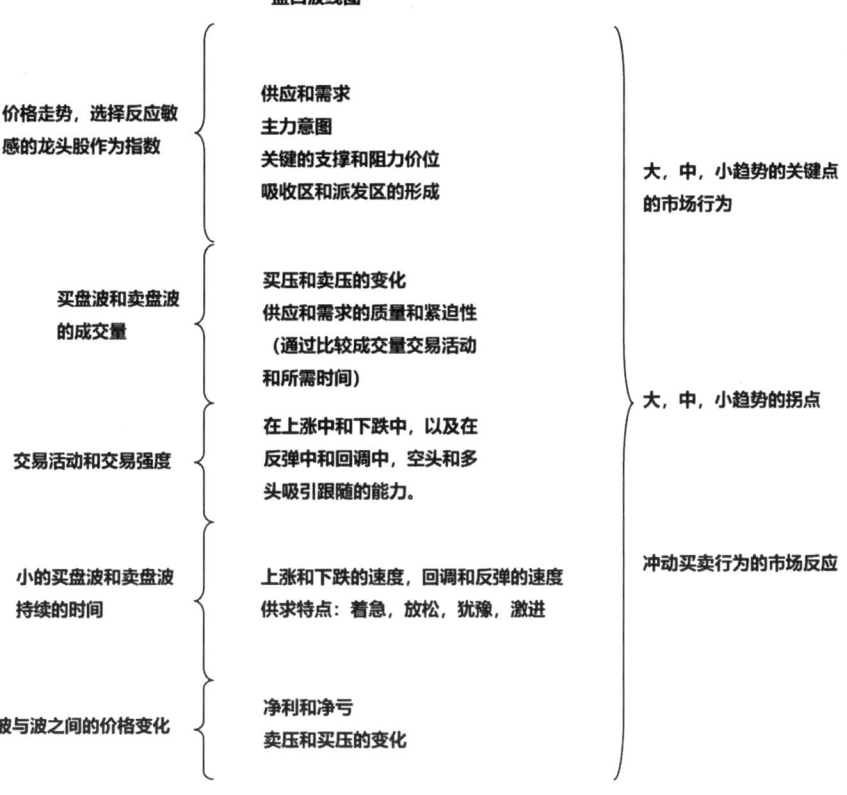

图 3-19

第4章　买盘波和卖盘波

市场每一个短线的上涨或者下跌，不论点数多少，都包含了很多的买盘波和卖盘波。这些波有一定的持续时间，只要能够吸引跟随者，他们就不会停。当跟随者越来越少的时候，这些波的运行就进入尾声，接下来反方向的波开始。后者吸引的跟随者可能比前者还要多。我们主要研究的是波与波之间的关系，包括持续时间、速度和持续点数。通过这些研究，随着价格运动，我们可以判断多头和空头的力量对比。

所有股票市场的变动，无论大小都是由买盘波和卖盘波组成的。市场不会像水箱中的水一样直线上升或者下降，它是通过一系列向更高点或更低点冲击的波浪组成，就好像潮来潮去。小的买盘波和卖盘波可持续数分钟，是那些活跃的专业交易员的运作结果，很像是海风引起的波纹。交易员必须保持活跃，因为他们的生计来源于交易这些小的波动。所以他们参与这种无休止的拔河比赛，在市场对他们有利的时候，尽全力拉升价格。在他们发现多头很弱或者涨过头的时候，会打压价格。这些操作成败的程度，能够让我们确定市场正在变强或者变弱。

这些小波是那些可以持续几天的大波的一部分，最后形成了3个点到5点个的走势。10到20点的走势是由很多3到5个点的波形成的，而牛市和熊市又包含了众多的10个点到20个点的波段。

检验任何行情图都能够确认上述结论。大量复盘（看图）这些事您必须做，这样会加深您对这些买卖波的印象，也能帮助您理解市场。以后您

可以从每一波的角度考虑市场。【译者注释：而不是以K线的角度考虑市场。】

当您找机会做多的时候，观察大盘和个股的下降波。进场后，您的股票会经历大大小小的波，直到您发现市场出现了高潮。市场出现抢购高潮之后，在接下来的强上涨波中，是离场的好机会。

这些波浪能让我们更清晰地理解供求变化。通过学习判断这些大大小小的波，您会慢慢地学会如何确定市场的关键时刻，比如上涨或者反弹，以及下跌或者回调接近结束并将要反转，这些就是拐点。

能够知道这些拐点什么时候发生，无论是熊市底部，或者在回到底部过程当中的反弹点，或者在牛市顶部，或者在上涨当中的回调点，代表了一个交易员和投资者的能力。

记住：市场本身动作就提供了将来走势的所有信息。每一个供求的重大变化都反映在盘口上。当您掌握了用市场的自身行为分析市场（这些行为表现在盘口和图上），您就精通了股票操作的艺术。

在您最想知道的关于股市的所有信息当中，有两件事最重要：

- 先确定牛市何时到顶；再确定中级波段何时到顶；最后确定小波何时到顶。
- 先确定熊市何时到底；再确定中级波段何时到底；最后确定小波何时结束。

完全掌握这一部分内容是至关重要的。

还有一步也很关键：什么时候能够做到如下操作，您的学习才算结业。这些操作包括：

- 在恐慌抛售的底部和中级波段的低迷阶段平掉空仓，然后等待机会做多。
- 在顶部和中级上涨波的高潮阶段平掉多仓，然后等待机会做空。

这些是练习，训练和获得经验后的结果。这要求您头脑灵活和完全控制情绪。如果您能执着的练习这套方法，最终会成功。

【译者补充：波线图在21章有详细描述。】

第5章　图表

为了学习第4章提到的买盘波和卖盘波，我们需要大盘的趋势图，或者说竹线图，比如纽约时报50平均指数，并用波线图作为补充。我们的大盘趋势图属于媒介，通过它可以研究更大的走势。趋势图就像一个规模很大的整体地图，通过它，我们可以判断当前市场的位置，以及最终的走向。而波线图就像是局部地图，通过它，我们可以从细节上观察当前市场的位置并且与更大的波段之间的关系。因此波线图能够帮助我们提前2到4天识别中级波段的拐点。

我们无法同时交易50到100只股票，因为不是所有的股票都按照同样的速度涨跌，这样我们需要把整个大盘分成小部分，然后确定哪一个板块最有前途。为了达到这个目的，我们必须做到：要么使用位置图（第17章），要么使用板块图（第3章和第7章"相对强弱分析"）。确定哪个板块最有潜力之后，我们从中选出最好的股票。

简单点说，我们的目标是顺势交易（大盘或潜力板块趋势）。想好了最有前途的板块之后，我们必须借助工具从大量的股票中选择最好的投资机会，就是说选择操作那些涨跌更早、更快、更持久的股票，并且避免被套在垃圾股上面（走势死气沉沉的股票）。

在不过度劳累或者不干扰您正常职业的情况下，您能留给股票市场的时间就决定了您能做的工作量。一般来说，最好控制研究行情图的工作量，这样可以把大量的时间投入到研究和解读重要的行情上，也就是说，研究 20 只股票的行情图，好于研究 200 只股票的行情图。

在您对这套方法熟悉之后，最好把行情图控制在 20 个之内，随着经验的增多，可以增加股票研究数量。

对普通学员或者更有经验的学员，下面的设计可以满足他们的要求。

行情种类和相应的图表使用

行情种类	图表使用
纽约时报50指数或者纽约先驱论坛报100指数 道琼斯30工业指数 道琼斯20铁路指数 道琼斯20公共事业指数 威科夫板块平均指数	单点点数图 三点点数图 柱形图（含成交量）
25-200 股票	三点点数图
盘口波线图	单点点数图 三点点数图 十点点数图 连续线图

图 5-1

上述的组合可以扩大，有两种扩大方式：第一种是通过增加单点和三点点数图（从 25 只扩展到 200 只或更多）；第二种是通过所有股票的竹线图。一开始，可以准备并保持趋势图的竹线图和重要板块的竹线图，比如：铁路、工业、公共事业、钢铁、炼油、汽车，等等。您可以用这些竹线图来确定大盘和板块的趋势。当您从板块的竹线图上，发现某个板块有潜在的机会时，您去参考这个板块中的股票的点数图，来确定哪些股票处在最好的位置。然后当您缩小范围，并确定一到两只最有潜力的股票之后，打开这些股票的竹线图，仔细研究并确定好中最好的进场时机。当您发现板块和个股的趋势结束的时候，可以暂停使用这些股票的竹线图，直到下次这些股票有新的机会出现。

使用这种方式，如果您的时间有限，可以节省很多工作量，也就是每天不用花太多时间更新和查看大量股票的竹线图。

但是，保持更新的竹线图越多，选择的范围就越大，这样能拓宽判断整个市场的角度。因此，另一种好办法就是雇人帮您整理竹线图。当然，如果您自己能够整理这些竹线图的话，您会对市场了解的更多。

经常更新这些图，既累又要求精确，但是把机械部分掌握好，绘图并不难。比如一个在学校里刚开始学习机械制图的学生，需要接受严格的数学训练。您会发现，这样的学生非常适合图表工作，您能以很低的薪水就雇到他们。

如果您有时间或者助理，可以把图做得更缜密，这样您会发现把下面信息加到图上会更有帮助。

- 周线竹线图，带成交量。
- 月线竹线图，不带成交量。

上述两个图不要单独使用，因为他们对市场反应不及时，无法把握准确的时机。很多重要的细节在周线图上看不到。看月线图和周线图的主要目的是看历史背景，主要用来看市场的长远趋势，或者以前的支撑和阻力。但是即使做这些，点数图也不错。

竹线图或者点数图都可以保存在活页笔记本中，根据您的个人喜好，可以选择像这本书的大小或口袋大小或更大的纸张。大多数同学都发现用三环活页夹固定的纸张最为方便。

第6章 用日线图确定市场趋势

——纽约时报50综合平均指数分析

（1930年12月—1391年3月）

如前所述，股市操作中，最重要的是趋势。顺势而为是我们的操作目标。下面这个以日线为基础的趋势分析，可以作为了解本教程中所有分析（市场行为原则）的起点。

还没有一个完美的大盘指数能够一直毫无差错地代表整个市场行为，也就是说，我们不能说这个指数比那个指数好用。投资和交易更像是一门艺术，而不是强调精准计算的科学（市场是灰色的，不是黑白的）。重要的是，通过对上述趋势图的判断，所得出的结论必须根据其它图上的市场行为进行调整，比如，波线图、板块行情图以及个股行情图。

基于上述条件，您会发现，在判断整体市场背景方面，纽约时报50综合平均指数更具指导意义。另外一个有指导意义的是纽约先驱导报100综合平均指数。当您判断整体市场背景的时候，您应该两个指数都使用。如果手头上没有这两个指数信息，报纸上那些比较流行的指数也可以，或者有必要的话，您也可以通过结合三个道琼斯平均指数（工业、铁路、公共设施），自己计算所包括的70只股票的综合平均指数。计算指数的时候，您需要调整一些数据，如果需要我们帮助，请给我们来信。无论您使用哪种平均指数，解读市场行为的依据都是相同的。

这三张图包括成交量、价格行为和时间。我们研究价格行为的时候，必须要同时考虑成交量行为。美国竹线图的表现方式是：两端是当日最高和最低价，左边小横线是开盘价，右边小横线是收盘价。【译者注释：威科夫先生喜欢用的竹线图只显示收盘价。】解图最好的方式是用一张纸把图盖住，然后由左往右一根一根挪，这样分析当前市场行为的时候，看不到后面的走势，就跟看当时的真实行情一样。

我们从 12 月 8 日到 12 月 17 日开始分析图 6-1（不考虑历史行情）。

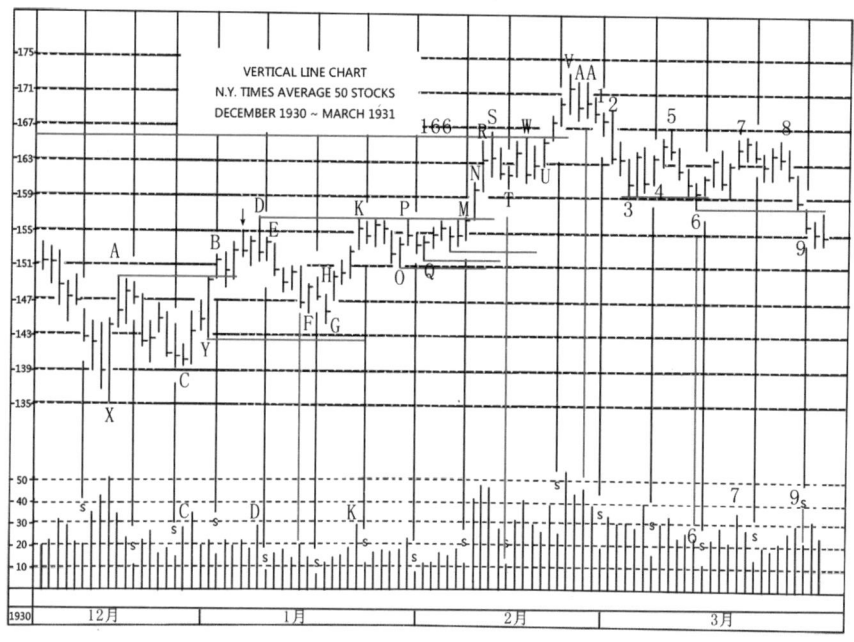

图 6-1

从 12 月 8 日开始，市场连续 9 天急速下跌，到达低点的时候，成交量和价格日波动都大幅扩大。这种下跌节奏告诉我们市场进入恐慌抛售。

8 日那天的成交量是 200 万股，结果到达底部的时候，日成交量扩大为500万股，这其中大部分是在到达低点和在反弹中成交的，这证实恐慌抛售①已经过去，我们可以把恐慌抛售作为进行下一步分析的起点。

到目前为止，我们必须假设趋势向上（因为市场中大量的供应被消耗），但是需要高支撑确认。市场出现恐慌抛售之后，一般会有自然反弹（A的位置）。反弹之后再次回落会有两种情况，一种是直接突破恐慌抛售

---

① 恐慌抛售：SELLING CLIMAX，缩写：SC。

恐慌抛售来自于公众的仓皇出逃，接盘方是主力资金，他们的介入扩大了市场的需求。这些主力资金包括，（1）经验丰富的场内操盘人；（2）占比大的持股人和其他股票的资助人，他们看到了绝佳的低价建仓机会，或者希望通过临时给予市场支撑来防止进一步下跌；（3）空头平仓者（空头平仓是通过买入股票实现的，实际也是接盘方，并促进了需求增加）。

恐慌抛售导致大量股票转移到主力资金手中。恐慌抛售过程当中，买卖双方都是大手笔的投入，但是卖盘是恐慌性的被迫离场，而买盘是主动性的投入，很显然，买方处于优势。由于这种恐慌抛售过度地消耗了市场供应，造成供应短缺，这会导致价格反弹。

如果接盘的资金主要目的是为了提供临时的支撑或者缓解恐慌情绪（而不是为了支撑价格进入上涨阶段），他们会在恐慌抛售之后反弹的时候择机把股票抛出，此时再加上市场上其它的卖盘，会导致市场供应压力增加，最后冲破恐慌抛售的低点，并恢复了清仓行情（恢复了下跌趋势）。

另一种情况是，反弹之后的回落没有到达恐慌抛售的低点，而是挺在了高支撑位置，并且在整个回落过程中，成交量减少很多，我们因此判断市场的清仓行为已经结束。这种回落过程我们称之为成功的二次测试，成功的二次测试是后市上涨的信号（也标志着整体下跌趋势暂时停止），但是市场真正进入上涨趋势之前，还要经历一个准备过程（这个过程就是吸筹）。

上述市场行为的原则不但适用于大周期（中长线）的趋势判断，也适用于小周期（短线）的趋势判断。所以仔细观察波线图、板块图和个股趋势图，我们会发现很多类似的市场行为。这些行为既出现在大周期中也出现在小周期中。但是对于市场行为，我们不能机械的以类似科学研究的精准方式来衡量，而是应该允许市场存在不同的表现形式。比如说恐慌抛售，我们不能期待所有的恐慌抛售量价形态都相同，它们的基本特征可能相同（比如量价增长速度突然变大），但是时间长短和量价变化的幅度和顺序肯定会有所不同。(就是说，我们要研究市场行为的内涵，而不是教条式的死记硬背形态。比如市场进入恐慌抛售阶段的内涵就是，主导市场方向的力量由供应逐渐转变为需求。)

恐慌抛售的表现：可能是一天，也可能连续几天，或者说巨额成交量出现的时候，市场还有可能继续创新低，也就是说，巨额成交量可能与市场最低点在同一天出现或之前几天出现。

的低点，这表明市场的清仓行为还没有结束，而且那些截住下跌趋势的资金（起支撑作用的）撤出。相反，如果价格在高支撑（高于恐慌抛售低点的支撑）挺住，说明需求超过了供应。接下来，如果要进一步确认趋势反转，<u>价格上涨必须突破 A 处</u>【译者注释：JOC，越过小溪】。

B 阶段，指数突破了恐慌抛售之后的反弹高点 A，确认了指数进入了上涨阶段，这也可能发展为更大规模的上涨。在上述阶段，市场为我们提供了三个做多时机。

- 第一个买入机会：在 X 位置，恐慌抛售结束，同时我们第一次看到巨量出现在长阳上，伴随着递增的成交量，表明市场的主导力量已经是需求（买方）。基于这种初始看涨的背景（需要后面的市场行为确认），我们可以买入，当然买的价格越低越好，并在离底部 1.5—2 个点的位置放止损单。【译者解读：初次反弹一般都不会持续很久，另外，这个时候还没有确认下跌趋势停止。所以这个时候进场，风险偏大，<u>根据现代市场的特点，不建议大家在此时进场</u>。】

- 第二个买入机会：就是在二次测试结束之后。C 附近，指数连续三天的收盘都接近 140—141，说明下跌压力减小，因为第一波比较强的回落之后，这三天下跌没有继续。【译者解读：在威科夫行为分析当中，我们把这种现象叫做突破缩短，简称 SOT，属于停止行为。】

    a. 整体回落过程中，成交量小于恐慌抛售阶段，证明下跌压力减小，说明需求在慢慢超过供应。到现在为止，市场已经成功完成了二次测试，导致底部在 136—140 的支撑区拓宽。（根据点数图原理）这种宽度增加的底部，预示着更大规模的上涨。我们可以在二次测试结束的时候进场，或者加仓，止损单同样放在恐慌抛售底部以下。二次测试结束之后，市场处于弹跳板上（马上进入上涨模式）。

【译者解读：这里单独说一下 C 的量价行为，高成交量说明这一天卖盘依然很大，价格没有创新低说明需求超过了当时的卖盘（供应），这种

量价动作我们叫做努力没有结果。】

- 第三个买入机会：B 突破了前面的反弹高点，成交量随着价格上涨而递增，吸收了这个高点的供应（消除了上涨的阻力），表明市场进入上涨阶段。如果在突破时进场，等于我们在追涨，这种操作风险比较大。前面的两次进场都是在下降当中执行的，风险更低。

【译者解读：突破前反弹高点的行为叫做越过小溪，简称 JOC，表明市场正式进入上涨趋势，但是上涨趋势的秩序需要回调确认，如果接下来价格回落没有出现量增的现象，表明供应确实稀少，所以突破之后的无供应回落进场更安全。】

我们现在研究的是 50 只股票的综合平均指数，这对整体趋势方向的判断有指导意义。我们同时选择 50 只股票交易不现实，所以我们应该选择那些当时表现强势的股票。接下来我们必须研究板块图和位置图来选择表现最好的股票（从中找出 1 只、5 只、10 只或者更多短期高回报的股票）。

既然判定现在市场进入上涨趋势，我们的操作就必须顺势而为，直到出现趋势改变的信号，或者我们开始怀疑趋势是否还有继续上涨的可能的时候。我们必须时时刻刻提防这些趋势变化的信号，在开始怀疑趋势能否继续的时候，平仓离场。

随后，指数进入上涨模式，但是涨到 D 的时候，我们看那几天的收盘价都徘徊在一个点之内，这说明上涨势头减弱（价格停止上涨有两个原因，一个是需求不足，一个是供应扩大），同时我们看到这几天成交量递减，说明上涨放缓是因为需求不足（特别是在 D 前面一天，价格上涨，但是成交量缩小）。进一步确认价格停止上涨是从突破缩短（SOT）的行为上看出来的（B 到后面箭头所指的小上影线的过程中）。上涨迟钝表明买方不愿意随着价格上涨继续投入。指数涨到 D 的时候，成交量突然放大，表明上涨进入<u>小型抢购高潮阶段</u>①，同时价格冲高回落，而且收盘不但在当日低点，而且低于前一天收盘价。所有这些证据告诉我们，市场将要进入回调阶段，但是我们继续持仓，因为目前还<u>没有看到派发信号出现</u>。

回调从 D 开始，价格一直回落到 E 的位置。与从 C 附近开始的上涨波相比，这次的回落的成交量非常短小，说明市场的供应压力不大，我们继续看涨。F 的价格行为和 D 相反，是个看涨行为（有买家资金进入），是第一个回调即将结束的信号，这是一个买入机会，然后期待上涨趋势恢复。

对价格即将上涨的进一步确认是第二天的高支撑和 G 的低量回落，表明供应耗尽，上涨即将开始。观察回调的进展，最后四天的收盘都接近，说明下跌的压力逐渐消失，这也是市场即将恢复上涨的信号。【译者解读：上涨当中的回调过程非常重要，它是上涨趋势是否继续的确认阶段，如果回落的成交量是递减的，说明那些出货的人越来越少，也就是说供应在消耗殆尽，这种回调过程的特征确认了上涨趋势还会继续。】

从 H 开始连续四天强势上涨，伴随递增的成交量，是看涨行为。价格接近 D 的高点的时候，突然放量（K 位置）告诉我们这可能是抢购高潮（特别是在垂直上涨之后）。

【译者解读：说这四天是强势上涨，是因为他们具备共同的特点：更高的高点，更高的低点和更高的收盘，简称三高。垂直的上涨本身是一种超买行为，然后突然放量说明买盘进入抢购高潮。抢购高潮是一个消耗透支买方资金（需求）的过程，而需求的消耗透支势必导致价格上涨

---

① 抢购高潮，BUYING CLIMAX，简称 BC。D 是典型的抢购高潮行为，与恐慌抛售正相反。这一天，买盘虽然量大，但是处于劣势，因为遇到了更大规模的卖盘（供应），是供应扩大导致了当日巨量冲高回落。看涨的一方（主力资金）打破了六日到八日上涨缓慢的僵局，开始用不断抬高买价的方式制造繁荣，以吸引那些在涨到 155 的之前不敢买的公众，他们现在担心以后再也没有机会进场（因为市场在不断创新高），于是一哄而入地进行抢购，给了主力资金大量出货的机会。所以 D 这个急涨是（带有目的性）人为的。

趋缓。】

前高点 D 那里是阻力区，价格涨到这里，我们期待上涨会停顿或者回落。在停顿期间（K—M），价格在 156 到 151 之间摆动，这个窄幅摆动属于一种<u>吸收行为</u>。

【译者解读：D 那天巨量交易之后，指数迅速下跌，套住了一批公众买家。随着价格继续下跌，他们期待回本。当价格又回到他们的成本区的时候（可以解套），他们一般会保本出货，他们出货的结果是价格大幅度回落。但是<u>一旦</u>我们看到价格没有大幅度回落，说明那些卖盘被买方吸收，这些买方（主力资金）对未来看好，认为价格会涨的更高，所以他们出资把市场上卖盘收购，扫清了价格继续上涨的障碍。由于买方的不断吸收，导致市场上的卖盘（供应）越来越少，于是（随着吸收行情的发展）我们看到成交量逐渐减少和支撑不断抬高。】

<u>吸收行为</u>：ABSORPTION，简称 ABS。

K—M 阶段是吸收而不是派发行为的原因是：

- K—O 的回落过程中，成交一直保持低量（相对而言），说明供应不足。P—Q 的回落后，迅速反弹。
- 和正常的回调 50% 相比（回调前面一波 K—G 的 50%），这次回调幅度较小，而且行情越走越窄，说明市场供应压力没有增加，反而越来越小。
- 价格回落到 Q 之后，在上涨当中，成交量递增（说明买方的人气在恢复，需求在增加），而且不断形成高支撑，这些是吸收或者吸筹即将结束的特征，接下来价格会恢复上涨。

吸收过程以 N 的突破结束。<u>在突破之后</u>，我们应该把所有多仓的止损单移动到盘整区（K—M）的低点（O）下方一个点的价位。因为 N 的上涨行为清楚地告诉我们，当前回调的最低点 O 的价位是个新的重要支撑。

N 的突破（高收盘，创新高）结束了吸收阶段，我们看连续两天（N—R）价格快速涨了 9 个点，而且成交量反常的大，从盘整阶段的 100 万到 200 万股，又增加到 400 万股。特别是 R—S 两天持续出现巨量交易，而且 S 那天巨量不涨（最高点只是高于前一天 1 个点），这是一些主力开始派发的特征，更多的供应超过了需求。

接下来，从 T 到 U 的支撑都在 2 个点（价格 160—162）的范围内，同时价格回到 D 的时候，成交量迅速减小，这些行为说明价格还会上涨，此时市场还没有到反转向下的时候。W 那一天价格尝试上涨，但是立刻回落到最低点，而且伴随明显增加的成交量，看起来是恐慌抛售，从风控角度，我们要移动（缩紧）止损单到 T 的下方 1 个点的位置。

从恐慌抛售开始到现在，价格已经有了大幅度的上涨。在上涨过程中，出现了巨量不涨的情况，告诉我们市场进入一个关键阶段。但是在 W 之后的一天，立即有资金进入，挺住了价格，而且 U 那天几乎收在当日最高价，这说明价格没有下跌（跟随），很显然需求超过了供应。看起来价格具备离开危险区和继续上涨的能力，并且愿意尝试吸收 166 阻力价位附近的供应。U 这一天成交量比较低，并不是需求不足，而是因为供应减少（长期吸收的结果），我们继续持仓。

U 之后的第一天创新高，市场吸收的供应从 250 万股涨到 400 万股，这里我们看到供应继续扩大。第二天继续创新高，这次成交量涨到了 500 万股（a）。

从局部量价行为上看，量价同涨属于正常现象（努力有结果），但是到 V 那天，出现了巨量滞涨，这一天成交量是 530 万股，同昨天相比价格涨了近 3 个点，但是从收盘价上来看净增长约 1.5 个点。这种上涨速度和价格上涨幅度引起了我们的怀疑，这么大的成交量说明买方大手笔投入，但是收盘价没有挺在高位（巨量上冲回落），这个是派发的特征，市场可能进入抢购高潮（b）。这是对持仓的危险信号，我们应该缩紧止损到离 V 的底部 1—2 个点的地方（c）。

V之后的一天出现了三低（更低的高点，更低的低点，更低的收盘），抹平了前两天的收益，这种行为说明当时供应超过了需求，确认了我们先前对趋势可能会出现回调这件事的判断。（另外这个行为也确认了前方的急涨属于抢购高潮）。如果止损没有被扫，现在也应该立刻平仓，并且找出那些表现弱的五到十只股票做空，然后把止损放在最高点的上方1到3个点的位置。

【译者解读：这里直接做空风险比较大，因为市场还没有经历二次测试，只有二次测试的成功才能确认上涨趋势的暂时停止，然后经历一段派发过程，把市场的需求耗尽之后再做空，这样风险更低。】

a. 这一天实际的成交量是2435000股。但是今天是星期六，只有两小时的交易时间，按照正常交易日是五小时计算，我们把今天的成交量乘以2，得出按照正常交易日的成交量是500万股。

b. 连续三天，每天近500万股的成交量说明市场已经吸收了公众的巨额资金（投入），这种巨额投入产生的需求，有效地帮助了主力资金出货。

c. U之后突破创新高，我们把所有多仓的止损单移动到T下方。

经历了这么长时间的上涨，我们期待回调会比较大（大于上涨以来经历的每次回调）。

在背景中，市场已经出现了派发的特征（从N—R—S那段巨量滞涨就有派发特征了），价格可能出现更深的下跌。接下来AA那天，同前一天相比，低点和收盘没怎么变化，但是成交量很大。这一天买方巨额资金的投入，尝试把价格推起来，但是上冲回落告诉我们，努力没有结果，这足以告诉我们供应依然很大，不过市场有足够的需求没能让价格创新低，还保持在前一天的波动范围之内。

27日，也就是图上标注1的位置，一个370万股的回调把价格推向了三低（更低的高点，更低的低点和更低的收盘），虽然和前一天相比成交量相对小一些，但是我们看整个背景，这一天是一个非常明显的背景改变行为，因为自从价格进入上升趋势已来，这是第一次在回调当中出现这么大的成交量（供应增加），在之前的回调过程中，成交量都是迅速减少的（供应不足）。

价格上涨了相当长的一段时间，出现巨量不涨的现象，这个事实告诉我们主力在派发。

标注1的这一天的巨量回调行为给我们的信息是：当主力资金在168—173（顶部派发价格区）卖不动的时候，开始降价促销，以满足低价的买单。

回头看看这个指数从135.5涨到了173，对于指数来说，这是个相当大的涨幅，说明那些促成指数上涨的个股早已经翻倍。另外从指数的趋势线角度来看（在2月8—15日底部划线），上涨趋势越来越陡，市场很难保持这种速度上涨，接下来18—24日的上涨更陡（近乎垂直），这期间的价格完全偏离了前一阶段的趋势线。上涨趋势持续了很长时间后，出现巨量和急速上涨①，说明市场进入危险阶段，同时告诉我们主力资金已经开始出货，他们的牛市立场已经改变。这种情况被场内交易员和场外的大资金专业炒家洞察到后，认为市场出现拐点，也纷纷平多仓和建立空仓，他们的这些行为不但加剧了市场供应的扩大，而且保证了他们在下跌趋势中获利（做空获利）。

我们也必须跟随这些聪明钱一起做空，因为1那里已经给了我们做空信号，止损放在V的最高点上方。在2的那天，当日小幅上涨之后，持续

---

① 急速上涨：这种行为的背后说明主力资金已经提前获悉坏消息或者对上涨不利的因素（这些消息和不利因素还没有对公众公开），他们现在抓紧派发的步伐。这些事件对公众来说尚不明显，他们的注意力集中在好消息和令人迷惑的气氛上，依然保持乐观情绪。

以公众的经验来讲，他们以前肯定观察到：这种急速上涨之后，坏消息经常出现在市场已经下跌一周或者十天之后。媒体人对下跌的解释肯定是因为坏消息，但是市场背后的逻辑是：坏消息公布之前，主力资金已经平掉多仓。主力资金的大举出货，供应加剧扩大（这些供应导致市场进入下跌阶段），然而公众事先不知道这些，直到市场已经处于熊市的时候，他们才反应过来（已经太晚了）。那些知道内幕消息的人会在利空消息之前做空，这样他们在公众因坏消息而恐慌抛售的时候平仓，空头的平仓行为是买入（为市场增加了暂时的需求）。

下跌了 6 个点，收在最低。如果前面的走势逐渐减弱的危险行为没有引起我们注意，现在我们必须重视 2 这一天，它表明（上涨）背景的明确改变已经成为事实。这一天明确地告诉我们大量买单撤单（导致价格大幅度下跌），当日 330 万的成交量和自从 M 上涨以来的回落相比，330 万依然属于相当高的成交量，这告诉我们主力资金依然在大量出货。

连续六天的看跌行为出现之后，我们得出结论，从 12 月到 2 月的上涨趋势已经终止（至少到现在为止），现在市场即将转为下跌趋势。换句话说，现在市场进入一个比较大的中线的回落过程，也可能转化为更大规模的下跌①。因此，我们先前假设从 2 月 10 号就开始派发的判断是对的，后面的急速上涨是主力为了出货而制造的假象（是对 R 和 S 那段时间的警告的确认）。

在这个关键时刻，我们应该关注做空的机会，重点关注那些表现很弱的板块和股票，记住，所有的做空点都应该在反弹高点。现在指数已经下跌了 10 个点，这个事实说明接下来可能出现局部反弹，一般会反弹到低于前期跌幅的 50%。

第一波回调到了 3 的位置（159 附近，T 那里的支撑价位），这种急速下跌的节奏说明市场出现超卖现象（和 23 日的行为相反）。这次超卖发生在前支撑附近，而支撑价位经常会吸引买方资金入场，或者那些空头因看到支撑而平仓离场（然后观察价格到达支撑位的反应），上述情况会增加市场的需求，导致价格将至少出现一个反弹。

3 之后的一天，市场如期出现快速反弹，成交量相对较小（供应不足导致，不是需求不足）。第二天价格继续创新高，而且低点也高于前一天，说明买方人气依然旺，也证实了我们对更大反弹的预期，但是巨量让我们

---

① 根据目前的市场背景，即使后市可能再次发展为上升趋势，我们现在也应该平仓离场。当市场发展为较大规模的中线回落的时候，我们在场外就有充足的流动资金等候，平仓能避免我们的资金套在熊市周期中。如果在这种中线回落的时候，我们仍然持仓（期待后市反弹）的话，后市指数即使出现上涨，我们手里的股票也可能不跟着涨。所以，及时平仓可以保证我们的资金不会严重贬值。

通过严谨系统地资金管理，股票升值产生的收益比一年股票的分红（股息）要多。

担心超买或者买入高潮发生，对此我们持进一步观望态度。

4 这一天和前面一天比，形成高支撑，确认了前一天的下跌没有跟随。这一天的快速反弹，并收在高点，证明前一天的巨量不是抢购高潮，而是下跌中出现了抛售高潮。这种由弱变强的技术性变化，为价格进一步恢复上涨提供了足够的需求。然而我们预测这次价格不会恢复到 165 以上，因为那里是 2 月份的派发区，主力资金不会让价格恢复到那里，并为被套的公众解套。【译者解读：其实这是个震仓行为，得到了后面快速反弹的确认。】

换句话说，局部反弹属于正常反弹。然而，如果主力资金认为价格可能涨的更高，并在高价获利，他们会让价格快速涨到前高点并被迫吸收那里的供应（被套公众保本出货为市场增加的供应）。【译者解读：很显然这不是主力资金的习惯，他们不会去解救那些在高价被套的公众】。即使他们认为价格能够涨得更高（高于前派发区），他们也会设局让顶部被套的公众在低价位把股票卖掉，以清除上涨可能遇到的阻力（供应）。我们继续研究和推理的话，最大的可能是主力资金会让价格反弹得更高，这样既让被套的公众产生希望而不卖，同时也阻止了公众做空，这样主力资金可能在价格反弹到次高价位的时候继续出货。

V—3 的这波回调有 14 个点，正常反弹是低于这个跌幅的 50%，大约 5 到 6 个点（反弹到 164 或者 165）。标注 5 的地方是这次反弹的高点，总共有 7 个点，正好是前面跌幅的 50%。这次反弹的总成交量不如前面最后一波上涨的成交量大，给了我们三个信息：（1）这是技术性反弹；（2）证明需求不足，因为派发的时候，买方都已经满仓；（3）确认了我们先前其它预判的准确性。

在这次反弹的高点，我们继续做空。个股的做空进场点最好接近危险区，这样我们的仓位风险更低。

【译者解读：这里说明危险区有两个地方，第一个就是我们常说的冰线，也就是前新高之前的最近的回调低点，那里是牛市最后的支撑区，价格如果放量突破那个支撑区，说明市场正式进入熊市，价格接下来会有很深的跌幅。当价格反弹回到冰线的时候，那里已经成了阻力区，如果需求不足或者供应增加，那里是个低风险的做空区。第二个危险区就是最高点附近，那里决定着牛市秩序是否恢复。】

6的量价行为非常关键，这里之所以看到市场继续走弱，是因为它的相对高的成交量①和破冰（冰线在3的低点画线）。前面12月、1月和2月前期的回调低点，量都非常小（表明供应耗尽）。

【译者解读：但是6的成交量没有减小，说明市场的压力依然存在，供应没有耗尽，这不是强势的特征。这就提醒我们交易不能按照局部形态，而是要考虑市场的整体背景，虽然6看起来是个不错的反转形态。】

破冰除了确认我们做空的正确性，更重要的是告诉接下来有反弹的话，将给我们提供了继续做空的机会。

6之后开始反弹，这次反弹过程的成交量非常不规则，没有递增的节奏。

【译者解读：这说明买方的意见分歧，没有一起看涨，需求不足。但是这次反弹的背景是压力依然存在，因为突破支撑的时候成交量依然大。如果是真正的上涨，一定是在供应极度短缺的背景下，也就是市场已经没有压力的前提下。】

但是反弹到7的那一天，成交量剧增，这是高潮行为，后面两天的滞涨确认了高潮行为。

【译者解读：高潮行为是停止行为，表明供应增加和需求的过度消耗，而现在正是市场尝试恢复上涨的时候，出现了需求过度消耗和供应增加的压力，这会导致这一轮反弹结束。】

这次反弹低于上次反弹（5那里）1个点左右，当时我们曾经预期可能会有反弹。现在市场到了关键时刻，需要新的需求来推动价格继续上涨，一旦没有新的需求跟上，市场会延续派发引起的下跌，并且进入二次派发。（空仓的止损现在应该移到3月10日到25日这段时间的高点上方1

---

① 对成交量行为的判断，我们要记住，下跌趋势的成交量相对于上升趋势，会小一些，原因是牛市吸引更多的公众参与，而熊市没有更多的公众参与（做空）。

到 2 个点的位置。）

接下来 3 天依然是横向盘整，其中 24 日和 25 日两天的低量反弹表明没有需求进入，这样一共有 6 天的交易低于 2 月 20—28 日的交易区间。由此看来，这次反弹没能创新高，且低于 5 的高点，确认了我们的空仓很安全。同时对还没有清仓的多头是个警告，因为现在所有证据表明价格将要进入更大规模的下跌。

下跌从 8 开始（三低），到达前支撑的时候量还在增加，告诉我们支撑无效①。从这里开始，我们确定市场处于下跌趋势中，而且没有遇到任何阻力。31 日出现短暂的反弹，但是成交量立刻缩小说明需求不足。后面 4 月 4 日到 6 日从 152 支撑位的两天反弹也是成交量骤减。（参考图 6-2）

【译者解读：支撑是否有效在于买方是否依然看好这个价格并愿意接盘，他们的接盘为市场提供了需求。这一天的巨量表明供需双方都是大手笔投入，但是既然是价格突破了支撑，说明突破当中供应严重超过了需求。所以 9 日的巨量是供应增加，而不是恐慌抛售高潮。】

这里我们总结如下原则：无论上升趋势或者下降趋势，在趋势运行中突然出现巨量，这是高潮行为，表明趋势接近尾声。但是巨量不能发生在突破一个很确定的支撑或者阻力的时候，那样的话，这个巨量就不是趋势接近尾声的信号，而是趋势继续的信号。

【译者解读：虽然巨量突破强支撑或者阻力位是趋势继续的信号，但是不能在突破的时候进场，那样风险很高，应该等到回测的时候进场，比如我们前面说过的越过小溪或者破冰。】

所以，当价格带巨量突破区间顶部的时候（越过小溪），说明买方愿意吸收那里的供应（压力），因为他们的目标是更高的价格。反过来，价格带巨量突破区间底部的时候（破冰），说明卖方愿意吸收那里的需求

---

① 3 月 28 日（9 的位置）是星期六，把成交量乘 2 的话，大约是 420 万股，这一天不能认为市场进入了恐慌抛售高潮。9 这一天的巨量和前几天的成交量增加有区别，前几天的成交量增加处于一个正常的下跌波，而 9 这一天的巨量发生在突破过程中，代表市场的供应（增加）。

(支撑),因为他们的目标是更低的价格。至于突破后是否能够成功地延伸当时的趋势,还要看当时的市场背景。

所以我们不能机械地使用上述原则交易,而应该结合当时的市场背景和其它因素。

下面我们继续用图6-2分析后市行情。

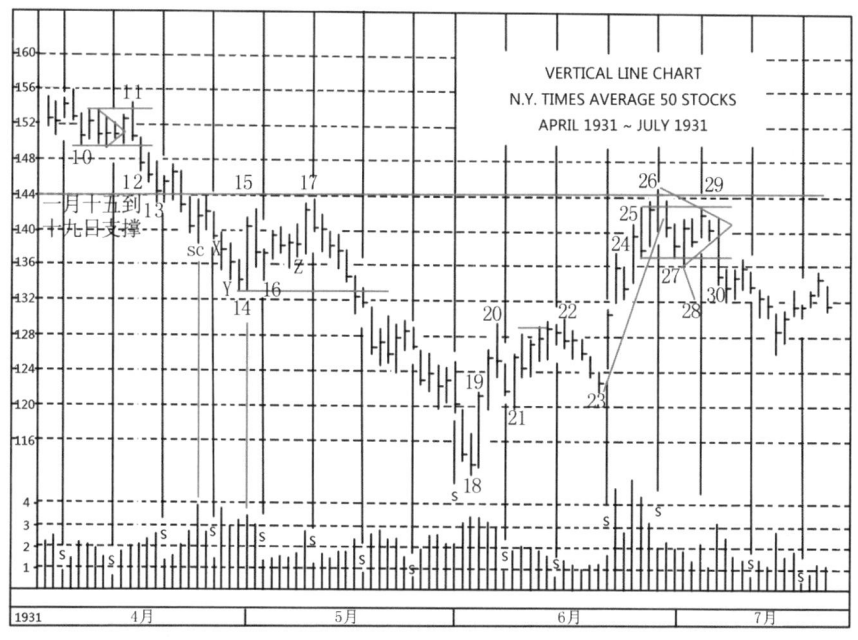

图 6-2

市场在4月7日—14日期间,价格保持窄幅盘整状态(图中标注10—11的区间)。接下来价格破冰后继续下跌,当价格到达前期支撑(1月15日到19日,参考后面的6-4的整体行情图)的时候,我们没有看到恐慌抛售高潮或者很强的反弹力度。(很明显,支撑上需求不足)。

然而价格经历了6天的支撑之后,没有从死角出现强反弹,说明市场没有足够的购买力(需求)来支撑价格上涨。这里有两种行为证明没有购买力(需求),一个是价格没有出现高支撑,另一个是4月13日虽然有反弹，但是没有足够的成交量（资金）支持价格上涨。

如图 6-2 所示，12 那里价格破冰并创新低，确认了上述看空信号，也给了我们加仓的机会，做空对象选择那些表现很弱的股票。新加空仓的止损可以放在前一天的高点之上 1 到 2 个点的位置，并且把所有做空仓位的止损一并移动到这里。从 11 附近一直下跌到 13 的过程中，成交量递增，是投资者清仓离场的特征。配合合理的止损策略，我们现有空仓非常安全。

下跌趋势中，偶尔会有空头平仓导致的快速反弹，但是这种反弹很快就结束了。比如 14—15 两天的反弹，虽然这次来自于空头平仓的买盘有超过 300 万股的成交量，但是这个反弹在 15 那里立刻结束了。

【译者解读：市场要真正进入上涨阶段，需求要随着价格上涨保持力度，不能断，否则上涨将要结束。】

空头平仓的行为为市场提供了暂时的需求，并引起价格反弹，但是随着空头平仓结束，他们带来的需求也就消失，市场失去了继续上涨的动力。

【译者解读：这个时候价格要想继续上涨，必须有新的需求补充，从 15 的量价行为来看，市场没有新的需求补充，也就是说市场没有真正的买家投入，反弹是空头那帮人平仓造成的。】

如图 6-2 所示，图中 SC 那天的巨量可能是恐慌抛售，而且价格正好临近 12 月份的重要支撑区，我们期待价格会出现反弹。正常反弹是这波跌幅的 50% 位置（从 11 到 SC 的跌幅的 50%），大约是 146 价位附近。由于这之前的市场行为都是熊市市场行为，还有就是市场当前处于清仓背景当中，仅凭这一天的高潮行为（看涨行为）和后面的反弹不会威胁到我们现有的做空仓位。当然，如果愿意，可以把止损缩紧到前面跌幅的 50% 以上 1 到 2 个点的位置，然后观察后市发展。

接下来反弹没有回到我们期待的位置（前跌幅的 50% 位置），反而立刻下跌，在 X 那一天收在底部，而且这一天成交量没有减少（这一天虽然量看起来低，但是星期六成交量要乘以2），我们意识到市场将出现新一轮卖压。

14的快速反弹再次引起我们的警惕，但是这并不奇怪，因为从Y开始，下跌幅度开始逐渐缩短。（SHORTENING OF DOWNWARD THRUST，简称SOT，这种行为往往由于供应出现不足或者需求增加导致）。从整体趋势来看，价格突破了前期恐慌抛售的支撑，加上其它市场行为，市场仍然看空。但是这段时间下跌幅度逐渐缩短，而且成交量的扩大，告诉我们趋势可能出现局部拐点（巨量不跌是需求增加的表现），换句话说，接下来会出现反弹（就是刚才出现的急速反弹），这个反弹也许会演变为更大规模的上涨，关键取决于反弹本身和反弹以后，市场是如何表现的（这里指的是反弹后，市场的需求是否不断增加，而供应开始不足）。

从16开始，价格连续反弹三天，但是成交量明显减少，说明在12月份的支撑价位上，本应该有的能够支持价格恢复上涨的需求，现在不愿意跟随价格上涨。所以这次支撑引起的反弹，更像是由于空头平仓，而不是新的买方资金投入。

从Z开始的反弹仅仅持续三天，而且第三天（17）的收盘在底部，说明需求耗尽①。17之后的一天开始，下跌趋势恢复，成交量开始在下降中递增，说明市场开始了新一轮的清仓离场行动。注意价格回到4月份低点（支撑）的时候，没有一丝停顿或者反弹的迹象。

价格回落到18，收盘在当日低点。这当中值得警惕的是：同前一天相比，下跌幅度缩短（简称SOT），这种动作经常引起价格反弹。18前一天的收盘是114.5，18的收盘是113.375，下跌进展不大，但是18这一天的330万股巨量（努力没有结果），说明这次下跌遇阻，是有大量买家接盘。

---

① 这次反弹很弱的其它证据是：(1) 5月8日（Z的后一天）的成交量快速增长属于局部抢购高潮行为，后面两天的迅速回落确认了对高潮行为的判断。(2) 这次反弹低于阻力区（4月17日到21日），那里有卖盘压力，那个时候公众因错误判断支撑而被套，现在着急地等着保本卖出。价格反弹到17那里的时候，我们有了新的做空机会，期待价格在向4月份低点下跌的过程中恢复主下跌趋势。

价格已经从2月份顶部（173）下跌了60个点，已经降价三分之一。

如果有点数图、板块图、个股图和波线图，就能更清楚看到市场已经接近了做空持仓的危险区，但是为了解释竹线图趋势，我们现在只考虑竹线图。当我们看到19开始的9个点的迅速反弹（而且收在顶部），并伴随和前两天同样的巨量，我们必须<u>平掉空仓</u>，可以在接下来一天开盘的时候执行平仓。

【译者注释：决定平仓走人的另外一个原因是：5月27日和6月1日的急跌，造成了市场的超卖状态，超卖本身是做空持仓的危险信号。并且接下来的反弹速度提醒我们，前面的急跌属于震仓。】

这种突然的反转，说明市场还没有出现进入上涨趋势所需要的准备过程。这种行为就像给一个病危患者打了一针强心剂（只是临时起作用）。我们知道这是市场对总统胡佛的推迟赔偿计划的乐观反应，但是这些事情不总是在图表上反映出来，所以我们不做考虑，我们从不依赖报纸上的消息解读市场。

我们的做空已经持有了三个月，即使在反弹最高价（19的顶部，或者第二天的开盘）平仓，也会有相当不错的收益。我们耐心等待行情的进一步发展，看市场自身是否有足够的证据告诉我们趋势秩序出现改变。经验告诉我们，像这种趋势中的突然反转，没有经过足够的准备过程，市场无法保持持久的上涨趋势。

19那天收在顶部，预示价格会继续上涨。紧接着的一天，在昨天高点的基础上，价格又涨了5个点，这样从18底部算起，已经涨了14个点。这一天有300万股的巨量，看起来市场呈良好的上升势头。

但是20这一天价格只涨了3个点（上影线），成交价量有所降低，需求不足，说明这么急速上涨之后，买方已经不愿意追涨。这天的收盘低于前一天的收盘价，市场行为告诉我们当日供应超过了需求，看起来反弹已经结束（失去了继续上涨的动力）。

【译者解读：从努力和结果的角度看，20这天属于努力没有结果，因

为成交量没有减少很多，买方依然活跃，但是价格没有出现实质性上涨（上影线），说明当天的出货量（供应），远远超过了需求。】

20之后，价格又掉了8个点，但是低量说明供应不足，而且这次回落到了前面反弹的50%位置，属于正常回调，对上涨没有威胁。到了21那里，价格先是下探了一点，然后立刻反弹，并收在高位，说明市场遇到了支撑（接盘资金）。这次反弹到了125，回到了这次回落幅度的三分之二（超过了跌幅的50%，看涨信号）。虽然成交量不大（因为供应稀少），但是这种上涨势头表明市场还是倾向看涨（市场人气依然很旺）。

21—22的反弹没有创新高【译者注释：上涨秩序没有形成】，导致市场进入了区间交易（价格130—120之间），这里我们不能操作，最好耐心等待区间交易结束，因为方向现在无法确定。反弹过程中，我们发现成交量逐渐减少，说明需求不足，正常的上涨趋势不是这样的。另外我们发现，反弹到顶部的那两天，突破幅度严重缩小（SOT），说明上涨遇阻，会导致回调。看22的前一天，需求严重不足的表现是：价格波动极度缩小（低于2个点），成交量只有54万股（这是星期六，如果乘2的话，大约100万股）。观察价格从底部开始涨了17个点，现在交易进入死角，这是看跌信号。

这些看跌信号在22得到了确认，而且波动幅度扩大，说明市场开始活跃（更积极的卖盘参与价格下跌）。这一天成交量增加，而且是阴线，说明市场的供应压力有所增加。接下来4天的下跌跟随确认了熊市信号，成交量保持在100万股。

但是，接下来成交量并没有随着价格下跌而增加，反而这4天的成交量低于21—22这个上涨波的成交量，这说明目前市场压力不大，并且目前价格连120这个价位都没有突破。事实上价格在122那个价位（23）的位置遇到了支撑（量增但是跌幅缩小），这是一个比区间底部（8）还高2个点的支撑。

【译者解读：高支撑是看涨信号，但是要和背景结合使用，最适合的背景是吸筹或者趋势中的吸收阶段。

从18到现在，这个过程属于另外一种形式的恐慌抛售、自然反弹和二次测试。注意这个二次测试的成交量，有特别明显的缩减，比前面的12月份和5月14日的二次测试还要小（5月14日那次是失败的二次测试，因为支撑没有挺住）。

本次二次测试在恐慌抛售低点的上方遇到了支撑。还有一个与之前不同的看涨信号，就是这次18—20的反弹中，我们看到了购买力的持续性。而上次14—15的反弹，没有看到购买力的持续性。】

市场怎么走取决于接下来一两天的市场动作。如果继续放量下跌，并突破区间底部价格120（21的底部），我们认为市场倾向于恢复熊市秩序，并继续下跌。但是如果在122这个价位持续有支撑，而且不需要很大的资金量（当前供应量小），在这里有做多的机会，不过止损要放的紧一些。（因为上涨秩序还没有形成。）

23之后的一天的市场动作解除了我们的所有疑虑，同前一天收盘比，这一天高开1.5个点，价格伴随巨量迅速涨到了131，导致价格离开了交易区间，进入更高的交易区，这一天的巨量更突出了突破区间的重要性（吸收了阻力上的所有供应）。和前一天高点相比，这一天涨了7个点，而且收在当日顶部。如果我们观看日内盘口或者盘后的波线图，我们或者在盘中买入（设比较近的止损），或者在当日创新高之后在收盘前买入，或者在第二天开盘买入，因为当前的市场行为告诉我们价格可能快速上涨。然而我们没有足够理由再次建仓，因为市场还没有出现支撑长期牛市的准备过程。

24这一天高开，涨了7个点，全天价格保持在高位，没有回补缺口。这一天成交量是460万股，价格伴随着量增而大幅上涨（正常上涨）。虽然接下来一天的回调，抹平了前一天的大部分收益，但是成交量减少（只有260万股，几乎是前一天成交量的一半），这表明供应不足，市场依然看涨。这种先快速上涨，然后迅速抹平收益的行为是个警告，我们继续观望。

25 收回了所有损失，上涨了 8 个点，比 24 的高点高了 3.5 个点，涨到了 141，成交量超过 500 万股。这种巨量出现让我们开始对上涨感到不安，因为这更像是主力资金在出货（市场可能出现了抢购高潮）。我们把止损移动到前一天的低点下方 1 个点的位置，然后继续观望。

25 之后的一天涨了 2 个点，然后直接跌了 6 个点，差 1 个点收于底部，当日成交量是 430 万股，这种巨量冲高回落代表供应超过了来自公众的狂热需求，这是非常明显的看跌信号。【译者注释：这里注意突破缩短的行为，简称 SOT。这是停止行为。量增的 SOT 说明供应增加，是更严重的危险信号】。我们因此把手上多仓平掉，并找些表现弱的股票在反弹时做空。

接下来一天涨了 5 个点，同前一天相比，波动幅度减小，而且突破幅度缩短（SOT），成交量减少到 310 万股，所有这些行为说明市场看跌（需求不足）。到此，一个新的区间在 137—143 之间形成。

接下来 26 这一天只涨了 1 个点，全天波动范围只有 3.5 个点，但是按照收盘价计算，价格净上涨了 1.5 个点，涨幅依然不大（这是 UT），当日成交量是 380 万手（星期六是半天，成交量乘2）。这种放量 UT 更像是故意拉高去扫空头止损，然后继续出货，我们因此建些空仓，止损在最高点上方 $1\frac{3}{8}$ 个点或者 2—3 个点位置。

接下来一天低开并收于底部（跌到 140），我们观察价格已经横盘了四天，放量急速上涨之后（放量是指 25 那里的 500 万股），价格向上没有进展，并且成交量随价格上涨而递减，这些现象告诉我们目前顶部没有进一步的需求来推动价格继续上涨。这种横盘或者回调持续的话，会突破上升趋势线（需求线），说明需求不足，我们会因此在反弹的时候继续做空。

27 跌了 3 个点，而且突破了上升趋势线（从 23—26 划线），说明需求耗尽。这两天的低量回调告诉我们会有反弹（可能会涨到 143 那个价位），我们可以从接下来的反弹行为中决定是否持仓,我们继续观察行情进一步发展。

观察28这一天,长阳反弹,比昨天收盘高了2个点,但是低量(只有170万股)说明需求并不大,市场继续看跌。接下来一天的表现很枯燥、窄幅、低量和低收盘,说明市场缺乏上涨的动力。29涨到了区间顶部,市场在尝试恢复上涨,但是这波反弹的成交量低于前面一波上涨的成交量,说明需求耗尽,不用担心,我们继续做空,止损放在26最高点的上方。

【译者解读:从前面23—26的巨量急速上涨,到现在的低量反弹测顶,属于抢购高潮和二次测试行为,这是趋势到顶和可能出现派发的特征。因此,从整体来看,从18开始的这波反弹到此结束。】

接下来一天,价格回落2个点,成交量只有100万股,市场进入死角,告诉我们这次反弹已经失去了继续发展的动力,市场供应过剩,这些是市场继续看跌的行为。(这个死角是市场继续大幅下跌的一个跳板。)

30这一天,开盘小幅反弹之后,直落7.5个点,伴随300万巨量突破区间(这是破冰行为),说明市场恢复了清盘行情(熊市趋势)。到此为止,23—26的这波反弹,在涨到前12至1月的支撑区的时候,完全结束。(参考图6-4,那里26就是这次反弹的高点,也是前面12月至1月的支撑区。我们应该记得,12月份曾经发生恐慌抛售,并导致下跌停止,市场在那里形成了支撑。)我们期待接下来价格会去测试23那里的支撑点。

从整体背景来讲,如果这次从18开始的反弹是吸筹的一部分,那么主力资金在18那里建仓之后,在26附近把货出掉的原因是为了更多的吸筹。如果接下来的回落(二次测试)停在高支撑(18之上),就证明主力资金对价格涨得更高非常有信心,如果出现成功的二次测试,会导致熊市终止。但是,如果我们没有看到上述行为出现,说明熊市秩序还在,说明这次从18开始的上涨属于主趋势的熊市反弹。(参考图6-4)

趋势背景和秩序没有出现变化之前,我们继续持仓。30之后,价格继续下跌了2个点,然后低量(150万股)反弹2天,这里停顿的原因是价格到了前面上涨波的50%（23—26）。然后价格继续下跌到7月15日，我们注意到价格从顶部26那里开始，已经下跌了19个点。这一天的成交量（260万股）和收盘在中点告诉我们，市场出现了小型恐慌抛售，接下来没有跟随，反而是迅速反弹，并收高。上述这两个原因，告诉我们价格可能会就此开始上涨。但是幅度这么小的反弹，连前面跌幅的50%都不到（跌幅是19个点，反弹至少要9.5个点才可能导致真正上涨），说明这是下跌趋势的正常反弹，我们可以在反弹顶部继续做空[①]。

到此为止，反弹结束，价格第二次接触派发区的冰线后继续下跌。接下来我们期待价格在测试7月15日那里的时候有资金进入挺起价格，但是事实上没有支撑（参考图6-4），价格直接下跌到32（前支撑区）之后反弹了10个点，这个小幅反弹以窄幅K线结束。接下来回落到支撑的时候出现低量反弹（低于100万股），然后破冰。我们看破冰时的成交量增加到200万股，说明市场重新进入清盘状态，而且很严重，对此我们有足够的理由继续加仓[②]。

[①] 通过这里的描述，我们对资金管理有了更好的理解，同时也认识到短线持仓的危险性，下面是我们的观察和总结。
- 下跌趋势中的低量可能不会引起公众的重视，其实这种低量正是熊市的特征。
- 熊市中低量的原因主要是没有公众参与，因为公众更喜欢参与牛市，他们对做空感到恐惧。
- 所以我们看到熊市中的价格下跌经常伴随的是低量。

在2月份的派发区和6月份的反弹顶部，满仓的公众已经失去了购买力，这些人对上涨还抱有希望，所以他们不会卖。面对市场出现危险的时候，他们没有意识到灾难，选择死扛。如果他们及时脱身的话，以后行情好的时候，还有能力继续交易。那些没有被套牢的公众也因为害怕，既不敢做多，也不敢做空，这样在下跌趋势当中，参与市场的就是专业人士，至于那些被套牢的公众，在市场出现新的弱势的时候，他们会继续清盘。

这样，不懂或对市场行为懂得很少所带来的风险是：(1) 面对市场的早期警告没有立刻离场。(2) 不设止损。(3) 看到价格上涨就跟风买入。

[②] 价格跌到7月24—25的时候，所有空仓的止损应该移到7月21日的反弹高点稍高一些的位置。然后在价格跌到8月24—25之后，把止损移动到8月15日的高点以上1个点的位置。

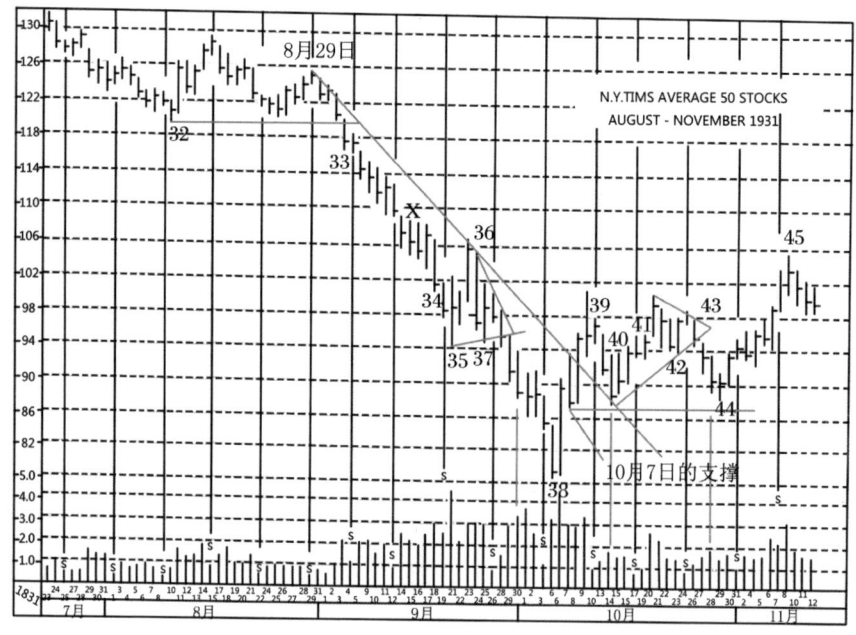

图 6-3

价格跌到 34 附近的时候，成交量增加到 500 万股，在 8 月末的时候成交量还不到 100 万股，现在成交量这么大的增长让我们对趋势产生怀疑，因此我们把止损移动到 X 那里的反弹高点，以防市场出现快速反弹。我们这样判断的原因是：价格从 145 到 98 的下跌过程当中，没有出现任何阻挡，再加上这两天出现的巨量，我们认为市场出现了超卖，并很快会出现快速反弹，因为从 8 月 29 号下跌到现在已经有 3 周没有任何反弹了，一般来说，市场不会单边跑这么久还没出现反弹。

35，这天价格跌了 4 个点之后，收盘又恢复了 5 个点，高于昨天的收盘。这一天 440 万股的巨量，再加上 8 个点的波动，以及高收盘，说明有资金开始进入市场，这些市场行为告诉我们最好平仓，当然也可以选择继续持仓，看价格是否能反弹到我们的止损价位冲掉止损单。接下来一天成交量降到了 200 万股，小幅震荡，价格收低。这三天收盘价格相近，价格没有多大变化，价格下跌的进度被阻止。从 35 高点的回落，成交量减少，说明卖压减轻。

【译者解读：这里我们看到了类似恐慌抛售的行为，市场上需求增加，这个如果是初次支撑的话，接下来会有真正的恐慌抛售。接下来的小幅下跌表明供应不足，这会引起价格上涨。】

价格已经连续下跌了三周，现在需求上来会引起比较大的反弹。

接下来出现强势反弹，但是我们看成交量只有300万股，加上这种反弹速度，我们怀疑这次反弹是空头平仓。这次反弹不会持久，因为空头平仓一旦结束，市场的需求会断链，因此我们在反弹的时候有了新的做空机会。

36，反弹之后价格迅速回落8.5个点，抹平了前一天的收益，收盘高于35低点3个点。同前一天相比，成交量还在保持，再加上36迅速抹平了前三天的收益，证明了前面的反弹是空头平仓，而不是真正买家投入所产生的需求导致。我们确定市场没能吸引足够的资金支持，并且有持续寻求低点的倾向，如果突破95（价格），可能引起新一轮的清盘行情。

37，价格快跌到支撑的时候出现了一天的低量反弹，说明需求不足，市场压力依然大。在9月26日和28日出现两天的回落，成交量降到了150万股之下，但是结合最近的熊市行为，这更像是下跌背景当中形成的死角（死角之后继续下跌），而不是供应不足。28日的低收盘，并接近95价位的支撑，如果价格在这里没有迅速反弹，价格会有更多下跌空间。一旦价格向下带量突破35的低点，我们会加空仓。我们知道这波熊市行情已经持续了很长时间，如果趋势停止的行为得到了确认，我们会采取行动。但是目前来说，我们还不知道趋势什么时候停止，所以我们继续做空为主，直到市场的自身行为告诉我们趋势出现改变。

接下来价格持续创新低，到了38这里，跌到了79，成交量是300万股，而且收在低点。单看这个局部行为，我们不会平仓，不过如果把38这一天（成交量是300万股）同这波急速下跌的特征结合起来，我们开始对当前的行情感到不安。38的低收盘预示价格进一步走低，但是接下来没有跟随，反而立刻反弹，这是另一个变盘警告。这个反弹开始是高开，然后一路上涨了 11 个点，这是 145 下跌以来，第一次有这么大规模的反弹，450 万股的巨量和直接上涨 11 个点，加重了变盘的可能。如果没有其它图的帮助（比如盘口，波浪图，或者其它图），根据对当天走势的观察，我们现在必须平仓。

这个大盘指数从 1929 年 9 月份 312 点，跌到了 1931 年 10 月份的 79 点，我们不指望这个熊市会一直持续下去。但是现在我们也不能立刻下结论：市场马上会出现猛烈的上涨，进而演变为牛市，我们继续观望。

接下来三天市场继续强势反弹，这波反弹从 79 一直涨到了 99，涨了 20 个点，关键是突破了下降趋势线，这表明供应开始不足。

39，这一天是低量（只有 80 万股）小阳线，需求不足，会引起回落。接下来的回落直到了 88，差 1 个点就到了上一波涨幅的 50%。我们看回落到前支撑（10 月 7 日和后面的 VDB——垂直需求柱形成的支撑）的时候是低量，如果价格能够停在这里，市场就完成了二次测试，说明市场已经没有足够的供应来推动价格继续恢复熊市。前面的迅速反弹和这次的低量二次测试，证明 36—38 这波下跌是震仓（或者说恐慌抛售，或者说超卖），这样市场的底部支撑区可能形成，低点是 9 月 30 日—10 月 14 日。

我们现在可以找机会做多。止损放在 10 月 5 日到 6 日的附近（38 那里），或者 10 月 14 日的底部。但是现在还不能动手，因为我们还没有看到牛市之前的一段枯燥的准备过程（吸筹过程），一般来说，经历了长期的熊市后，趋势要想反转，必须有一个准备过程，但是现在是一个猜测，我们要等待市场自身行为告诉我们什么时候开始动手。

40，这一天价格反弹到前高点之后回落，但是成交量减少，而且出现了三高（更高的低点，更高的高点和更高的收盘），说明二次测试完成，市场给了我们做多的信号，这里我们可以选一些股票做多，抓一波反弹。

41，这一天和之后的一天是低量，需求不足，然后两天出现高潮行为，而且价格接近阻力区，这告诉我们，市场即将回调。我们看这次的回调是一个短暂的回调，还是会去测试 85 到 88 的支撑点？

接下来几天出现横盘并形成了死角，看到死角的突破，说明需求耗尽：买家还没有准备好追高投入。42—43 这波反弹成交量递减，说明需求不足。这么多看跌信号，我们要移动止损到 42 那里，或者干脆平仓。

前面我们判断市场可能形成底部支撑区，从最近的市场行为来看，这个结论可能得到确认，但是不排除市场会继续熊市。既然市场给的信息目前还不是很明朗，所以我们现在不能建仓。我们期待一个介于 79 和 100 之间的窄幅波动行情，直到市场给出引起下一波重大行情的信号。

44，从成交量和这波速度来看，这里是一个局部恐慌抛售。恐慌抛售本身是一个停止行为，是一种消耗供应的行为，因此我们确定市场不会再有清盘行为，因为供应已经消耗，这个价位有资金进入支撑价格。这一天和接下来的一天的收盘相近，说明下跌压力减轻，市场已经没有卖盘继续跟随下跌。

我们判断的支撑区（横盘）现在进一步扩大，预示着更大规模的上涨（这个是根据点数图原理分析的），44 之后的价格出现强势上涨，这里我们建多仓，止损放在支撑的下方。接下来市场稳步上涨，支撑持续抬高，以及价格不断创新高，这是强势行为，确认了我们的进场判断。

45，从近期成交量和冲高回落来看，这是一个抢购高潮，我们平掉多仓反手做空，因为供应超过需求的行为正好出现在主趋势线附近（阻力区，参考图 6-4）。

如图 6-3 所示，最后一波的回调伴随递减的成交量，显示供应不足，如果 9 月到 10 月低点累积起来的需求，到现在为止还没有耗尽的话，接下来还有一涨。后市价格没有上涨，反而快速跌到 95，市场恢复了弱势，最后价格跌到了 10 月的低点，这中间没有任何反弹出现，只是在 11 月底到 12 月 8 日这段期间，价格在 5 个点的范围内停顿了一下（图上没有显示）。

通过这个例子，我们强调了使用止损单保护资金的重要性。比如说，在 10 月份我们判断市场形成一个支撑区，为进入牛市做准备，假如我们在 44 附近建仓做多了，止损放在 44 下方。后市价格下跌，最差的情况就是止损被扫掉，小亏离场，这样，趋势最终反转的时候，我们有充足的资本进行交易。反过来，如果我们不设止损，我们会拿着亏损的股票扛 7 个多月，造成资产巨额贬值。

通过对这个行情的解读，您会进一步发现，研究市场不能靠什么绝招，当然更不能寻求一种机械的捷径，以及五花八门的图表形态。

【译者注释：表象背后的市场内涵才是掌握市场脉搏的关键。】

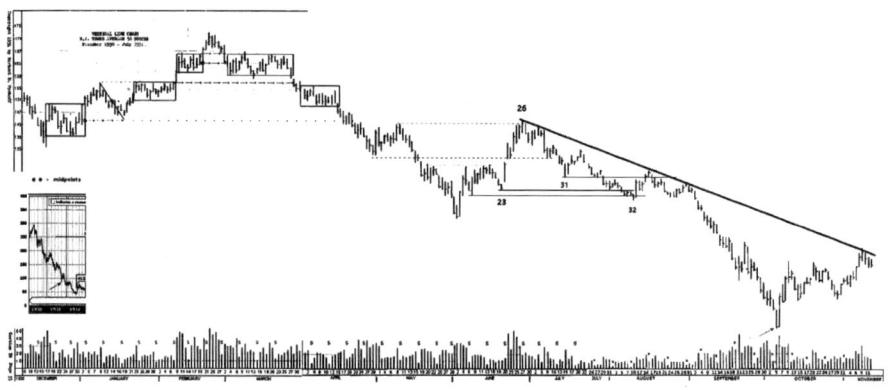

图 6-4

第7章　大盘、板块和个股的相对强弱分析

完成对指数行为的研究之后，我们下一步来研究大盘和板块的行为，并从趋势位置最好的板块中选出最有潜力的股票。最有潜力的股票或者板块的特征是，在大盘表现弱的时候，这只股票或者板块的抗压能力表现很强。相反，如果要选择做空的股票，最有潜力的股票是，在大盘很强的时候，这种股票表现相对很弱。

如果您用透明纸张来制作趋势图，那么您可以把它和其它版块图或个股图叠加比较，并对照大盘从而比较出他们的相对强弱。或者您可以按照相同的时间轴将他们从上至下依次排列，这样相同时间段交易情况的比较就一目了然。下面我们举例说明。

詹姆斯·基恩曾经说过："当大盘很弱的时候，选择买那些抗压能力强的股票。这些股票非常值得进行进一步研究。"为什么他这么说？其中的原因是有人在利用大盘的弱势收购这只股票，因为他相信将来它能够以更高的价格出售，不然他不会逆着大盘加仓。大盘弱，会让持有这只股票的公众产生悲观，甚至恐慌情绪，在不看好未来的情况下，公众会把股票卖给收购方。以图7-1为例，这是美国钢铁从1936年11月28日到1937年3月6日的行情，下方是纽约时报综合平均指数，我们看在大盘下跌的时候（B、D、F），美国钢铁的抗压能力是多么的强（A、C、E），而当大

盘上涨的时候，美国钢铁是如何快速的跟涨。

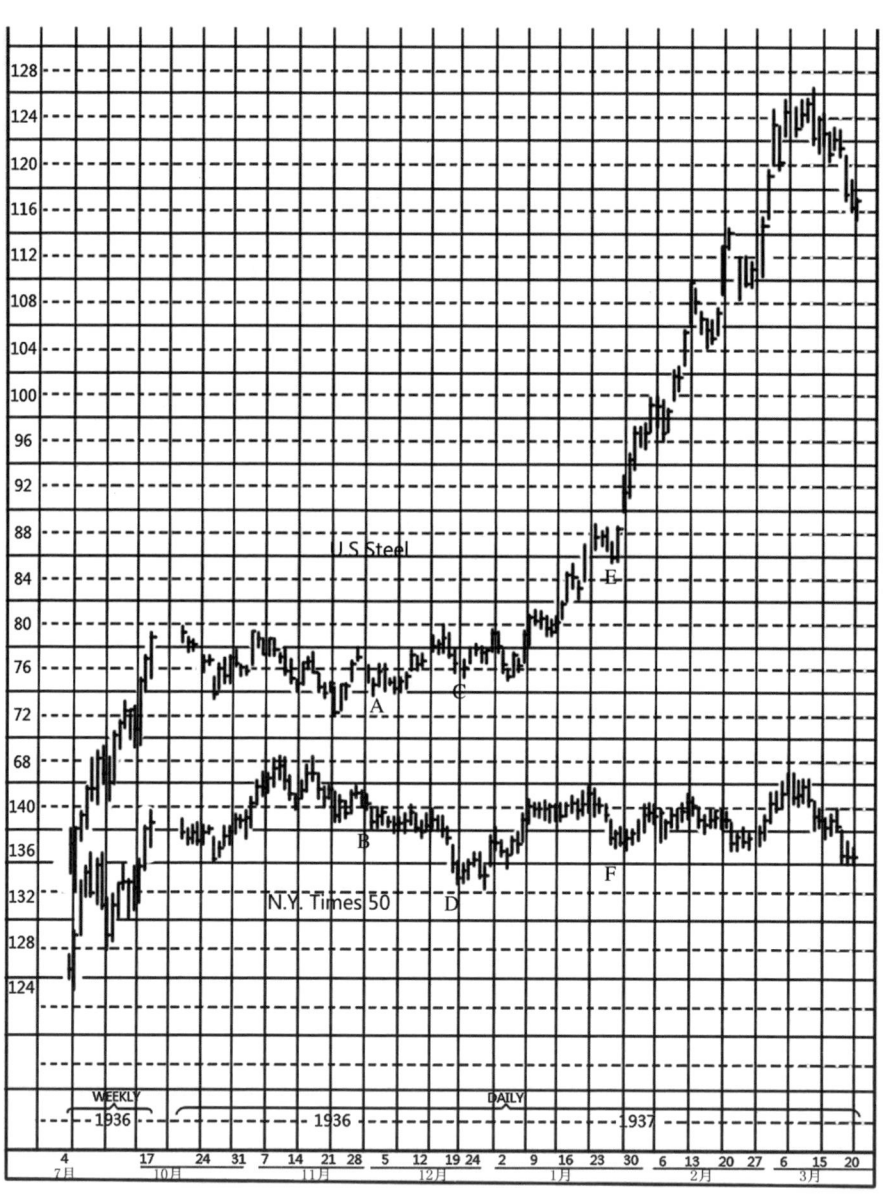

图 7-1

对做空者而言，在大盘很强的背景下，某个股票量价行为表现的非常的弱，说明那个股票的庄家事先知道了这个股票的一些不利消息，他在利用大盘的强势而出货。我们用图 7-2 解释，上方是纽约时报综合指数，下方是个股——美国罐头公司。这是美国罐头公司从 1936 年 11 月 17 日到 12 月 12 日的行情，我们看大盘上涨的时候（A、C、E），股票反应很迟钝（B、D、F），但是大盘下跌的时候。股票下跌非常迅速。从 1937 年 1 月 9 号开始，股票又表现得更弱。

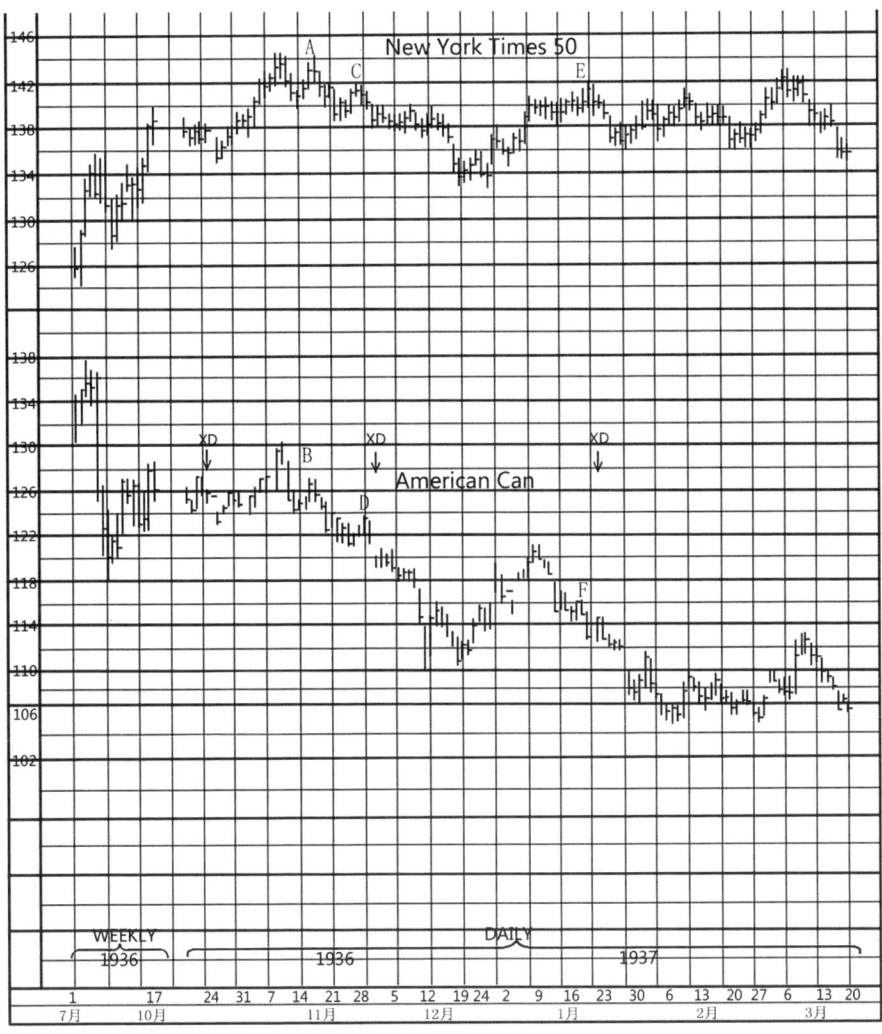

图 7-2

资金大的市场玩家经常做一些测试性的交易，比如说他买入5000到25000股，看看是否很容易买的到，或者他抛出5000到25000股，是不是很容易卖掉，这样他就能知道市场供求双方哪一方比较强。如果他发现人人都在买这只股票，而且很难买到的话，他就知道这只股票看涨，他就建多仓。相反，当他发现某只股票抗压能力比较弱，他知道这只股票看跌，他就因此做空。

资金不大的玩家没有能力进行这样的测试，他会仔细研究大盘和个股的相对强弱关系，并以此决定做空还是做多。

资金大的市场玩家策划一轮操作的时候，他们会先筑底（建仓）。他们的建仓过程经常采用吸筹和派发的形式。吸筹和派发是个横盘过程，这个过程持续的时间长短不一。他们建仓之后，耐心等待价格走向他们的预定目标，然后获利离场。【译者补充：点数图是判断吸筹派发的有力工具，而且点数图还能事先计算出大约的离场目标。】

当一只股票被低估，他们认为有利可图，当价格跌到一定价位的时候，他们开始收购股票。当底部价格的股票收购结束之后，他们会逐渐抬高收购价，直到满仓。他们更喜欢在价格回落的时候买入，这样不容易让价格快速上涨影响成本。如果一只股票被高估，他预见到了危险，于是他在一定的高价位尽可能抛出股票，如果价格出现回调，他们会用买单把价格托住，然后在反弹的时候继续抛售，直到他们允许价格下跌（股票即将卖光）。这就是为什么吸筹区的顶和派发区的底非常重要的原因，因为代表那些顶和底的价位一旦被突破，说明市场已经开始了新的趋势。

简单点说，某只股票的支撑很强，而市场中其它股票很弱的时候，说明做多比做空更好，那些内幕人士也是这样想的，因为他相信将来能卖个高价。当我们看到相反的情况的时候，当大盘很强的时候，某只股票的压力一直很大，我们知道此时做空比做多更好，那些内幕人士也在抛售或者做空，因为他们相信这只股票的预期已经很不好，或者他们相信可以在更低的价格进行二次吸筹。

在我们分析盘口的时候，看到大盘和个股有上述行为，应该按照这些信号操作，选择那些表现最好的股票，跟随这些些内幕人士操作。这种方式不保证百分之百盈利，但是如果在好中最好的时机动手，大多数的交易是可以盈利的。

上述分析方式也适用于板块与个股的关系。当板块中某个股票表现比其它股票强的时候，这只股票会比板块平均指数更早启动。相反，当某只股票的表现弱于其它股票，说明这只股票已经准备好比板块指数下跌的更迅速。

事实上，当个股与大盘的方向不一致的时候，也不妨碍大盘的行为原则的有效性，事实上，这种行为为我们分析个股提供了更重要的信息。

我们采用同样的方式分析板块与大盘之间的关系，板块对相应的大盘行为的反应（上涨、下跌、回调、反弹），为我们的个股分析提供更有价值的信息。如图7-3、7-4、7-5。

这种相对强弱的比较非常重要，原因是，它可以帮助我们选择好中最好的股票和动手时机，这样可以避免那些表现差的和启动很慢的股票，以保证我们更有效地使用资金。

要知道，不是所有的股票都跟大盘趋势保持一致，他们也不会一起上涨或者下跌。进入牛市的时候，龙头股先涨（那些信用等级和价格都比较高的股票）。这是因为那些有一手消息的大资金，知道市场快要恢复上涨的时候，他们开始收购并大量控制这些股票，我们通过识别他们对这些股票的操作，可以分析出他们的真正意图。随着这些龙头股的价格上涨，那些资金大的独立玩家，也从这些龙头股的行为上察觉到了牛市，他们开始收购并控制那些次龙头股股票。等到公众反应过来的时候，这些大资金开始买入那些低价和更适合投机操作的股票。这样的话，需求的增加从一个板块到一个板块轮换，例如从钢铁到铁路到铜业。

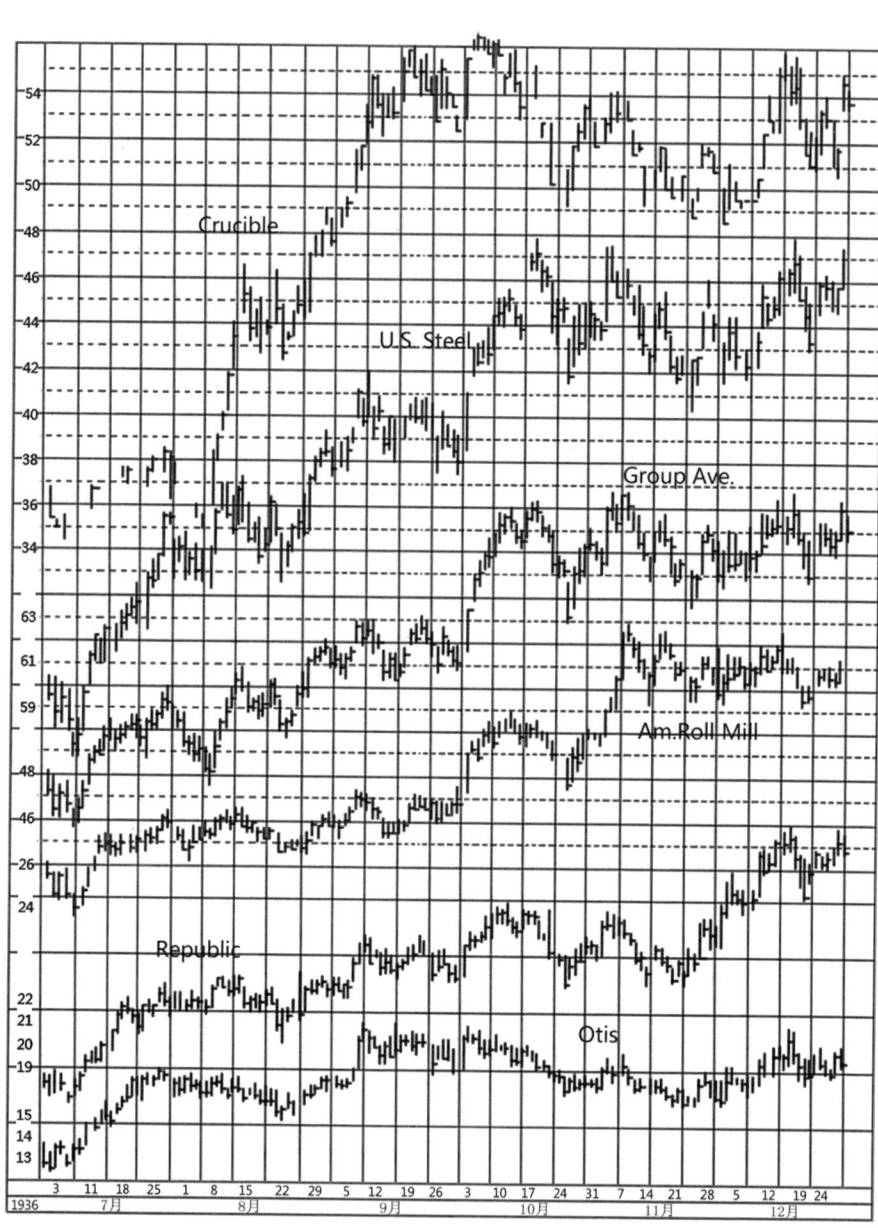

图 7-3

第7章 大盘、板块和个股的相对强弱分析

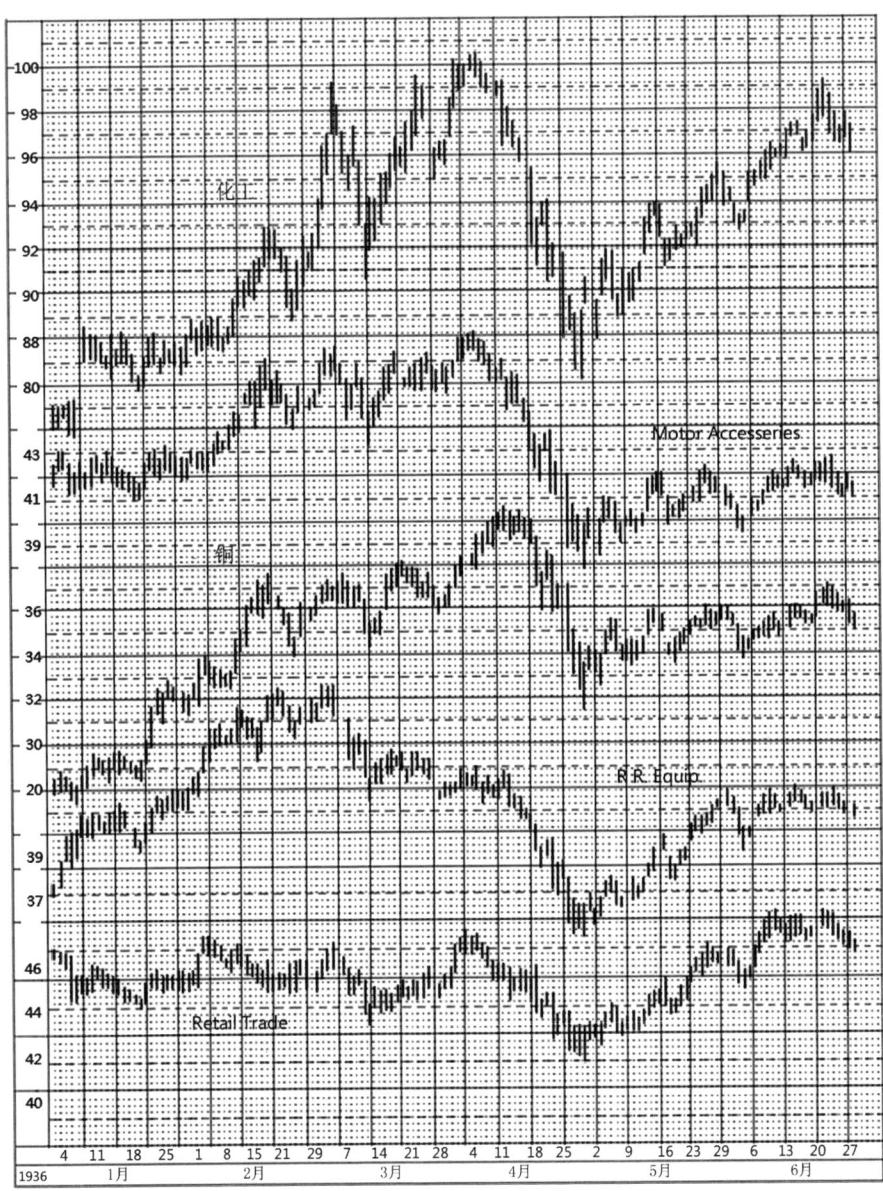

图 7-4

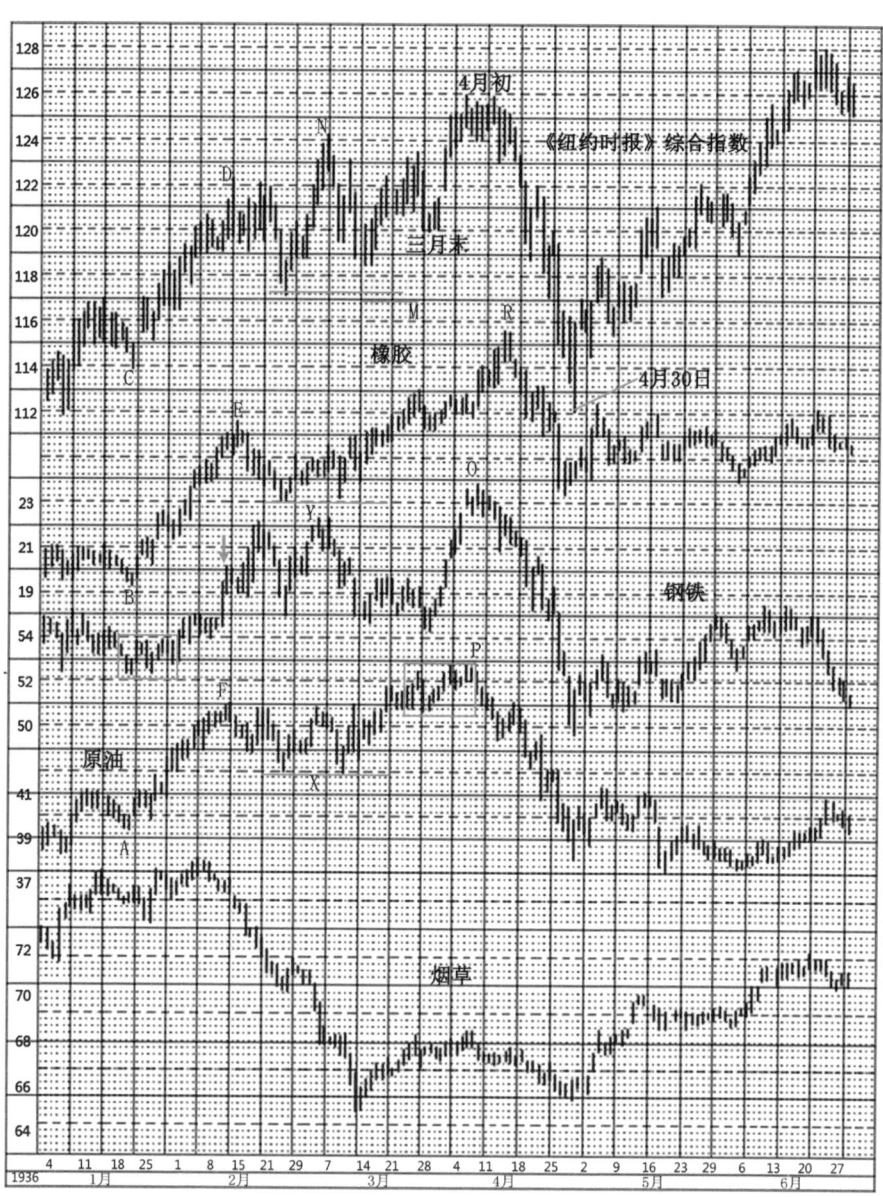

图 7-5

随着牛市的发展，那些长得太快的个股和板块出现停顿或者回调，其它的股票和板块的上涨开始引起大家注意。牛市是随着需求的进阶轮换形成的，比如每周，每天，甚至每小时之间轮换。

一段长时间的牛市之后，股票的价格走势也越来越不同。一些大资金看到某些板块已经到了极限，他们退出这些板块，然后转向一些滞后于大盘还有利润空间的的股票。

当主力资金想派发的时候，他们有时利用迅速拉升那些容易操纵的股票来欺骗公众，也有时制造那些龙头股的抢购高潮，这些快速拉升的策略，让公众保持牛市思维，并且继续买股票，主力资金借此派发其它的股票。

以下几种现象告诉我们市场的需求接近耗尽：

- 当绝大多数股票对这种快速拉升的行为反应迟钝的时候；
- 每次反弹无果之后快速回落的时候；
- 领涨的股票由龙头股转向次龙头股，然后再转向垃圾股的时候；
- 一些有代表性的股票不再跟随那些快速拉升的股票步伐的时候。

熊市的初期和熊市进展中的轮换操作过程也是一样，从一部分到另一部分股票之间的供应轮换推动价格下跌。股票筑底的时候，卖压（供应）也轮换出现，比如一些股票比其它股票先到底。当我们看到一些早期的龙头股不再创新低，而同时其它股票依然还有浮动供应的时候，我们知道需求已经超过了供应，这样就帮助我们确定吸筹在哪个价格区进行。

熊市中供应的轮换速度要快于上涨市场中需求的轮换速度，因为在牛市中，没有一种购买力（上升动力）能够拉升所有股票立刻上涨，但是在熊市中，失望和无奈迫使买方快速清掉所有股票①。

另外，股票的下跌速度快于上涨速度的原因是，公众更喜欢上升中参与做多，而害怕在下降当中参与做空（虽然做空的操作，利润更高，风险更低），所以参与做多的人总是多于参与做空的人。上升趋势缓慢，是因为总是有一些短线的获利回吐行为，这些获利回吐的行为导致上涨趋势的停顿和回调，特别是公众喜欢的低于50块的股票。但是熊市不同，本身参与做空的人就少（专业人数居多），空头的获利回吐对下跌的进程和速度影响不大。

由于公众的态度更倾向于看涨和买涨，所以趋势中上涨的时候，需求大，回落的时候需求小。公众喜欢在熊市当中死扛，直到希望破灭，然后恐慌抛售。羊群效应导致公众几乎同时开始恐慌抛售，集中消耗了市场的大量供应。

板块之间也有轮换操作。板块中龙头股的强弱对板块中其它股票的买卖操作有很大的影响。这种操作帮助那些实施吸筹派发战役的人，在低价买股票或者在高价出货。在熊市底部拐点阶段，其它股票持续走弱，促成了市场的悲观气氛，导致公众开始大量抛售，这种行为其实帮助了主力资金大量低价建仓。同样，在牛市顶部拐点阶段，强势的表现轮换到其它股票上的时候，可以帮助主力资金出掉自己的股票（那些已经被他们拉升到预定离场价位的股票）。

上述解释，让我们明白了为什么个股不会在同一时期到底或者到顶。这里同样解释了为什么牛市中的龙头股在一段时间领涨或者活跃，而到了最后阶段的表现不活跃。

我们必须学习利用上述原则，选出那些强势股做多和弱势股做空，我

---

① 1929—1932熊市之后的牛市，对于上述原则来说是一个例外。因为这次到底之后，市场迅速上窜，到了1932年7月到8月的时候，依然保持这种上涨势头。之所以这样涨，原因是1932年的这次反弹主要是来自于一些股票的非常严重的超卖行为。

● 我们不要把这种上涨同熊市反弹弄混，一旦反弹来自于严重的超卖行情，那些敏感的龙头股和投机类的股票会迅速上涨，而其它的股票可能涨得很慢。

们选的股票最好是行业中的龙头股。

一个错误的操作方式就是，公众认为龙头股价格太高，因而选择板块中那些滞后的股票。这些滞后的股票虽然有可能在龙头股之后启动（这种对轮换的期待，导致公众选择那些还没有完全跟上龙头股步伐的股票）。但是选择这些股票的时候必须小心，因为在其它股票已经启动上涨的时候，这些股票在底部盘整并不一定是在吸筹，这需要我们更深入地研究成交量的行为来确认吸筹特征。从价格行为上讲，要特别关注是否出现高支撑。这些股票在盘整的时候，必须要出现高支撑，如果没有，最好不要选这些股票。当一只股票持续的在区间的底部爬的时候，而此时其它股票已经启动上涨，如果这只股票没有形成高支撑并且有上涨的倾向，它非常容易出现震仓，或者依然处于弱势。

因此我们要记住，即使一个板块很强，也不是他们当中每只股票都值得买。或者说在一个很弱的板块里，一些股票可能表现得很强，而另一些股票表现得很一般。

有些人喜欢使用每日的盈亏百分比来比较强弱，这种分析方式不但浪费了很多精力，而且容易让人们养成一种机械式的分析习惯，这与您想要提高自己分析判断能力的目的是背道而驰的，而且这种分析方式既不敏感也不可靠。使用竹线图或者K线图分析更好一些，我们可以从个股与大盘板块之间的力量对比来判断股票的强弱，这样当市场行为出现变化的时候，我们能够迅速反应。我们不必依赖那些数学公式，因为那些数学公式（技术指标）经常前后互相矛盾，等您醒悟时往往为时已晚。

观察相对强弱及其变化的最好方式，是仔细研究，相对于大盘和板块的涨跌，个股是怎么反应的。下面以图7-6为例。我们先比较股票ELO和道琼斯指数的相对强弱。

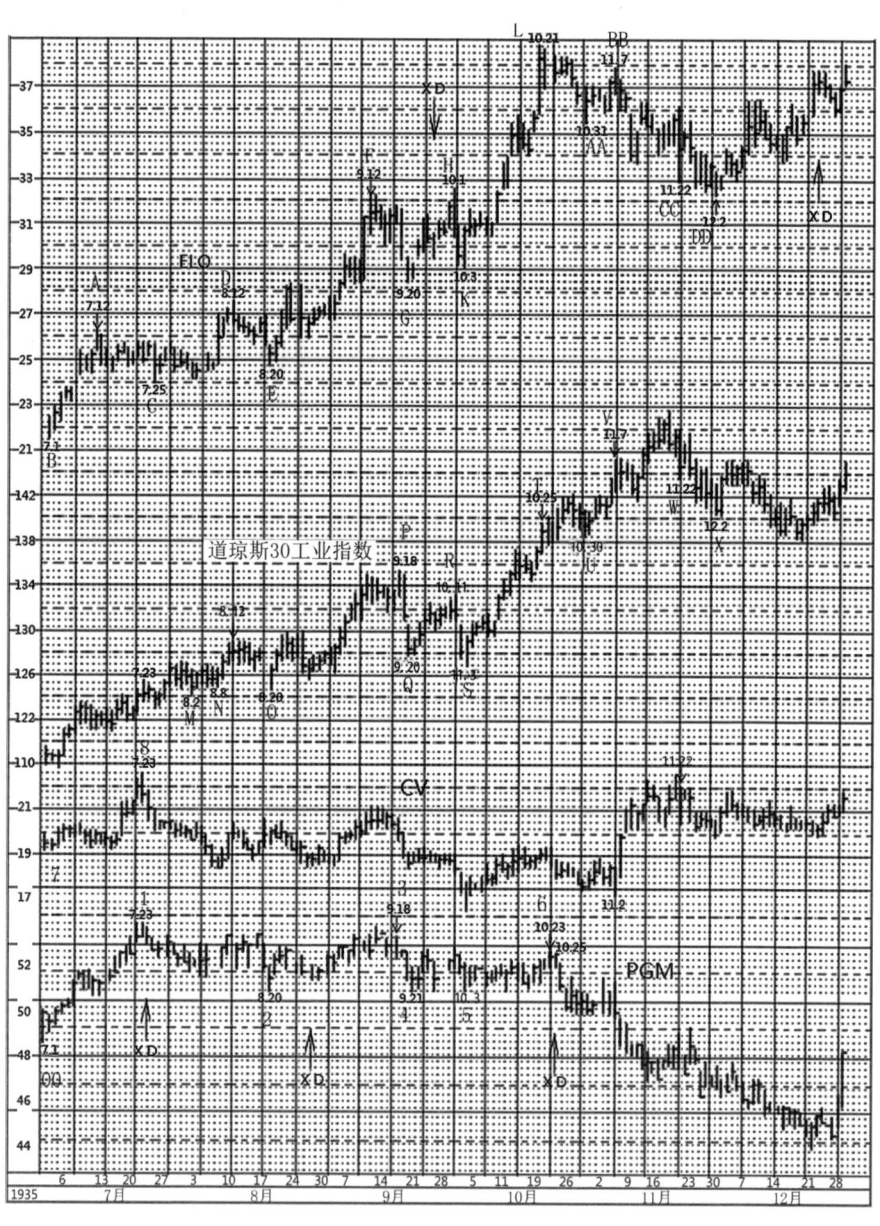

图 7-6

B—A，个股这波的上涨，要强于相应阶段的道琼斯指数，接下来是盘整，然后价格回调。这个回调属于正常回调，因为刚好回调了前面涨幅的

50%【译者解读：说是正常回调的目的，就是说这个回调对价格上涨没有威胁】，然后个股和大盘都创新高。接下来大盘回调到 O，接近之前的底 M 和 N，但个股回调到 E，停在了高支撑，可以看出，个股相对于大盘要强一些。

然后看个股从 E 到 L 的过程当中，每次相应阶段大盘上涨的时候，个股都创新高。而每次相应阶段大盘回落的时候，个股的回落幅度较小，这里我们更清楚地看到个股强于大盘。

再看 F—H 的横盘阶段，从价格行为上看，个股看似处于派发阶段，但是看大盘 Q—R 的上涨，没有创新高，而相应阶段的个股创了新高，但是在回落的时候，大盘创了新低（S），而个股停在高支撑（K），这再次证明个股看涨（否定了派发的猜测）。

个股趋势在 L 那里进入了新的阶段，价格急速上涨之后，经历了六天的窄幅盘整，然后迅速回落到 AA，这个回落幅度要大于大盘的回落幅度，说明个股开始走弱，要确认这个判断，还要看接下来的反弹力度。大盘的反弹创了新高（U—V），而个股没有创新高（AA—BB），说明对大盘继续的强势上涨，个股已经没有反应，而是进入深度回调阶段。当个股下跌到 CC—DD 阶段，下跌幅度开始减小，而此时的大盘还在不断创新低，从这里我们看出个股开始恢复强势。

我们再比较一下同一图中的 PGM 和大盘之间，以及与 ELO 之间的相对强弱，可以很清楚看到哪一只股票强。

看 PGM，00—1 这段上涨跟大盘一致，但是回调到 2 之后，价格走势低迷，全是小 K 线活动，没看出任何上涨的动力，但是看同一时期的 ELO 的走势（E—F），稳定上涨并创新高，另外 PGM 和大盘相比，也表现的非常弱，基于这种观察，我们对 PGM 能否上涨持怀疑态度。

大盘在 P—Q 阶段回调的时候，PGM 的反应是积极跟随下跌（3—4）。这次回调，PGM 几乎到了前支撑位置（4 和 5），但是看大盘和 ELO，它们的回调都停在了高支撑，这再次证明 PGM 很弱，行情看跌。

PGM 接下来的上涨（5—6），我们没有看出任何有力度的上涨，走势表现得非常低迷，而同一时间，大盘稳定上涨（S—T）。PGM 处于这种状态，我们知道接下来或者开始熊市，或者出现震仓。6 那里是个小幅上涨，但是没有创新高，这是最后一次向上努力，但是努力失败。接下来两天的回调，抹去了所有收益。市场自身语言在告诉我们平掉多仓，建空仓。

我们用同样的原则来分析一下个股 CV。根据相对强弱对比的原则，对于没有趋势的股票，我们不动手操作。7—8 的上涨之后，CV 经历了：从相对弱的走势进入稳定走势；然后出现缓慢上涨；然后走弱；然后走势进入稳定和微涨，最后进入完全没有趋势状态。

为了验证相对强弱的原则是如何在实战中应用的，我们假设目前这三只股票是我们的观察对象，我们决定在 8 月 1 日做多，通过刚才对图上的量价行为的分析，如果不考虑其它因素，很显然 ELO 和 PGM 是首选。持仓情况是这样：ELO 持仓到 L 为止，而 PGM 在 3 之前平仓，因为其弱势表现，从头到尾我们不考虑 CV①。

从上述分析来看，相对强弱的对比的方法非常有帮助，它可以帮助我们：（1）选择正确的股票。（2）识别反转点，让我们能够在合适的时机进场和离场。（3）确定什么时候股票的准备过程结束，然后进入上涨或者下跌阶段。

接下来我们用相同的分析方法回顾一下图 7-4、7-5。我们分析这两个图的重点是能量（供应或需求）轮换原则。如图 7-5 所示，我们看原油和

---

① 很多人常犯的两个错误是，（1）没有耐心等到好中最好的建仓时机。（2）对自己的判断过于乐观，而没有在危险出现的时候冷血平仓。CV 就是（1）所讨论的例子，没有仔细观察和选择股票，他可能错过很多好的趋势，没有等到好中最好的进场时机。

PGM 给出的教训包含上述两点，比如根据相对强弱分析，我们在 8 月 1 日买入了这只股票，期待他能像 ELO 一样强势上涨，但是到 3 的那个阶段，当我们看到背景改变的时候，应该离场。任何时候背景改变之后，我们继续持仓，也不会有什么收益，虽然有时候不会有什么亏损，但是像 CV 一样，股票会一直保持没有方向，我们没必要在没趋势的时候让资金陷在里面。

橡胶分别从 A 和 B 那个阶段开始随着纽约时报综合指数上涨，他们分别涨到了 E 和 F 阶段之后，开始回落（需求开始不足，市场的需求开始轮换到其它板块）。这时候市场的需求轮换到钢铁和化工（化工在图 7-4 上），注意这两类产业的需求把大盘托在了 119—122 位置。

注意 1 月份橡胶和原油已经上涨的时候，钢铁还在吸筹和积累需求，当原油和橡胶上涨遇阻，需求在 2 月份（箭头位置）转移到了钢铁行业。原油和橡胶同时结束回调阶段（X 和 Y），比大盘提前四天。

现在观察回调力度（图 7-5 的划线位置）。大盘回调突破支撑，创新低，但是原油和橡胶回调没有突破支撑，而是停在了高支撑。这告诉我们，原油和橡胶处于强势，同时也告诉我们在接下来的上涨当中，它们是龙头股板块。

这里面还有另外一个观察非常重要。首先看大盘，回调到 M 的时候，再看橡胶和原油，他们拒绝跟随大盘回调，从侧面证明了大盘的回调也是技术性回调，而不是真正下跌趋势的开始。也就是说，涨到 124 这个过程，大盘还没有给出大规模派发的信号，并且其它证据表明，这次回落可能只是调整。因此我们确认，之所以原油和橡胶板块相对强势，是因为有资金支撑橡胶和原油板块，或者说这两个行业正处于二次吸筹阶段，但是他们的吸收行为被其它行业的抛售所掩盖（大盘弱，说明整体弱，但是橡胶和原油却很强，表现弱的就是其它行业）。同时，原油和橡胶行业的相对强势，也是大盘回调结束（其它行业回调结束）并恢复上涨的信号。大盘回调真正的结束，是在其它板块完成回调之后。

3 月末到 4 月初的时候，市场行情有些变化。首先是原油，从 3 月 19 日到 4 月 7 日，因为需求轮换到其它板块，原油开始上涨迟缓。进一步显示出原油压力增加的是，3 月 31 日到 4 月 6 日这段时间，大盘还在继续上涨，但是原油对此的反应很迟钝，说明需求耗尽。对需求耗尽的确认是：当大盘、钢铁、橡胶和其它行业还在稳定上涨的时候，原油板块儿已经开始回落（P）。但是随着需求的轮换进行，其它行业也开始上涨缓慢，这是

看跌的信号。我们看钢铁比橡胶提前一星期回调，而且这种回调是在抢购高潮之后，抢购高潮的出现，经常引起派发行情。在其它行业开始回调的时候，橡胶还在力挺，前面我们说过，橡胶比其它行业晚一星期下跌，就是橡胶的这个力挺的行为，托起了大盘，让大盘趋势看起来依然很强（虽然派发已经开始）。

随着供应慢慢由原油和钢铁转向橡胶的时候，拖住大盘的支撑不复存在，持续增加的供应压力导致整个市场开始下跌，直到 4 月 30 日下跌结束，然后一切又从头开始。通过对上述图的详细研究，我们还可以从比较弱的股票和板块当中选出比较强的股票，选择方法主要是在板块处于弱势的时候，这些股票的抗压能力比较强，比如说橡胶回调力度小于原油，而原油的回调力度又小于钢铁。

下面看图 7-7。

这个图是个股、板块和大盘之间的三者的相对强弱对比。首先看个股 AUB 的上涨（B—C）幅度、相应阶段板块和大盘的上涨幅度（M—N，X—A）相比，个股的上涨幅度明显弱于板块和大盘，确认了这只股票的弱势表现。在 C 阶段，最后一次的弱势（无需求）反弹，加上股票在 50 价位附近进入死角，以及接下来连续四天明显的弱势表现，表明股票处于一个深度下跌的边缘。我们看到个股在 46—54 价格区明显的处于派发阶段，因为个股对大盘和板块的回调非常敏感而且跟随得特别好，但是对大盘和板块的反弹反应特别迟钝，即使是下跌到 4 月 26 号之后，这种相对强弱关系依然存在。

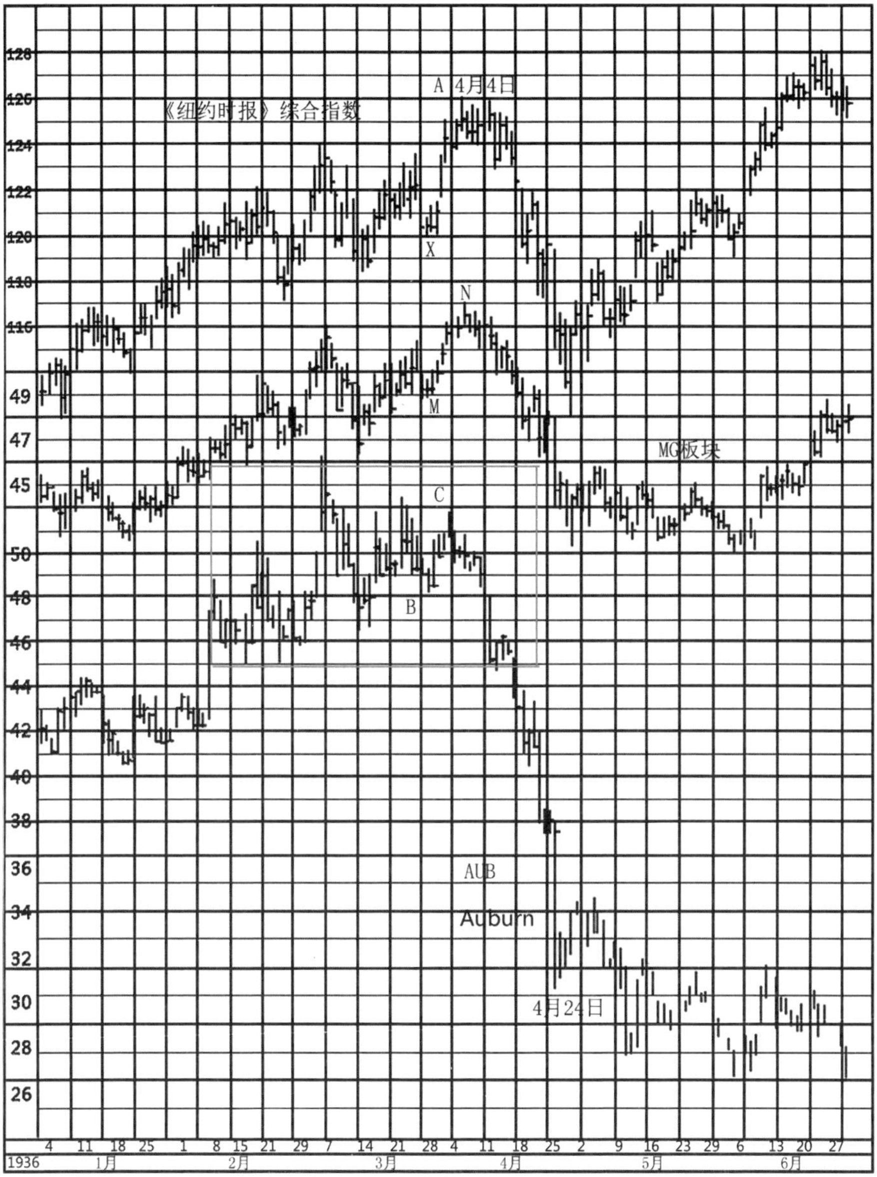

第 7 章 大盘、板块和个股的相对强弱分析 81

图 7-7

看图 7-8，这个图中的例子是分析大盘强势背景当中的表现弱的股票。

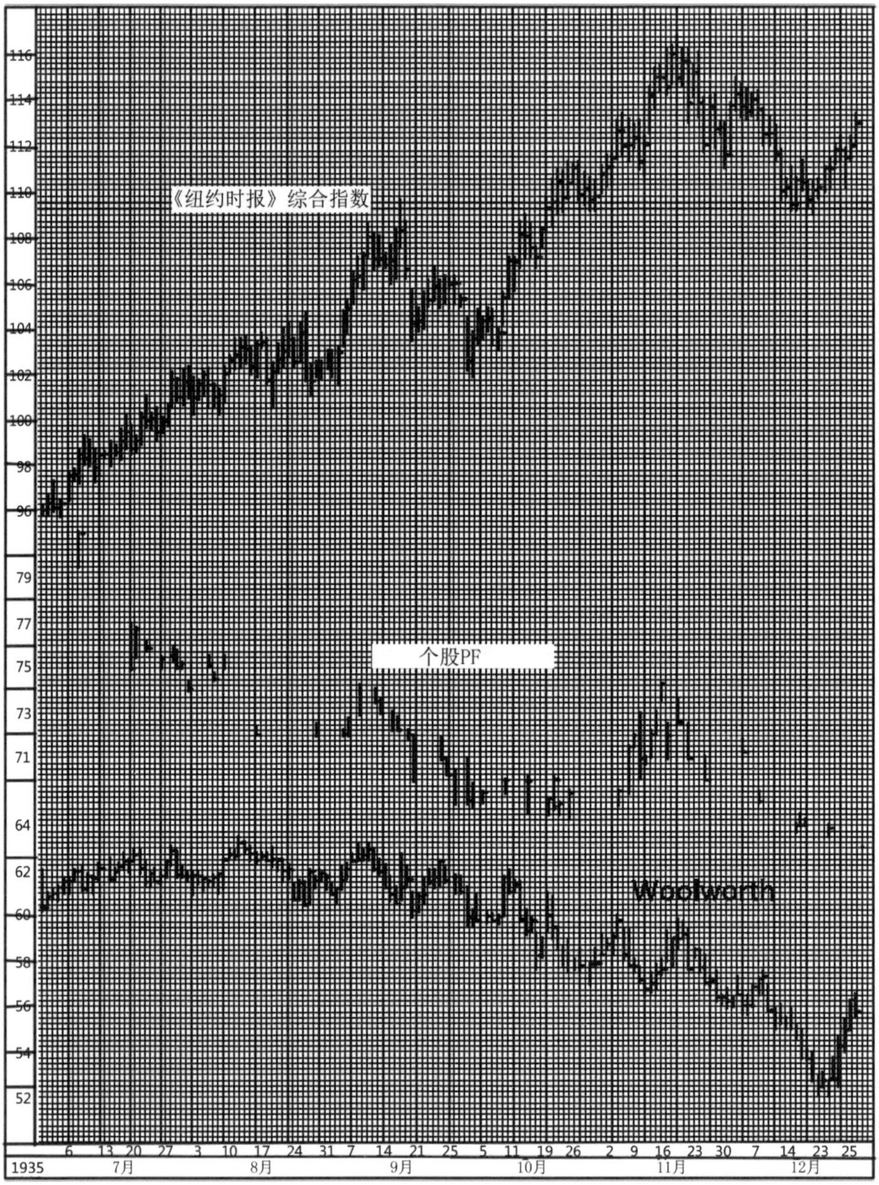

图 7-8

首先对比双方的上坡阶段，个股 PF 反应迟钝，可以看出通过相对强弱因素可以判断个股的弱势行为。再看下坡阶段，个股 PF 对大盘的下跌反应特别敏感，而且下跌得更深。通过大盘和个股之间的相对强弱对比，我们判断这只个股是弱势股票。

上述行情是我们选择的比较典型的案例，不能把这些比较方式当做一成不变的标准。也就是说，我们不能按照一种机械的方式把图形归类，然后期待他们产生自动买卖的信号。如果我们一味相信这些几何图形（三角、头肩，等等）能够产生交易信号，或者说因为这些图形就不再去花时间进行更深刻的推理，我们的交易会进入盲区。

还要注意的是，相对强弱分析是一个很有价值的分析股票的方法，但是这种方法必须和接下来几章要讨论的技术分析方法一起使用，才能起作用。

第8章　如何布局一轮操盘战役
——个股行情分析第一部分

当我们确认了大盘的背景以及龙头板块之后，我们要选择那些跟大盘背景一致的个股。有时候我们也可能会看到和大盘方向相反的交易机会，比如说在一个强势市场当中，我们看到了一只表现很弱的股票，这时候也有去做空的理由，因为通过上一章我们了解到，不是所有的股票跟大盘的趋势保持一致。

但是逆势交易需要相当深厚的市场操作功底，以及很好的自我执行和控制能力，才能知道在哪里或者什么时候进行逆势交易。我们建议最好顺势而为，并且不同时进行双向操作，在我们掌握了书中的所有交易规则，并且能够熟练使用之前，我们最好不要同时做多和做空。

如果站在一个中立的角度，不去理会那些新闻和小道消息，我们会发现股票市场跟其它商品市场的运作差不多。懂得这个道理的人只采用低买高卖的交易方式，并且只选择那些走势最好的股票和期货品种，借此获取最大的利益。

除了懂得相对强弱对比分析，我们还要掌握有同等重要性的量价行为。为了更好地学习量价行为，我们首先要了解一些市场幕后的故事。

一只股票总是有那些担保人的影子，通过股票的行为可以看出那些深度操控这只股票的人的特征、手法、和能力。任何股票都有它自己的特性，如果我们能够深度的研究它的历史和现状，就会对它的特性非常的熟悉。人性的因素在市场当中占很大的比例，就好像所有股票价格的波动，都是某一个人的操纵结果。

我们把这个幕后操纵人叫做 CM，如果我们了解它的游戏规则，就会在市场上获利，否则就会亏损。然而不是所有 CM 的操作我们都能够察觉得到，市场中也不是所有的走势都是有人操纵。对于一个深知市场行为的人，哪些走势被操纵或者没有被操纵，都不重要，重要的是每个走势都有准备和策划的过程，然后是执行交易，最后整个走势结束。本章讲述的就是如何利用上述原则，找到好中最好的交易机会。【译者注释：交易股票的成功因素在于熟知和掌握每个趋势的准备和策划过程！】

一个趋势的准备过程需要很长的时间，主力资金如果在一天内买两万五到十万股股票【译者注释：根据当时情况，这个数目很大】，价格会因此大幅上涨（这样他们的收购成本迅速提高）。为了避免这种情况，他会花很长时间逐步吸筹一只和多只股票。他喜欢在一个不活跃的，看起来很弱的阶段吸筹，为此，他会制造一些有利于他能够低价吸筹股票的行情。然后他会等到一个合适的时机让价格上涨。价格有的时候是逐步上涨，有的时候是快速上涨，这个取决于当时的市场背景。

如果他获悉一个股票在一两个月之后有利好消息，他会布局一轮操作，以便让价格在利好消息公开的时候达到顶峰。我们通常看到一只股票的最高价出现在公布分红或者利好消息的时候，这不奇怪，因为整个走势都是被操纵的，要想达到这一目的，必须愚弄公众，或者引诱公众愚弄自己。

当 CM 想要派发的时候，他们会采用大单子的交易方法，让这只股票很活跃，然后他们借此出货。当他们打算吸筹的时候，他们会雇佣不同的操盘手用卖单打压市场，让市场看起来非常的弱，让公众感觉到市场处于清盘阶段（并抛掉股票），CM 会在市场的这种低迷状态中吸筹。我们也要按照 CM 的游戏规则交易。

如果一只股票没有 10 到 50 个点的潜在涨幅，CM 是不会介入这只股票的，利弗莫尔就曾经对我说，根据他的计算，除非这只股票至少有 10 个点的潜在涨幅，他才考虑介入。

下面是 CM 的一个典型的市场运作过程

比如现在一只股票在 30 和 35 之间波动，CM 认为几个星期或者几个月后能涨到 60，于是他决定在 35 和 50 范围内买 5 万股（这个数字只是为了举例子）。首先，他尽可能把 30 和 33 之间的股票全部收购，然后他卖出一部分，把价格压回 30，让市场看起来很弱，借此引诱其他人卖掉股票或者做空。压价过程中，它采用的是卖 10000 股，再买 20000 股的操作方式，这样他总能以低价入袋 10000 股。他通过让市场保持低迷的状态（通过散布坏消息），除了让买方没有信心买入，而且能够引诱空头做空。CM 的买和卖的行为，导致价格保持在一个区间内（点数图上看得更清晰），直到他结束吸筹。

价格到了 35 的时候，他已经在 35 之下收购了 50000 股，其他人察觉到了他的操作，也开始大规模建仓，35 之下的浮动供应就越来越少。只要 CM 允许，价格会在 36 开始上涨。通过竹线图（或 K 线图）可以识别出他们的意图，点数图也可以，我们以后会解释。

吸筹后，假如市场条件对他的操作有利，价格涨到了 50，他知道公司管理层会在五天后发布利好消息，CM 会在这五天里快速拉升股票价格。如果在五天后，利好消息会在收盘后公布，他会在当天把价格从 56 拉到 60，并确保收盘在最高价。为达到这个目的，他会通过在顶部大量交易制造繁荣。

派发过程需要大造声势来吸引公众的注意力，宣传都是通过散布利好消息完成的。与银行和公司管理层关系比较近的经纪商开始琢磨为什么这个股票这么强，内幕人士开始暗示近期有利好消息，经纪商在不知道有什么利好消息的情况下，把客户拉进市场，同时，场外的公众也大量跟风涌入，市场进入了非常繁荣的状态。

当天晚上利好消息公布，第二天早上公众开始疯狂买入，吸收了 CM 的 2—3 万股股票。派发后价格会回调几个点，因为 CM 已经清掉大部分仓位，他会在 57 和 56 买回一部分来托住价格。市场经历了一段安静期之后，价格再次上扬到 60—61。这个时候他或者把剩下的股票在降价甩卖当中全部出完，或者在顶部制造一个小区间，直到结束派发。

顶部的区间操作对公众来说可能没什么感觉，但是，对懂得解读市场行为的人来说，这是出货信号，也告诉我们牛市终止。

派发和利好消息公布之后，大量股票转到了公众手里，这些人是在股票涨了 30 点之后，在顶部价格建的仓，很多人是用配资买的股票，这些人最容易被震仓踢出市场。

CM 在派发中或者结束后会找做空的机会，比如他在顶部价格区间（56—60）做空 25000 股。他会用买单把价格维持在这个区间，用于欺骗公众，让公众相信价格还会创新高。CM 的 25000 空仓建满之后，他撤掉支撑上的买单。场内专家看到这些，告诉场内交易员市场转弱，跌下来 7—10 点没有支撑，导致价格跌到了 50，CM 在此平空仓。

接下来一章，结合第 15 章和第 16 章，能够让我们更多地了解市场运作，以及学习如何从图上解读市场行为。在学习这三章内容的时候，一定要时时刻刻牢记本章所讲述的操作原则。

第9章 如何识别主力意图
——个股行情分析第二部分

假如我们对前一章描述的主力（CM）操作一无所知，下面的这只股票只是点数图所记录的100只股票中的一只。假设现在开始研究这只股票。

现在股票价格是30，而CM的运作在这里开始。图9-1是点数图，其中左边大图是单点点数图，右边小图是三点点数图。图9-2和图9-4是竹线图。

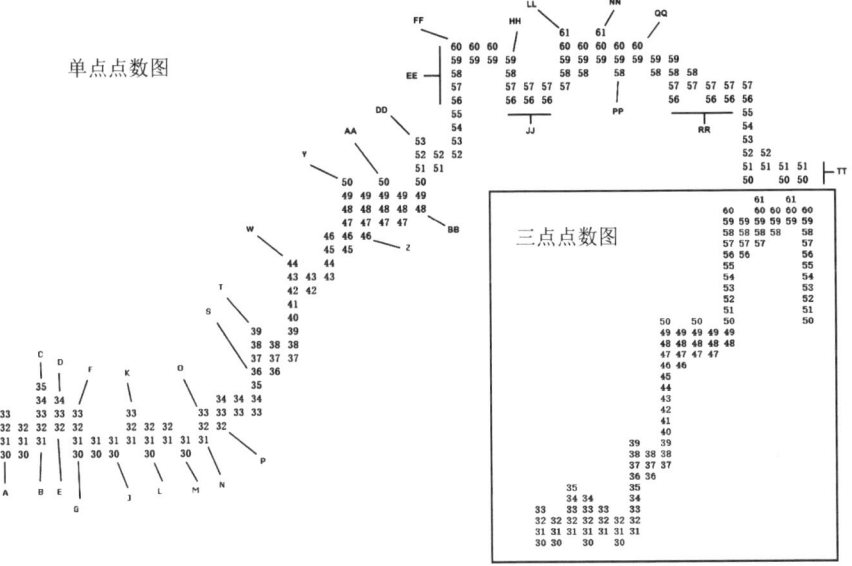

图 9-1

从点数图上 A 那里看，价格从 30 涨到 33，然后回到 30，这个是横盘波动，不值得关注。

在 B 的位置，价格再次恢复到前面的顶部 33，连续两次从 30 涨到 33，初步显示出股票变强。现在价格走到了区间顶部，还没有看到任何趋势的准备过程。当价格继续涨到 34 和 35 的时候，说明需求已经超过了供应，这个行为引起了我们注意，所以我们打开竹线图做进一步研究。

如图 9-1 所示，在 E 的位置回调 3 个点到 32，前面的涨幅是 5 个点（30—35），回调 3 个点，超过了 50%，说明市场的向下的压力大。然后价格反弹到 33，行情走向了死角。死角是从第二个 30 到当前的 33 画斜线，然后从 35 到当前 33 画斜线，得到死角。

这个死角在竹线图上更明显（参考图 9-2），连接 DF 和 ab，画出死角。经验告诉我们，死角之后价格有剧烈波动。根据这个图上的行为，我们更倾向于价格下跌，因为在图 9-2 上，死角之中，E 之后的两天反弹是低量，表明无需求。

如图 9-1 所示，价格回到 G 的时候，股票价格还在一个区间内，没有什么明显的趋势。然后价格反弹到 31，接着又回到 30，这种小波动重复了三次，都在 30 遇到了支撑，说明 30 这个价格需求很强，并吸收了所有卖单。点数图的这种横盘状态，告诉我们应该做多而不是做空。原因是，按照点数图的分析原则，30 到 31 这个价格区间形成了比较坚实的底，每次回到 30 的时候，成交量都递减（成交量参考图 9-2），说明供应越来越少。

点数图上最后两个 31 告诉我们是否 CM 在吸筹，他不想价格超过 31 的原因是想控制收购成本。如果他想做空的话，应该希望看到价格上涨，但是他现在反复控制价格上涨到 32，我们认为他在吸筹。如果他允许价格涨到 32，或许是因为他收购价已经提到了 31 到 32 之间，或许是因为用少量卖单已经控制不了价格上涨。这些行为确认了我们对市场看涨的判断。现在看点数图 J 的位置，A—J 的横盘非常重要，不但让我们知道了市场在吸筹，而且对派发的判断也非常有帮助。

从点数图上看，A—J 的横盘有 5 个 31 和 6 个 30，如果把 30 那一行的空格加上，就有了 7 个 30，经验告诉我们，如果接下来上涨，市场以 30 为基础，会有 7 个点的上涨幅度，目标价位是 37（把 30 那行的两个空格加上，得出 7 个点）。这个计算只是告诉我们价格大约的涨幅，不能期待很精确地涨到 37。

到此为止，我们认为有人在为 7 个点的涨幅吸筹，我们在 1 的位置买 100 股（参考图 9-2），价格是 30.5。虽然我们认为这种操作不是很有价值，因为如果 CM 开始运作吸筹，他不会只为了 7 个点的涨幅。他的建仓范围至少是 4—5 个点，派发区间也是 4—5 个点，所以价格至少要涨 15 个点，他才能有利润。所以我们在 30.5 建轻仓，然后看后市发展。

价格涨到了 32，然后又涨到了 33，这个信息更加重要，因为如果 CM 已经吸筹结束，价格会继续上涨（不会再回来）。如果他还需要买更多的股票，价格会再次回调。

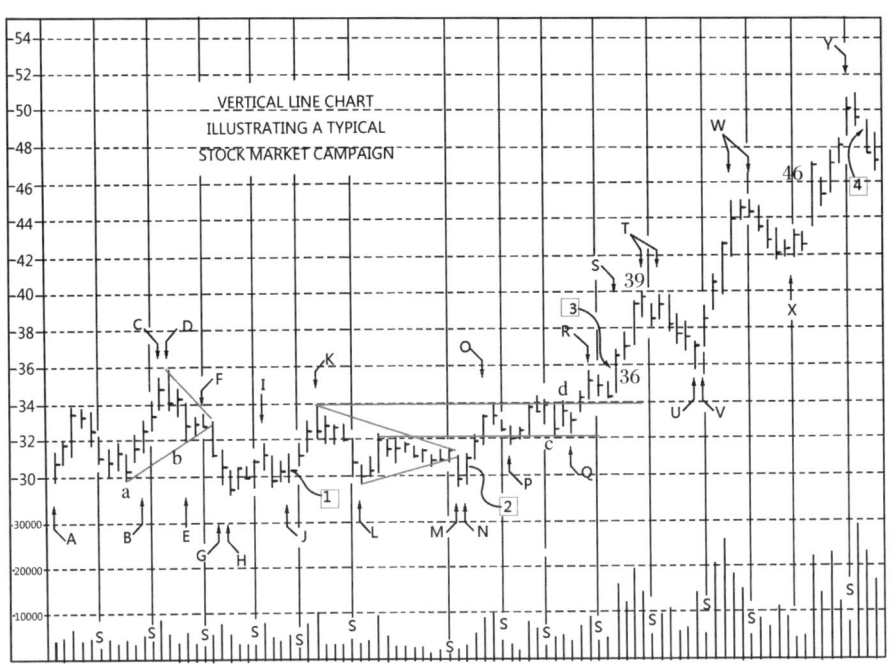

图 9-2

如图 9-2 所示，在 K 处（35⅞），CM 抛了一些股票，然后价格回到了 30（L）。我们的止损在 28 下方，所以现在要仔细观察接下来的走势。价格回到了 30，说明 CM 还在吸筹。接下来看图 9-1，价格又涨到了 31，然后 32，前面 3 个点的跌幅之后，现在涨了 2 个点，反弹超过了 50%，这又是个看涨信号。

如图 9-2 所示，看 M 处，价格反弹后，先是缓慢下跌，然后快速下探 30 那个支撑位，这次的成交量比前面几次回到 30 的更低，告诉我们供应耗尽，我们确定 CM 几乎把 30—32 之间的股票全部吸收。这个低迷枯燥的回落是个进场点，因为供应耗尽，我们在 2 的位置加仓 100 股（如果还没建仓，这里可以新建仓），止损也是在 28 之下，这样我们的建仓位置处于风险最低的价位（这个支撑价一直有资金支持）。

M 附近，走势再次出现死角，这里股票价格已经站到了弹跳板上，上涨趋势的准备过程可能已经结束，如果接下来带量向上突破，是对我们做多操作的最后确认（吸筹结束的确认）。当前的做多仓位是：

- 30.5 买入 100 股，止损在 27⅞。
- 30 买入 100 股，止损在 27⅞。

如图 9-1 所示，价格涨到了 33（O 的位置），从左到右沿着 30 一行（A—N）计算，我们发现有 7 个 30 和 5 个空格，于是接下来从 30 会很快上涨 12 个点，到 42 那里。图 9-3 是 3 个点的点数图。

			35				
			34	34			
33			33	33	33		33
32	32	32	32	32	32	32	32
31	31	31	31	31	31	31	31
30	30			30		30	

图 9-3

计算 30 这一行，有 7 个 30（包括三个空格），7×3 = 21，从 30 算起，下一个目标价位是 51。

现在我们没法确定 CM 买入的股票是否达到了吸筹的要求，但是从盘面上来看，股票越来越稀少。如图 9-2 所示，在 P 的位置，价格下探 32 的时候，成交量非常的小，然后迅速涨到 34，这种行为告诉我们，33 以下已经无股票可买，CM 已经把收购价格抬高到 34。我们现在把 200 股仓位的止损移到 30⅝ 的位置【译者解读：因为价格从 N 到 P 已经创局部新高，这是局部的 JOC，我们因此把止损移动到成本价】。同时我们确认了 P 是一个重要的支撑。

价格再次回到了 33（c），然后迅速反弹到 34（d）之后立刻被打压回 33（Q），这里可以加仓。盘口和量价告诉我们，CM 在尽量不损失股票的情况下打压价格，但是价格立刻低量反弹，说明市场上浮动供应耗尽。

现在价格到了前阻力附近，这里可能出现停顿或者回调。如果价格突破到 36，我们以 36 价格再买 100 股，因为价格又站到了弹跳板上，很快就会上涨。现在 CM 如果不卖出更多的股票，已经无法打压价格。

如图 9-2 所示，价格涨到了 36（S），我们再买 100 股（3），止损放在 32⅞，同时把前面 200 股的止损也移到这里。【译者解读：到 R 这里，价格再次突破阻力并创新高，这是我们移动止损的原因。】

现在我们手里 300 股的平均价是 33，目前市场背景对我们很有利。接下来价格涨到 39（T）的过程中，成交量增加，然后回调 3 个点到 36。从 33 涨到 39 是 6 个点，现在回调 3 个点，属于正常回调，不影响背景，继续持仓。

如图 9-2 所示，回调到 U 和 V 的位置时，成交量依然低，表明供应不足，然后量增反弹，说明价格涨到 50 没有问题，现在把 300 股仓位的止损移动到 35 下方，这样一旦出现下跌，保证前 200 股有利润，最后 100 股是小幅亏损。

如图 9-1 所示，从 36 涨了 8 个点到 44，如果有回调，我们期待 4 个点的回调（50%）。然后看图 9-2，W 位置没有派发迹象出现，我们继续持仓。接下来回调只有 2 个点（不到 50%），表明市场强势还在，股票继续看涨。

如图 9-2 所示，股票继续处于上涨当中，当价格触碰 46 的时候，把止损移动到 41 之下，比如说 40⅝。价格回调 1 个点之后，立刻涨到 50，这个和我们之前计算的目标 51 非常接近，我们可以选择全部平仓，或者把止损移到 48⅞。假如在 4 的位置止损被扫，我们的 300 股仓位有 16 个点的利润。接下来我们看 CM 是否在 50 这个价位或以下开始派发。

从 Y 的成交量上看，像是抢购高潮，CM 似乎是有派发意图。从 Y 开始回调 4 个点，对于整体 15 个点的涨幅（而且其中只有 3 次小幅回调）来说，这个回调没什么大不了的。

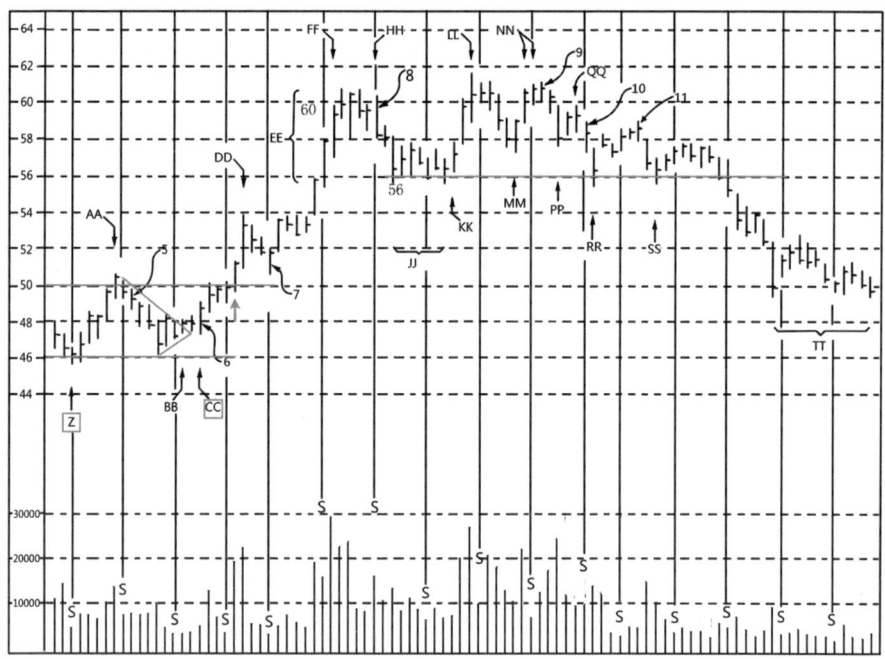

图 9-4

如图 9-4 所示，价格反弹到 AA 的时候停顿，假如我们认为这个停顿是需求不足，在 5 这里做空 100 股，价格是 49，止损放在 51 上方。这是否是个好的交易？考虑到当前的涨幅，顶部巨量和点数图上的横盘，这个交易的盈亏可能性各占50%。点数图上派发价格是49和50，在49一行有4个点，预示股票会回到46。现在股票在一个区间内（46—50）活动，看上去有4个点的回调。下面看图9-5，这是三个点的点数图。

```
50      50
49  49  49  49
48  48  48  48
47  47  47  47
46  46
45
```

图9-5

50这行有4个点（包括两个空格），表明从50会回调12个点，但是现在还没有什么确认。我们要记住，股票能够保持一个趋势的条件，是它的行为必须始终遵循它原有的秩序。我们必须小心它随时会起变化或者出现反转。

如图9-4所示，价格反弹到48，然后进入死角（BB），当前的范围是46—50，48是中线，也是死角价格。价格又到了一个关键位，从成交量行为来看，价格会上涨（因为回来都是低量，供应不足），我们在6的位置将空单平仓并反手做多100股，其原因是：CM把价格拉上去，在50或者以上的价格继续派发，或者他在46和48之间吸筹，然后让价格涨的更高。所以一旦价格突破46—50这个区间（或者向上突破，或者向下突破），会有一波大的行情，现在关键是看价格回到50的表现。

然后价格回到了50，我们移动止损。接下来的1、2个点走势将非常关键，如果价格到了50回落，确认了我们对派发的判断，如果再跌到47，按照三个点的点数图计算，价格会有超过12点的跌幅。

如图9-4箭头所示，价格到了50没有回落，而是直接突破并创新高，价格涨到了51.25。我们可能认为这是个假突破，用来扫空头止损。事实上我们错了，价格继续长到 53（DD），现在看图 9-6，点数图的结构跟以前有所不同。

```
                              53
                              52
                              51
        50        50          50
        49   49   49   49     49
        48   48   48   48     48
        47   47   47   47
   46   46   46
   45   45
   44
   43
```

图 9-6

如图 9-6 所示，市场行为告诉我们派发没有得到确认，从 46 到 48 的一系列高支撑（Z—CC），说明只要价格下来，CM 照单全收。CM 已经接纳了抬高了的价格，同时他们持续抬高他的接盘价，我们看出来他似乎有点儿着急，很显然，他没有在出货，而是在努力撑住价格。如果他要是打算出货的话，当价格第二次、第三次到 50 的时候，他会在那里出货，相反他在 47 接盘，然后把价格推到前高点 51、52、55 之上。

当前市场行为表明价格不会再回到 30。另外，根据图 9-6 的三个点的点数图计算，47 一行有 4 个点，乘 3 得出 12 个点，从 46 或者 47 有计算 12 个点的涨幅，目标是 58 到 59。在 48 一行有 5 个点，乘以 3 会涨 15 个点，从 46 或者 47 计算，目标价位是 61 到 62。从这个计算当中，我们看出了 CM 意图，他不断的在高支撑接盘（紧接着股票创新高），他们目的是 12 个到 15 个点的涨幅。因此只要价格回调到 50，我们就加仓，期待有 8 到 12 个点的利润。

价格回到 51 的时候我们再买 100 股（7），止损放在 $49^{3/8}$。CM 接下来的操作没有让我们失望，因为我们从量价动作中读懂了他的意图。然后他把价格快速拉升到了 60（EE），从这次拉升的量价速度和点数图行为来看，市场可能进入高潮，我们把止损移动到最高价下方 3 个点的地方（57），保证后面两个仓位有 7 个点的利润。

在 FF，价格涨到 60 的时候有巨量出现（巨量可以从量价图上或者成交明细中看出），然后回调到 59，再反弹到 60，依然是巨量，这是非常明显的出货行为，因此我们把止损移到 58 之下。当股票再次反弹到 60 顶部，出现巨量，我们可以在价格再次回到 60 的时候全部平仓（8），或者让市场在回调的时候扫掉止损。

顶部价格出现巨量说明 CM 在派发，说明价格已经到了他们设定的离场目标，并且他期待的利好消息已经对外公布。在底部吸筹的时候（30 个点涨幅之前），公众并不知道这些事情（所以不敢动手），现在看到利好消息了，纷纷买入。公众的买入所产生的需求，正是 CM 出货所盼望的行情，他们在 46—47 设立支撑，以保证在派发区内出货，这样看起来，市场的拐点已经出现。

在点数图上（图 9-1），FF—HH 一行，有 4 个 60，包括一个空格，表明回调有 4 个点，价格会到 56。我们不为这 4 个点的利润做空，我们所期待的盈亏比是三到四倍。

在 FF 阶段，有四天巨量不涨，然后迅速回调到 56（JJ），这里遇到支撑，然后股票安静下来（表现为低量小柱）。在 57 一行有 4 个点，说明价格会涨到 60 或者 61，我们对此保持观望态度，因为如果 CM 出货结束，他对价格上涨不会再有兴趣，也就是说不会在 56 这里接盘。现在既然 56 有支撑，说明他的目的是为了更多的派发，否则的话，点数图也不会把目标指向 61。

整个行情从 30 涨到了 60，吸引了众多的空头。他们做空的止损放在了 60 附近。CM 把价格拉到了 $61^{7}/_{8}$，在 LL 位置成交量猛增，扫掉空头的止损单，同时这个突破吸引了更多的公众买家，这些公众认为突破就会自动产生买入信号。在价格回到 58 的时候，成交量依然大，而且大于前几次的回落，这是非常明显的看跌信号。

下面是三个点的点数图，图9-7：

```
                    61
        60          60    60
        59    59    59    59
        58    58    58    58
        57    57    57
        56    56
        55
        54
        53
        52
        51
```

图 9-7

在 60 一行有 4 个点，包括一个空格，4×3＝12，说明接下来从 60 或者 61 的跌幅有 12 个点，也就是说会跌到 48 到 49，接下来我们看这个目标是否可以实现。根据竹线图上的行为分析，点数图形成的这个派发区为我们做空提供了条件，接下来价格反弹的时候，在 61.5 做空，止损在 $63^{5}/_{8}$，比最高点 $61^{7}/_{8}$ 高 1.5 个点。

在 NN 位置，我们看到巨量把价格推到了 61，接下来价格波动幅度减小而且停滞不前，另外股票爬到顶部的时候需求耗尽（量递减），这是看跌信号，我们在这里做空。接下来价格快速回调到 58（PP），但是这次回调中，成交量非常大，说明 CM 开始在下降中继续出货。

从 PP 开始的弱反弹，确认了看空市场背景，这是另一个做空时机。此时市场进入了枯燥阶段，说明公众已经满仓，市场没有足够的需求让价格再涨到 61，我们在 10 的位置继续做空，原因是反弹高点不断降低，这表明市场压力在增加。现在成交量随着价格下跌增加以及低量上涨，大约在 58 和 61 之间的中间段，行情进入了死角。下面看三个点的点数图（图9-8），图中 X 表示在单点点数图上当前的价位，黑点表示价格回到 58 的预期情况。

```
                  61      61
60          60  60  60   X
59   59   59  59  59   •
     58   58  58  58       •
     57   57  57
     56   56
     55
     54
     53
     52
     51
```

图 9-8

通过 X 和黑点的提示，现在股票在 60 这个关键价位，我们判断，如果价格就此带量下跌，现在就是深度下跌的跳板。所以当价格接近 57 的时候，我们在 11 处继续做空，到此为止，我们已经看到了市场将有大规模下跌的迹象。在 61 行有 6 个点，预示有 18 个点的跌幅。接下来反弹的高点继续降低，而且 58 的支撑已经被撤掉。在 RR 位置，价格回到支撑的时候（JJ），出现一些空头平仓行为，导致价格反弹到 58，我们在这里继续做空。从最高点 61 计算，这次反弹还不到跌幅的 50%，而且成交量不大，这些行为更确认当前市场处于弱势。

接下来，经过了几次单点的反弹之后，股票跌到 55【译者注释：这是破冰现象，破冰表明股票将有大规模下跌】。这给了我们新的做空点（55），因为现在价格已经在所有的支撑之下，而且现在的市场行为表明股票将有大规模下跌，所以这里是快速下跌的跳板。【译者解读：在交易当中，做突破风险较高，最好的做空点在熊市反弹高点。】我们现在把止损移动到 58 之上，因为 57 是最后的派发价格。

然后股票跌到 50 出现横盘（TT），我们把止损移动到 $55^{5/8}$ 位置，然后移动到 $52^{1/8}$，后者如果价格再次走弱，我们平仓。

上述例子告诉我们如何结合竹线图解读一个点和三个点的点数图。上述的市场运作是个假设行情，我们把它作为一个典型运作案例看待，这样我们可以看到 CM 的幕后操作。

在接下来的章节当中，我们会讨论市场分析的其它因素，这样让行情分析更加全面。

第 10 章　点数图分析（一）

下面用于分析点数图的例子是来自于纽约交易所股票交易的真实行情，对这些行情的分析，假设我们只使用点数图。最好的学习方法是把图单独打印出来，然后用一张白纸把图覆盖上，根据书中的文字描述，一列一列向右移动。这样做就像每天记录点数图数据一样。

图 10-1 是伯利恒钢铁的图，用的是单点回调点数图。我们的分析从 1930 年 11 月 1 日开始。我们使用这些例子给大家解释点数图分析的基本原则。在这个 25 点的区间的行情当中，可以学习到一些带有操纵性①的行为，而这些行为对市场的预测非常有价值。

---

① 在这里自然会产生一些疑问，那就是这种带有操纵性的运作，与供求关系自然规律的是否有冲突？

事实上不是，虽然政府的限制可能减少成交量或者市场活动，但是这种市场活动的缩减无法影响供求关系。也无法去掉周期性的波段。

从长期来看，如果需求减少，供应也会相应的减少。砍掉一方必然影响到另一方，因为一个交易的完成必须有双方的加入，除非有人买的时候没人卖。

无论市场的参与者是谁，价格的波动不是由这些参与者决定，而是由供求不平衡决定。也就是说，只有当需求的力量大于供应的力量的时候，价格才会上涨，反之亦然。如果要保持价格不动，供求必须保持平衡。即使市场完全由某一买方控制，遵循供求关系的原则，卖盘也依然会波动。

对市场操纵过程的理解，任何时候都可以帮助我们判断买卖双方的意图、希望、恐惧。我们可以用 CM 来代替操纵者这个词，但是其意义相同。

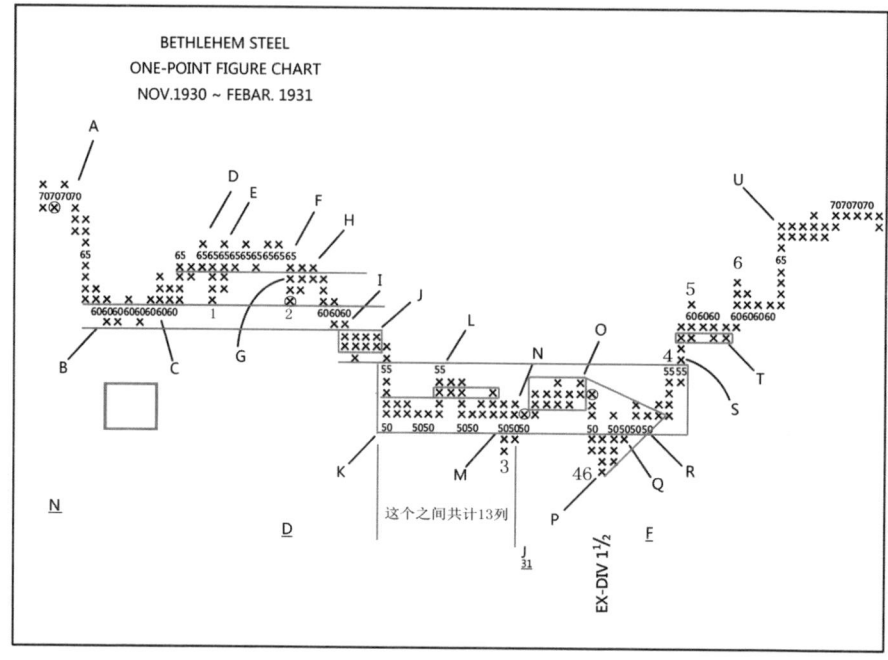

图 10-1

在 A 的位置，价格从 70 直接下跌了 12 个点，中间没有遇到任何反抗，这种行为属于超卖行为。

在 B 的位置，59—61 之间形成窄幅震荡，说明市场的压力减轻，现在正准备反弹，或者恢复上涨趋势。

在 C 的位置，市场经过了 60 这个价位 7 次，反弹之后再次回到 60，这样共计有 8 次，预示价格会涨到 68。

在 D 的位置，价格反弹了跌幅的 50% 之后（71—59 的跌幅），迅速跌回 61（1）。然后又反弹到 66（E）。

总体看来，价格从底部反弹到总跌幅的 50% 之后，走势越来越倾向于横盘，告诉我们市场遇到了供应，股票被控制在 64—66 范围内，主力资金正在那里完成派发。在这个当中有 8 个点穿过 66，11 个点穿过 65（包括空格）。如果 64 那里的支撑不起作用，价格将下跌到 55 到 58 之间。从这个分析看，市场明显看空，因为 55 到 58 已经突破了前面的 59—60 的主要支撑（破冰）。

在 F（65）的位置，我们看出价格已经站到了踏板上，马上准备下跌。价格到 G 的时候，说明股票已经突破支撑，证明 64—66 这个区间是派发（而不是二次吸筹），破冰预示价格会跌得更低。

随着股票进一步回落，价格跌到前支撑 61（2）的时候出现一个小反弹。反弹回到 64 到 66 的供应区的时候，立刻遇阻（H），但是这次反弹把 64 那行增加到了 13 个点，如果按照 63 那行计算，有 16 个点的跌幅。【译者解读：G 那里突破 64，其实是我们熟悉的破冰，然后的回测派发区，属于回测冰层。】

股票跌到前面主要支撑区 59 到 60 的时候，没有出现足够的支撑（表现为在这个支撑点没有出现有力的反弹），然后价格直接跌到先前计算的下跌目标：55 到 58（J）。55—58 这里出现窄幅横盘，但是这个横盘没有引起有力的反弹，这直接告诉我们价格还会下跌，下一个目标是 50（上面我们计算过有 16 个点的跌幅，66-16＝50）。

在 50 这个价位，股票进入一个新的阶段。观察从 F 到 K 的下跌过程，没有出现任何有利的反弹，特别是 J—K 直线下跌的速度，告诉我们市场进入超卖行情。50—52 这里横盘了 5 列（50+5＝55），当价格突破区间，到了 53 的时候，说明这次横盘带来了足够的需求，并把价格推到了 55。这次反弹另一个作用是突破了下降趋势线（H—J 画趋势线）。趋势线的突破、顶部计算的跌幅已经到达，以及 K 这里的初次支撑，通过这三个因素，我们推断出目前行情看涨。

在 L 的位置，价格反弹到前支撑的时候（冰线 55），需求耗尽导致价格上涨遇阻并开始回落。在接下来的日子里，我们看每次股票回落到 50 的时候，都出现停止下跌或者反弹，说明有人在 50 接盘。

图上 3 的位置，股票突破重要支撑到了 48【译者解读：在 53 有 6 个点，告诉我们可能有 6 个点的跌幅，53-6＝47，事实上这次下跌没有达到目标 47】。我们开始感觉到这是下跌趋势恢复，但是接下来价格的迅速反弹【译者解读：因为这次下探消耗了供应，所以出现反弹】，告诉我们这次下跌是震仓。

截止到 N，市场七次跌到 50 都遇到了支撑（有人接盘），只有一次下探，但是立刻反弹（SPRING），如果我们只考虑点数图，没有考虑其它图的因素，我们认为市场已经做好了上涨 13 个点准备【译者解读：7 个 50 加上空格，共计 13 个点，看图上标注】。这个上涨趋势的准备过程（吸筹）的价格区间是 50—55。

51（画圈的位置）这里是上涨前的临界点。

价格反弹到区间顶部 54 的时候出现横盘（O），我们认为如果股票已经准备好上涨，不会再回到 50。正常回调是到 51（48 和 54 的中间），当然从多头的角度，我们更愿意看到价格回调到高支撑，以及价格从 52—54 的区间底部反弹后，直接吸收 55 那里的供应并创新高。

但是我们看到价格一直卡在这里，并且横盘中 6 次穿过 53，我们确定，现在这个价位非常关键，一旦跌破临界点（53 画圈的位置）到 51，股票会继续跌到 50，那样的话，我们会放弃价格上涨到 64 的预判。因此，当股票真的跌到了 50，我们认为吸筹还没有结束。如果 53 那里横盘计算出来的 6 个点的跌幅被超过的话，接下来的目标将是 44—40。计算过程是这样的：如果把每次反弹的顶算进来（L—O），有 15 个 54，这样计算的话，价格会跌到 40（55-15=40），另外按照 10 个 53 计算的话，价格回跌到 44。

在 P 的位置，价格深度回调到 46 之后，立刻反弹到 52，反弹超过跌幅的 50%，说明这又是一个震仓。

到此为止，我们看到 50 一线持续有人接盘，偶尔的两次向下突破之后立刻反弹，都是震仓行为。目前在 50 这个价位已经聚集了相当多的点数，粗略计算有 25 个点，如果从 47—50 算起，价格能涨到 72—75。

但是我们就此确认这是个吸筹过程吗？价格涨到 O 的时候，直接回落 8 个点，并创新低。这是下跌趋势的秩序（反弹到 54，没有创新高，而回落到 46，价格创新低），由此看来，价格会继续大幅下跌，但是下跌 8 个点之后的迅速大幅度反弹，说明下跌动力耗尽。

自从股票在 K 出现初次支撑之后，每次价格被打压后都迅速反弹，说明需求大于供应。从 46 开始的反弹，涨到 51 之后（Q 的左边），下探 49，反弹到 52，又回到 50（R，这里是主要支撑价位），表明行情进入死角。比较一下 K—R 和 H—J 这两段行情，我们发现 K—R 这段行情中，每次下跌波之后都遇到更有力的上涨波，说明需求大于供应。

通过上述分析，我们判断市场上的需求更具优势，说明有人在利用市场的弱势吸筹。跌到 46 那波是人为的震仓行为，目的是让市场看起来更弱，以便主力在低位吸筹，震仓的另一个目的是阻止公众在接下来的反弹中跟风，也可能创造一种看空背景，引诱空头做空。

既然我们通过解读市场行为，得出了吸筹的结论。如果只考虑点数图，我们决定在 R 的位置做多，止损放在 46 之下 1 个点到 2 个点的位置，如果要更近的止损，可以放到 48 下方（假设我们认为 P 到 52 这波有 50% 的正常回调）。P—R 的上涨过程中，股票快速形成的高支撑说明供应短缺，供应短缺的原因是超过一个半月的吸筹，这个圆底表明价格很快进入上涨阶段。如果我们对市场的阶段分析正确的话，接下来价格不会再回到 50 以下。

我们通过计算，得出价格涨到 72 到 75 的可能。现在做多，4 个点的止损比较合理。现在进场比较合理的原因是：R 的位置，价格已经站到了即将上涨的踏板上。综上所述，我们认为市场的吸筹阶段已经结束，应该按照对我们有利的方向发展。

下面看这个行情的三点点数图。

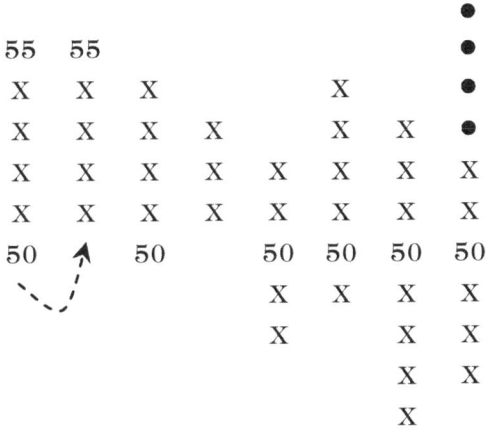

图 10-2

如图 10-2 所示，黑点表示如果市场确认了我们的判断，股票涨到 55 的样子，如果价格突破到 56，那么股票进入牛市应该不成问题。50 这行的点数（包括空格）加起来有 8 个，8×3＝24，50+24＝74，计算结果和前面单点图的计算结果相近。下面继续看图 10-1 的单点图。

图上 4 的位置，股票涨到 55，说明市场已经收复了最近的跌幅，并且准备继续上涨。小幅回调到 54 之后，价格再次站上了继续上涨的踏板（S）。在这里做多的话，止损应该放到 53 的下方，原因是如果我们判断正确的话，价格会快速上涨，不会再深跌到 50 到 55 区间的顶部。

价格涨到 61（图中 5 的位置）的时候出现了停顿，原因是这个价位正好是前方的密集交易区（原支撑区）。在这个原支撑区曾经有被套的公众，他们现在着急保本出货，【译者解读：他们的出货会对市场的上涨产生阻力】。但事实上来自这方面的压力并不大，而且回调的时候价格很坚挺，特别是下探 58 的时候，立刻有人接盘（吸收行为）。58（T）那里的横盘有 5 个点，预示下个上涨目标是 63。在 6 的位置，价格涨到 63，然后回调到 60 遇到接盘（高支撑）并进入整理阶段。60 这行有 10 个点，预示下个目标是 68—70。

在 U 的位置，价格涨到了 68，在 67 遇到买单支撑，然后价格涨到 70。从 68 开始的上涨，到 70 的时候（前阻力区），上涨开始出现停滞（SOT：突破缩短）和窄幅横盘，说明供应开始增加。

现在 69 这行有 8 个点【译者解读：图上漏掉 1 个点】，告诉我们赶快平掉多仓，然后做空，因为价格已经没法达到预定的目标 72—75，根据现在的情况，价格会跌到 61（69-8＝61）。因此我们做空，止损放在最高点以上的 2 个点的位置。下面我们开始看图 10-3。

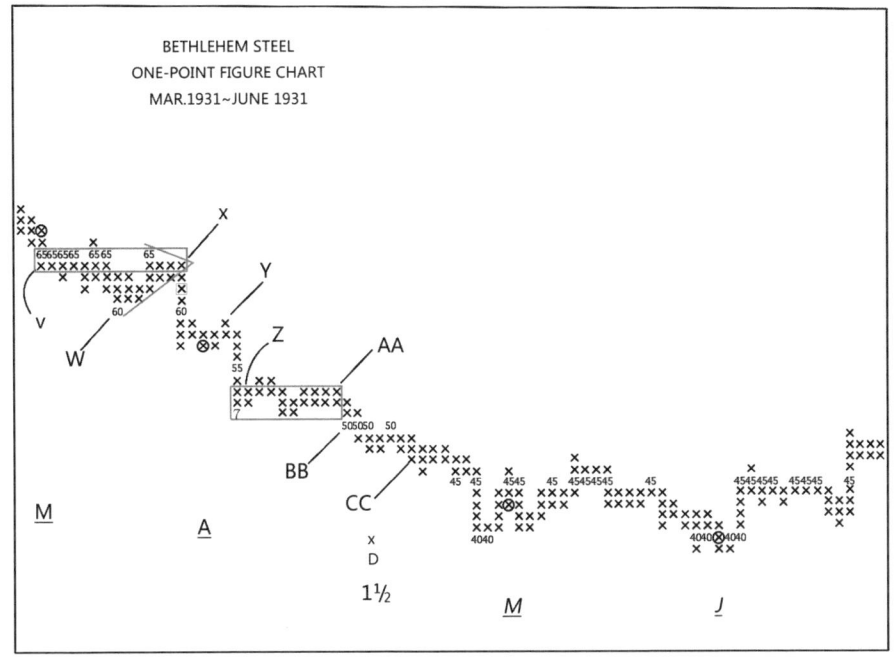

图 10-3

如图 10-3 所示，我们看到主力一直在出货，价格跌到了 64（V），经历了小幅反弹之后，价格一路跌到了 60（W），验证了我们在 69 计算的下跌目标。

W 这里产生了一些需求，可能是有人在 T 的支撑位抄底。这些需求把价格快速推到了 65，然后出现横盘（上涨停顿），走势在 X 处进入死角。如果价格突破死角，到了 62，说明刚才的反弹是为了派发。65 这行有 4 个点，预示下一个目标是 61，如果从 64—65（V—X）这段更宽的点数计算，价格也有可能下跌到 52—50。当价格回到我们计算的目标 61 的时候，下跌没有停止并反弹 50%，说明价格会继续下跌，我们预判价格将要走向 52—50，如果按照更宽的范围 U—X 计算，在 64 这行有 26 个点，那么价格也有可能跌到 44—40。

同时，价格反弹到 65 的时候我们把止损移到 66⅝。然后出现了小幅反弹到 Y，给我们提供了一个移动止损的位置。当价格下跌到 56 的时候，我们把止损移动到 60 的上方附近。股票继续下跌到 52（7 的位置），然后反弹 2 个点，没有需求。在前支撑 50 上方出现横盘，但是没有出现上涨动力（需求），说明这个横盘是供应增加，按照 53 这行点数计算，下一个目标是 44—43。

从此开始，价格稳步掉到 40，甚至下跌过程中连 3 个点的反弹都没有。其中在 BB 和 CC 阶段，下跌有一些停顿，但是价格持续创新低（48，46，45），说明没有支撑。另外，反弹高点不断降低，说明市场的压力在增加，这提前告诉我们 12 月到 1 月的这个支撑不保，如果突破，市场会有更大规模的清盘行情。

下面参考三个点的点数图，图 10-4：伯利恒钢铁，1930 年 12 月到 1931 年 4 月。

如图 10-4 所示，在前面 12 月到 1 月期间，那些在 50 附近实施吸筹战役的主力资金，虽然知道当时价格处于市场熊市，但他们能够把价格运作到上涨阶段，然后出货。

2 月份的市场条件有利于价格继续上涨，主力资金把价格拉升到了 70 之后，在那里尽可能出货，没出完的股票，他们会在下跌当中继续出，同时他们肯定也会大量做空。

从 65（X）开始，价格直落 25 个点，下跌过程当中没有出现任何 3 个点的反弹，说明没有资金（需求）支撑价格，最后价格跌到了 40。

如图 10-4 所示，上涨趋势的最后一波，我们看价格从 60 涨到 70 的速度，就像给病人打了一针强心剂（抢购高潮），结果根本没起作用（价格根本没挺住），接下来价格立刻下跌，抹平了从 61 起来的整个涨幅。那些股票主力们感觉派发时间已经不够，于是把价格迅速推到主要派发区（63—65）之上，目的是扫空头止损和让更多公众上车，这些公众很容易被当时的猛涨所蛊惑，进而重仓买入。

如图 10-4 所示，65 价位是市场出现供应之后，第一个比较坚实的顶。股票没能反弹到 65，我们看 65 这行有 5 个点，5×3＝15，65-15＝50，这个计算告诉我们价格会下跌到 50。但是 63 这一行延伸到了 8 个点，8×3＝

24，63-24=39，这个计算告诉我们，一旦第一个下跌目标50没有支撑，更低的下跌目标是39。

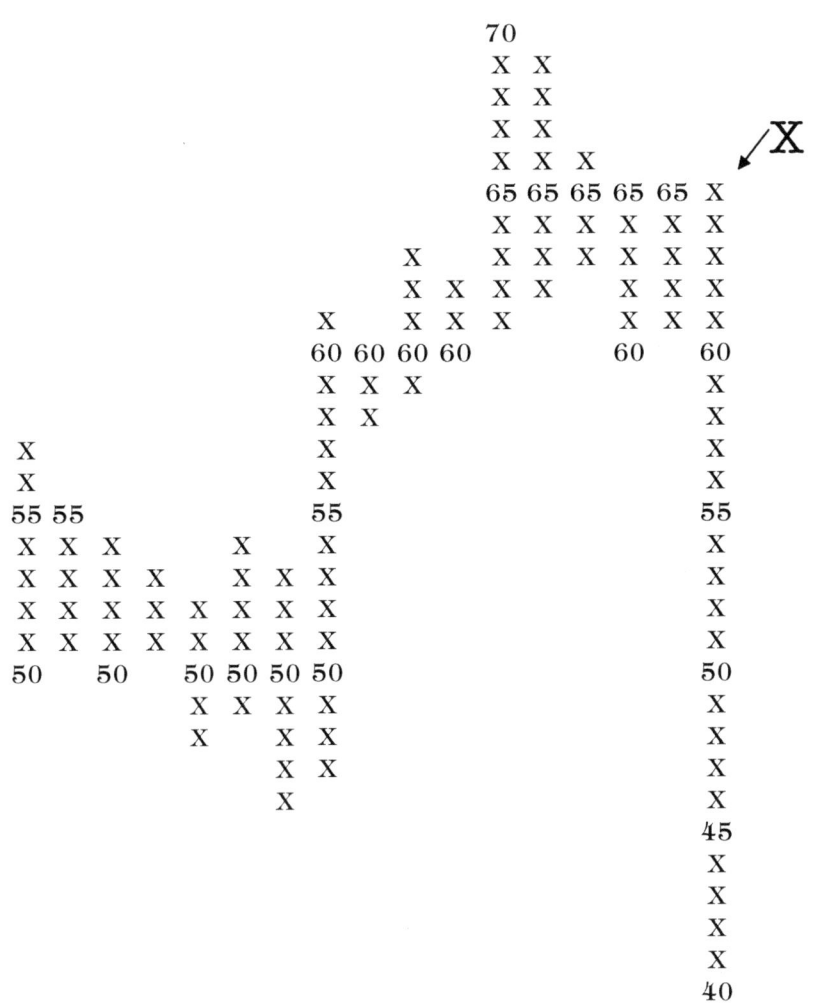

图10-4

图10-4主要也说明三个点的点数图的重要性。在单点的点数图上，如图10-3所示，65—40的下跌过程中还有一些小反弹和横盘，但是三个点的点数图是垂直下跌，说明前面快速拉升到70是派发后的故意上冲

【译者解读：UTAD，与底部终极震仓是相反的】。两个图的区别是，在三点点数图上，我们看到下跌过程中没有任何超过3个点的反弹，特别是价格回到支撑的时候，股票没有短暂停顿，它更清楚地让我们看出市场背景。

三个点的点数图能展现出一些我们在一个点的点数图上看不到的信息。下跌趋势当中有两种情况，我们要重视。第一是反弹没有超过3个点，而且在主要支撑没出现有力的反弹，这些行为非常重要，不能忽视这些细节。观察这些行为的时候，要结合市场的背景和其它因素。

第11章　点数图第二部分

上一章我们阐述了点数图的原理和分析方法，在接下来的两章中，我们将讨论更多的点数图原理和分析方法。为了验证上一章所学和应用能力，建议将上一章的分析细节结合到本章的讨论当中。

我们本章讨论的行情是美国钢铁股票（1931年2月到10月，单点点数图），当时的行情是美国钢铁刚刚从1930年12月的底部涨到140。

【译者注释：因为空间关系，点数图取价格的后两位，比如价格是140，那么在点数图上就是40。】

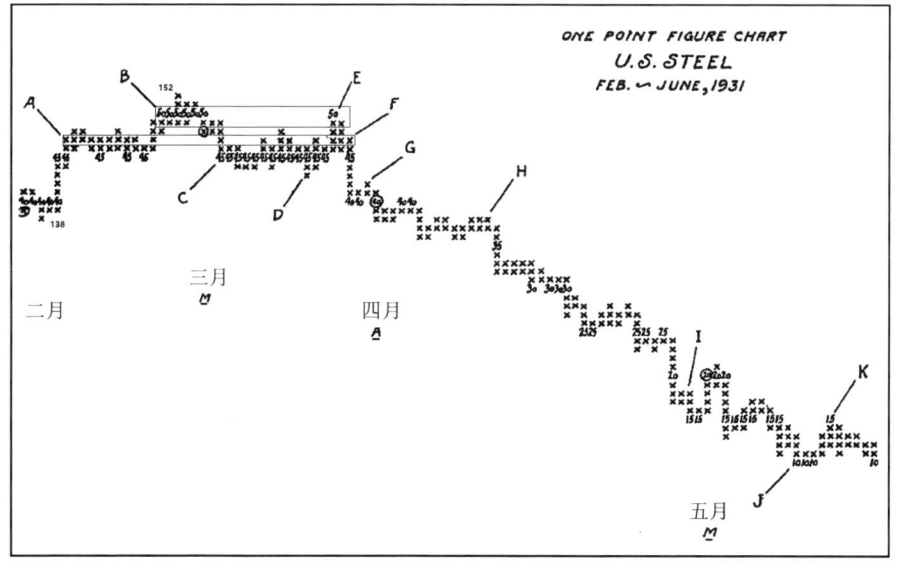

图 11-1

如图 11-1 所示，我们看美国钢铁从 138 涨到 152 的过程。

在 A 阶段出现横盘，说明上涨遇到了供应，派发开始。但是主力资金相信还可以拉高价格（到 150）来吸引更多的投资者，所以价格涨到 150 的时候（B），派发行情继续。

3 月初价格已经撑不住，并掉到了 C 的位置，显示出当时的市场背景更弱，支撑点从 145 一直掉到 143（D）。

B—E，在 149—150 的横盘中，有 23 列，152-23＝129，149-23＝126，这个计算告诉我们价格会跌到 129—126。考虑到派发区是从 147（A 开始）到 152，如果从 A 扩展到 F，共计有 34 个点（包括空格），152-34＝118，149-34＝115，这个计算告诉我们价格会跌到 118—115。

如图 11-2 所示，在三个点的点数图上，148 重复了 12 次（截止到 E），包括 5 个空格，12×3＝36，148-36＝112，预测下跌目标是 112，这样就确认了单点点数图的计算结果。

```
                    X
                    X X                        E
                   50 50           50        ↙
                    X X            X X
      X       X     X X     X      X X
      X X X X X X X X X X X X X X
      X X X X X X X X X X X X X X
      45 45    45    45 45 45 45   45 45 45
      X              X  X          X X X
      X                             X
      X                             X
      X                             X
      40                            40
      X                             X
                                    X
```

图 11-2

市场经历了大规模的派发之后，一些人开始做空很正常，他们期待价格下跌的时候获利。主力资金很清楚这一点，他们会再次迅速拉升价格，扫掉这些空头的止损，然后让价格下跌。比如图 11-1 上，价格真正下跌之前，主力又拉升了 5 个点。然后股票在下跌过程中，经历了一些小的反弹，但总的来说，下跌过程没有受到严重的干扰，最后价格跌到了 110（J）。

从 140（F）开始，股票的下跌像台阶一样跌到了 110。在 147—148 那里做空的交易员可以有 37 个点的利润，如果有加仓，利润会更高。

K，股票反弹了 5 个点之后，又下跌并创新低（109，M，图 11-3）。下跌在 N—O 停顿了一下，6 月份跌到了 84，总共跌了 63 个点。

【译者注释：注意 4 月的供应区 142—138（G—H）和 5 月份的供应区（I—L），我们发现下跌超出了预定目标（已经计算过的），但是反弹无法到达向上的计算目标，这是明显的看跌信号。】

如图 11-1 和 11-3 所示，4 月份的 G—H 阶段，供应区是 142—138，5 月份的 I—L，供应区是 118—112。注意这两个阶段下跌总是超过预期，但是反弹无法达到预期，这是熊市的特征。

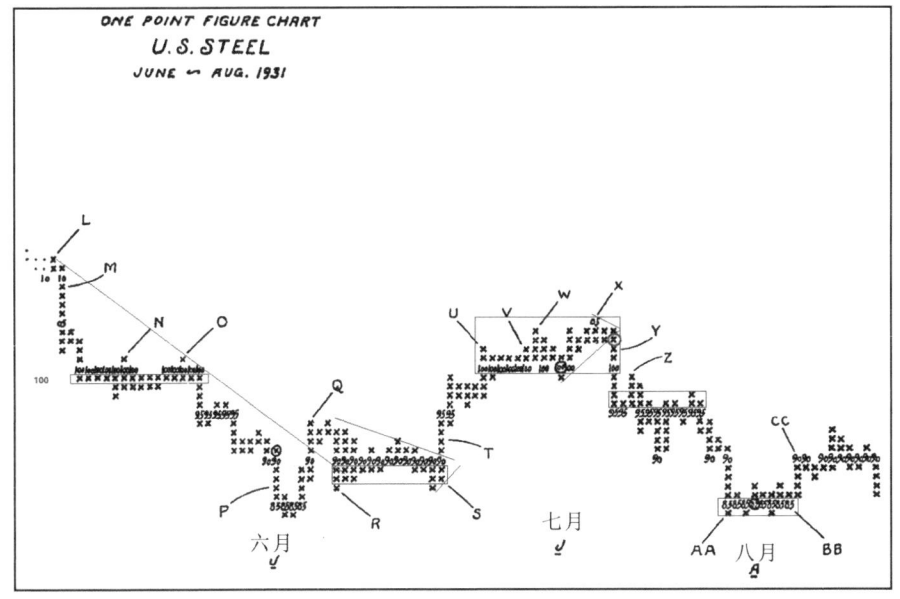

图 11-3

长期下跌之后，我们自然的要开始关注反转。6月份价格反弹到94的时候（Q），我们观察趋势是否可能出现变化，这是夏天以来，股票出现的第一次强势反弹，而且这次反弹突破了趋势线，说明供应开始不足。然后股票下跌过程当中，在6月的低点84之上遇到两次支撑，也就是在R和S的位置。股票在90那个价位形成了死角，这是看涨信号，并确认了可能会有13个点的涨幅。这里P—S阶段，在87—88价格区，共计有13个点，如果上涨的话，目标是100—101。后来死角突破，价格涨到了92（T），确认了上涨背景和先前计算的目标价格区。价格涨到了102，然后又回调到了100—101的窄幅盘整区。重新计算P—S的点数图结构，价格可能会涨到107。

股票涨到了102，然后104，最后到105。注意U、V、W、X这四个高点，看出上涨出现困难，也就是说，在派发过程当中（派发区是100—105，在5月份密集交易区附近），股票价格被强迫拉升的现象。

这个派发区的宽度计算如下：

W—X，在104这个价位有10个点，U—X，在102这个价位有16个点，在93这个价位延伸了4个点。这样一旦94和88的支撑失败，价格会一路下跌到84。

在X下方，103那个价位，价格到了临界点，当价格向下突破到102（Y）的时候，告诉我们市场已经准备好进入下跌趋势。另外一个看跌信息来自于价格没有涨到预期的目标，107（我们通过6月份P—S那里的横盘支撑区计算出来的）。

价格突破了95，并反弹了4个点到Z，正好接近派发区底部（99—105，U—Y），但是正常反弹应该是5个点（105跌到95是10个点，反弹应该是5个点才是正常反弹，现在不到5个点，说明市场继续看空）。

在96—97形成了新的供应区，宽度是11个点，充分确认了84是下跌目标，我们看后市价格圆满地达到了预期目标。

看AA—BB阶段，在84—85价格区有吸筹，预示上涨8个点，后来价格涨到了93，达到了预期。

看 CC—DD 阶段（需同时参考图 11-4），在 90 这个价位有 14 个点，目前处于派发阶段，预示美国钢铁将跌到 76，后来价格跌到了 80，遇到了一点支撑后，价格跌到 75。

在 77—78 横盘中，有 4 个点，预示着价格会反弹到 81—82，后来价格涨到 84 遇到供应，然后直线跌到 75，说明市场持续的弱势。

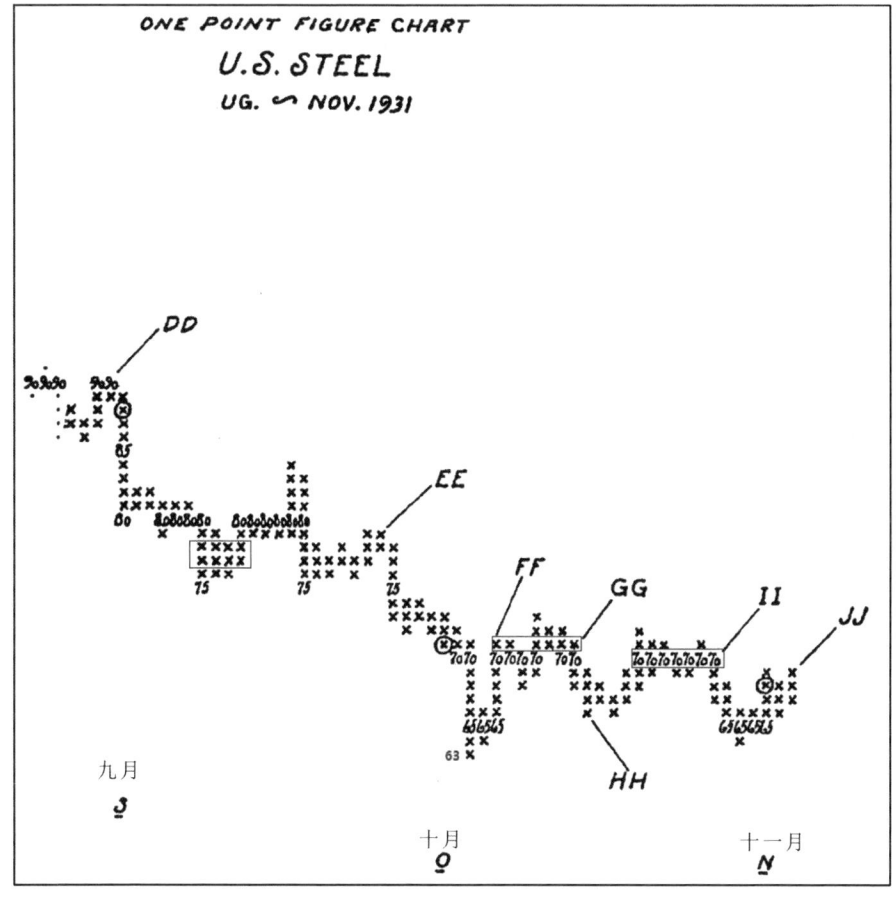

图 11-4

EE，经历了两次努力，股票反弹到 78，第三次努力反弹到了 79，在这里股票遇到供应并再次转弱。这次下跌直接冲破 75 的支撑，然后在 10

月初继续下跌到 63。

从 63 起来的反弹没有横盘准备过程，这次反弹是因为前面的超卖行情和空头平仓。这些动力产生的需求把价格推到了 71（FF），经过吸收行为之后又涨到了 73。

在 71 这个价位，FF—GG 的横盘有 7 个点，包括一个空格，预示着价格将下跌到 64，但是价格下跌没有达到预期，而是跌到高支撑（66—68，HH）就停止，说明需求大于供应，并把价格推到 72。这时候在 70 的价位形成横盘，共有 7 个点，考虑到这段时间高点持续降低，先是 72，然后 71，接下来是 70，说明市场压力大，根据计算，价格会跌到 63。但是这次下跌只跌到了 64，少了 1 个点，说明供应不足或者需求扩大，这种情况会引起价格上涨。后来 65 的价位形成横盘，然后价格涨到了 69。

下面看三个点的点数图，图 11-5。

```
                        X
                    X   X   X
          X         X   X   X   X
     70  70  70  70  70  70  70
      X   X   X   X   X   X   X
      X   X   X       X   X   X   X
      X   X           X   X   X   X
      X   X           X       X   X
     65  65                  65  65
      X   X                   X
      X
```

图 11-5

这个区间形成于 10 月末到 11 月初之间。参考图 11-4 的 FF—JJ 阶段。

在单点点数图上看，这个区间最终会形成一个长期上涨趋势的底部，但是这个区间也可以发展为一个下降趋势。从三点点数图上看，股票会下跌 21—24 个点，从单点点数图上看（FF—JJ），股票会下跌 24 个点。

之所以这样判断，是因为：如图 11-5 所示，从底部 63 涨到 73 是 10

个点，这样就形成了一个 10 个点的区间，然后从 73 跌到 66（高支撑），这个区间缩到了 7 个点，从 66 反弹到顶，只有 6 个点，区间再次变窄。

接下来价格下跌到了 64，同时区间横向又延伸了 2 个点，这样共计有 8 个点。但是当价格从 64 反弹到 69 的时候，这个区间已经变成了 5 个点，我们可以看到这个区间越变越窄。

所以观察 10 月份的区间走势，如果接下来价格在慢慢走向一个死角（比如说死角的价格价位是 66），那么价格就走到了临界点，未来或者向上或者向下，取决于当时的市场行为。

第 12 章　点数图第三部分

如何利用点数图观察 1929 年纽约时报综合指数进入恐慌阶段。我们使用的是从 1929 年 6 月到 10 月的行情。其中图 12-5 是行情的三点点数图。综合指数是 3 位数，但是因为图上空间有限，我们只选取后两位标在图上。

如图 12-1 所示，这是单点点数图。

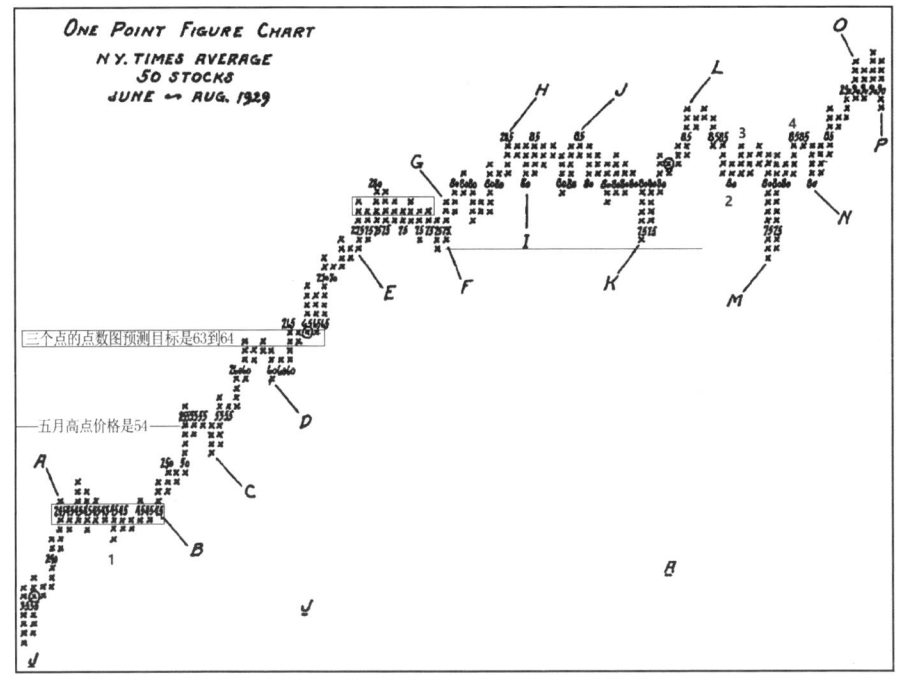

图 12-1　单点点数图（第一部分）

第一个值得我们注意的横盘的形成在 244—245（A—B）。在这个行情当中，价格故意被拉升到 48 之后回调到 42，然后逐渐在 44—45 之间形成横盘，价格 12 次穿过了 44 这个价位（包括一个空格），当价格突破并涨到 50 的时候，市场明确地告诉我们，在遇到阻力之前，价格会涨到 254—256。这个区间用三个点的点数图表示如下：

```
                                  50
                                  X
                  X               X
                  X  X            X
      X           X  X  X         X
     45  45  45  45  45  45  45  45
      X   X   X   X   X   X   X
      X   X       X           X   X
      X                       X
      X
```

图 12-2

图 12-2 上显示 45 这一行有 7 个点，说明价格会涨 21 个点（到 63—64，为了表达简单，我们这里使用两位数表达价格）。后市证明我们的预测结果不但达到了预期目标，而且价格涨到了 80。这里一个重要信息是，三个点的点数图预测目标已经高于 5 月份的高点 54，这等于提前暗示我们市场会突破。[1]

E—F，这个阶段的价格行为告诉我们，市场可能会有深度回调。77—78 区间共计有 9 列，然后继续延伸到 75 一行的宽度（有更多点数），同时我们看到支撑很弱，以及上涨的压力：表现为价格涨到 80 之后，两次反弹

---

[1] 当价格涨到预期目标 54（根据一个点的点数图的预测结果），短暂停顿后，价格回调到 51（C），远远低于正常回调，这里的短暂停顿提前告诉我们，市场继续看涨，下一个目标是 63 到 64。同样，在 D 的价位，价格又超过了预期目标，市场在警告我们，价格会继续上涨，因为这里的小幅和短暂的回落（供应不足）。

只到 78（没有创新高），以及低点不断降低（75—73）。

F，最后的 75 那里，这是临界点，但是价格没有按照预期下跌，反而拒绝回到关键价位 72（这是从 64—80 涨幅的正常回调价位），而且涨到了 78，接下来我们认为它可能涨到 84，因为 E—F 有 11 个 74，从 73 算起，目标是 84，后来价格继续创新高，涨到 85。

80—85 的区间形成了更宽的横盘，H—J 阶段有 10 个 84，包括空格，说明如果回调的话，会跌到 75—74。这个指数在 K 达到了预期目标，但是没有突破主要支撑价格 73（前面 7 月份的低点：F），接下来价格继续上涨。

指数在没有准备过程的情况下，快速从 K 反弹到 88（L），但是在顶部没有挺住，价格回到了 80（2），所以说这次反弹的原因是空头平仓。接下来，股票反弹到 84（3）之后直接下跌到 72（M），然后立刻上涨 13 个点（M—4）。到 72 的这波快速下跌更像是主力资金故意打压的，扫掉了 K 附近的多头止损，这样主力资金有足够的买单平掉空仓，获得相当不错的利润。

B—E 上方（45—80）这波的上涨角度大于 45 度，在到达 80 的时候，上涨停顿。另外，从 80 到 85，与 45 涨到 80 这个过程相比，目前这 5 个点的涨幅特别的困难，显示出市场中稳定增加的供应。

K—L（74—88）这波上涨是故意拉升，因为在顶部，价格上涨根本没有挺住。整个上涨，伴随主力资金的操纵，到 U 阶段结束（参考图 12-3，这个是图 12-1 的继续，也是单点点数图）。

N—O（参考图 12-1 和 图 12-3）阶段属于打强心剂阶段（抢购高潮），价格持续涨到 93、94、95。

如图 12-3 所示，指数在 88—95 的区间横盘了一段时间后，最后突破了区间【译者解读：出现 J0C，Q】，在单点点数图上有 7 个 90，在三点点数图上（参考图 12-5）同样有 7 个 90，7×3=21，按照 88—90 计算，价格能涨到

309—311①（参考图 12-1、图 12-3、图 12-5），最后市场达到了预期的最高点。

P 阶段横盘能够看出价格会继续上涨的原因是，过了 90 之后，我们看到高点和低点都持续抬高。价格到 300 之后，在 296—300 之间形成横盘，预示价格会继续上涨。在 Q 附近，有 10 个 96，然后横盘在 299—300 阶段延伸到 13 个，预示下一个上涨目标是 306—311，这样就确认了三点点数图的计算结果（参考图 12-5，在 290 那个价位计算的）。

价格涨到 307（S）的时候遇到足够的供应，然后回落到 297（T），但是没有突破支撑价位 296（Q）。然后空头平仓导致的快速反弹，把价格推到了新高 308（U），市场在那里再次遇到供应，阻止了价格上涨。

U—V，这个阶段高点不断降低，预示市场进入下跌趋势。价格到 V 之后，反弹了 11 个点，回到了 304，正常回调到 299 之后，再次上窜了 11 个点，涨到了整个行情的最高点，311。

顶部形成之后，价格从顶部回落，然后在 X 阶段出现了小幅反弹（300—303），整个背景对牛市不乐观②。V—W 这个区间渐渐走向了死角（在 300 这个价位，X 下方），死角在三点点数图上看得更清晰（参考图 12-5）。从这开始，价格一旦死角突破（或者向上或者向下），我们判断市场

---

① 到此为止，市场行为明确地告诉我们指数会继续上涨，现在我们回顾一下 7 月到 8 月这个阶段（I—N，单点点数图，图 12-1）。如果单纯从点数图角度分析，价格上涨的原因是：

在 P 阶段，价格坚挺，然后涨到 93、94、95（88—95，O—P）。两次跌破 7 月到 8 月的区间（K 和 M），看起来是震仓，所以我们判断这个区间在 78—80 出现吸收行为（I—N）。H—I 的回落中，在第一个 80 遇到支撑，然后支撑延续到后面的 80 或者 81，其中在 80 一行有 34 个点，34+278＝312。然后在 O 下方 290 这价位，我们计算出的目标是 311，以及在 296—300（Q—R）这个阶段计算出的目标，这三个目标相互得到了验证。

② 我们之所以说市场看起来不乐观，是因为市场在 7 月份的时候已经出现了派发的迹象。自从 5 月份开始的长期上涨之后，在 7 月份出现了不正常宽幅上涨，特别是出现了很多打强心剂似的上涨（抢购高潮：K—L、T—U、V—W），这种节奏是想把价格保持在派发区，以便主力资金在高位派发。但是当这些强心剂药性结束之后，市场立刻出现暴跌（L—M、U—V、W—Y）。另外价格出现了选择性上涨，指数的快速上涨是由于那些高价股票轮换上涨所产生的需求，这种操作，让市场看起来依然处于强势阶段（牛市背景），但是大多数股票在指数到顶之前已经表现很弱或者到顶。

会出现暴涨或者暴跌。

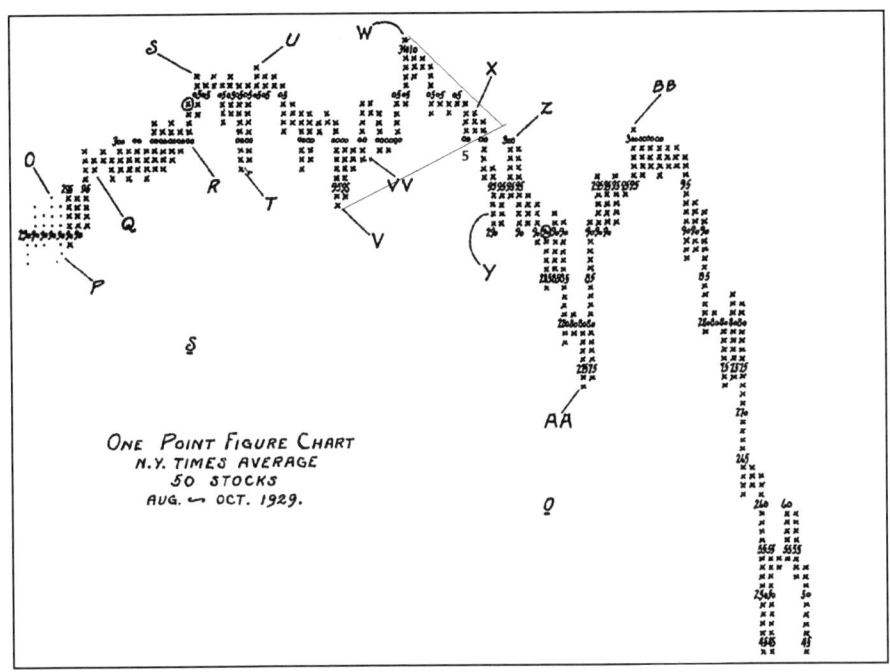

图 12-3 单点点数图（第二部分）

如图 12-3 所示，价格从 300（5）反弹到 303 之后，立刻跌回 300，再次确认了市场明显看跌。（比较一下单点点数图和三点点数图，后者看出来市场更弱。因为正常反弹应该到 305—306，也就是从 311 跌下来的 50%。三点点数图参考图 12-5。）

如图 12-3 所示，S—W 这阶段，307 这个价位有 28 个点，预测下跌目标是 283 到 279（307-28=279，311-28=283）。价格从 307 下跌后，在 302 和 304 价位，我们看到更多的供应（横盘点数增加），最后跌到 299—300 区间。在 300 这价位，如果按照更宽的横盘计算（Q—X 阶段），有 47 个点，预测下跌目标是 264—253（311-47=264，300-47=253）。

如图 12-5 所示，三点点数图上，在 S—W 阶段，307 有 16 个点，16×3=48，说明有 48 个点的跌幅，确认了单点点数图的计算结果。

为了全面解释点数图原理，现在我们假设价格会突破 293—311 区间，然后进入上涨阶段。

如图 12-3 所示，在 Q—W 阶段，296—297 的区间有 33 列，预示价格会涨到 330，如果延伸到 X，按照 300 价位的点数计算，上涨目标会更高。

如图 12-5 所示，在三点点数图上，在 296—298 区间，有 69 个点的涨幅（23×3=69），目标价位是 365—367，如果把 300 那行的空格算上（X 附近），预测上涨目标可能到 377—379（27×3=81）。

虽然后市价格没有进入上涨阶段，但是根据三点点数图的计算，价格离开 300 之后，或者涨到 377，或者跌到 264，也许会跌到 227（现在 300 一行的点数共计是 84 个点），当价格走出这个区间的时候，我们的交易跟随突破的那个方向。在 Y 阶段（291 或者 290），我们平掉多仓，并开始做空。接下来反弹到 Z 之后，价格迅速下跌回 290，确认了趋势向下。

我们看到价格反弹到 300（Z），让单点点数图的横盘增加了 4 个点（下跌目标又向下增加了 4 个点），在三点点数图上增加了 6 个点（下跌目标又向下增加了 6 个点）。

10 月份，第一个暴跌，到了 273（AA），与预期相反的是，价格反弹了 28 个点（到 301，BB），目的是让空头恐慌（空头恐慌平仓之后，市场进入真正的熊市①）。

299（BB）这里横盘很短，无论是在单点点数图上还是在三点点数图上，都只有 6 个点。但是如果从 Q 阶段开始计算，我们发现在三点点数图上，299 横盘有 44 个点，这里面包括 18 个空格，44×3=132，我们预测价格会从 299 下跌 132 个点，到达 167，这个目标最后在恐慌抛售中达到。

【译者补充：点数图在中国是个比较新的工具，因为大多数交易者使用技术指标和基本面作为判断依据，因而点数图的作用被中国交易者忽视。在风控方面、趋势的结束和开始方面，以及计算趋势上涨或下跌能够

---

① W—AA 的暴跌，说明病人的病情继续恶化，很明显，最后一针强心剂药性已停，但是医生还没有放弃，决定使用更高风险的治疗方法，导致价格反弹到 BB，这个故意的反弹，促成了真正的熊市。换句话说，在 8 月到 9 月份，派发已经让市场供应过剩，价格从 311 跌到 273，表明需求已经耗尽。在空头平仓和两次震仓（7 月份的支撑 73—74，8 月份的支撑 72）产生的需求的帮助下，下跌停止后，价格反弹到 BB，在 BB 出现了二次派发。

走多远方面，点数图的作用是无法代替的。我们威科夫优势盘感实验室为大家准备了详细的教程和点数图软件。有需要的读者可以咨询我们。】

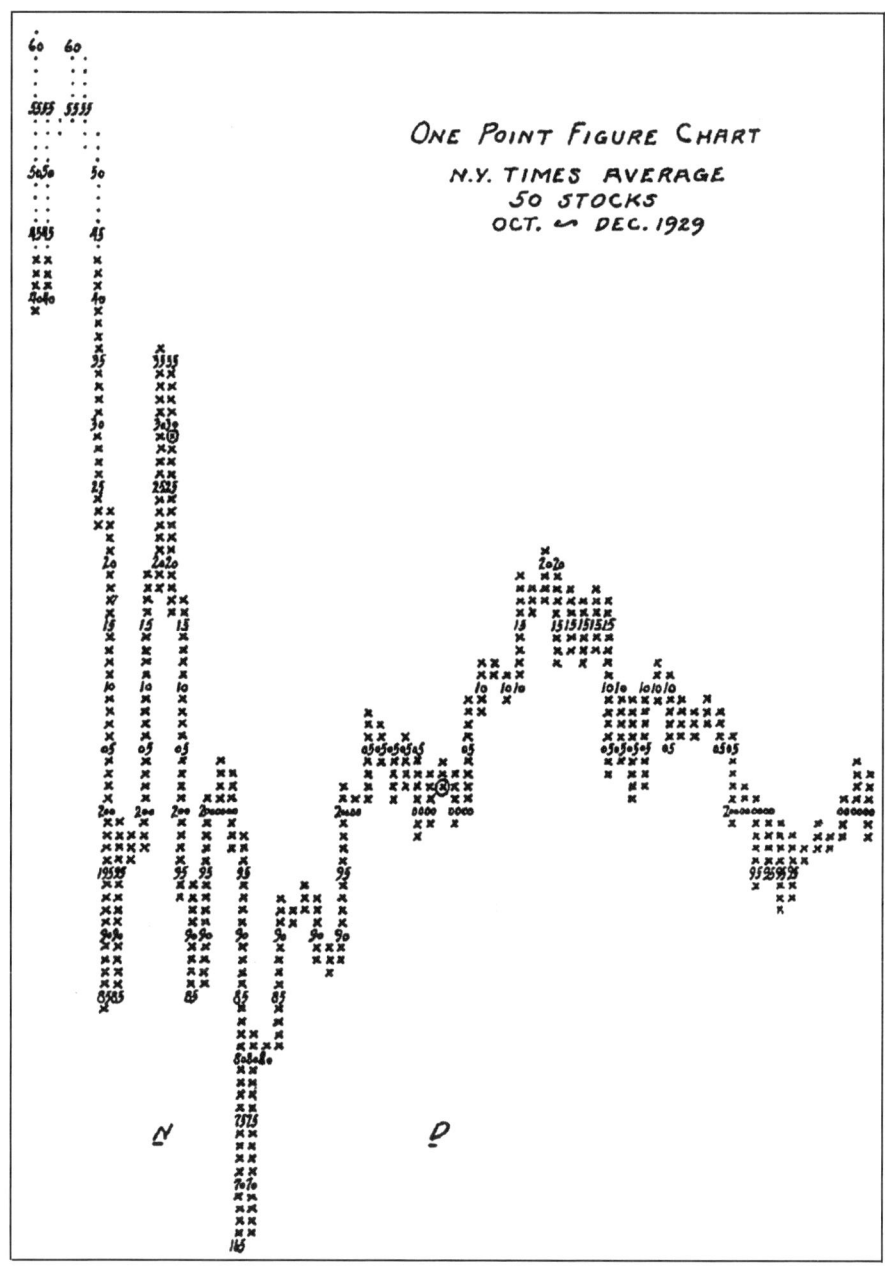

图 12-4　单点点数图（第三部分）

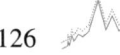

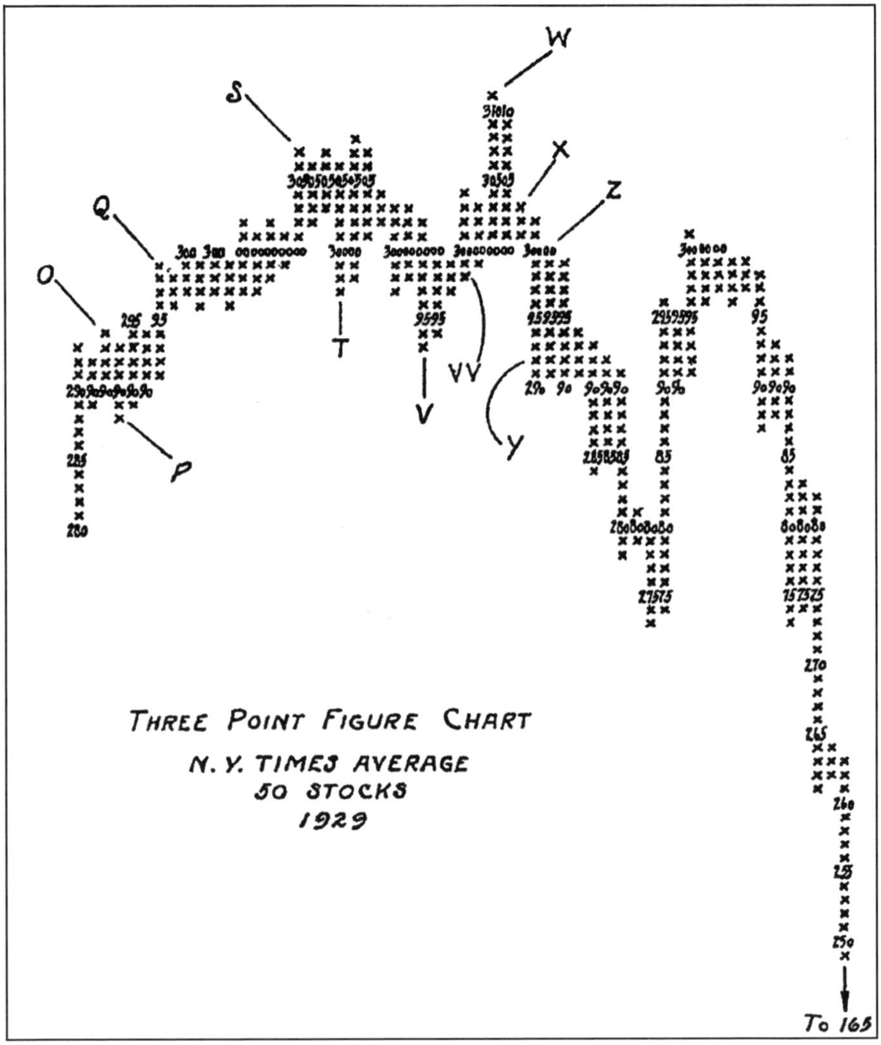
THREE POINT FIGURE CHART
N. Y. TIMES AVERAGE
50 STOCKS
1929
To 165

图 12-5　三点点数图

第13章 市场操作技巧——成交量研究

为后续学习做更好的准备,我们需要把之前所学内容总结一下。

供求关系

我们要牢记供求关系原理是一切金融产品价格波动的基础,包括大盘、个股、债市和商品期货。

供不应求,价格上涨;供过于求,价格下跌。供求平衡,价格进入窄幅区间盘整阶段。

交易员和投资者的操作经常受到消息的影响,包括新闻、财报、分红、希望、恐惧以及小道消息和谣言。受任何因素影响下的交易都对市场产生压力。具备判断供求关系(压力和支撑)的能力是衡量交易和投资成功与否的保证。

虽然有些供应和需求是主力资金人为制造的,但这种操作对我们交易也有帮助,因为它帮我们确定了趋势。

技术性弱势

需求耗尽的时候,牛市进入技术性弱势(无论周期大小)。大周期的需求耗尽是由于派发运作,在这个阶段,浮动供应被转手给公众,主力资金是卖方。持有股票的公众是下跌趋势的因素,因为他们迟早会抛掉,这样给市场增加了压力。

在 1929 年，这种情况就发生过，公众因满仓而失去了购买力，导致市场的需求耗尽。这些人想出手的时候，发现卖不出去，导致价格下降，很多是被迫清盘，或者恐慌抛售，到处是配资导致的账户亏损①，这种效应加剧了市场的压力，市场没有能力吸收这么大的供应，结果造成世界性的崩盘和恐慌抛售。

局部的技术性弱势（需求耗尽）发生在中等或者小的波段后，常见的市场行为是超买和抢购高潮。

技术性强势

这个走势发生在被迫性的清盘结束，股票被转手到有专业经验的主力资金手里。这个阶段卖方很惨（是一种无奈的和亏损的抛售），买方很牛（主力接盘），即使价格继续跌，买方依然持有，这种情况以市场进入恐慌抛售阶段结束，就像 1932 年 6 月，有时候这种换手（股票从公众手里流入到主力资金手里）阶段持续数月。公众由于看到了熊市背景，在底部做空，就像他们在顶部做多一样，因为他们的操作主要是依赖消息和情绪，而不是深度的逻辑推理。公众做空其实对牛市有帮助，因为他们最后要平仓（买入）。

局部的技术性强势发生在中等或者小的波段，主要表现形式是超卖行为和恐慌抛售。

超卖和超买走势

像刚才我们讨论过，超卖和超买走势分别属于技术性强势和技术性弱势。哪个市场和哪只股票处于超卖和超买阶段，没有一个精确的定义，下面我们粗略地讨论一下。

---

① 虽然有规定，配资导致亏损这种情况在当今（1937 年）还会有。公众无论直接买的股票，还是通过配资买的股票最终都会进入恐慌状态。市场处于恐慌阶段的时候，大小配资账户都受损严重，当公众没钱满足追加保证金的要求的时候，被迫出售股票（在最糟糕的阶段卖出）。

超卖走势

超卖就是在下跌当中没有出现正常反弹，或者没有足够时间的停顿（横盘），还有就是迅速回落或者下跌到威胁空头持仓的关键价位（那里他们会平仓离场，导致迅速反弹）。

超买走势

超买就是在上涨当中没有出现正常回调，或者没有足够时间的停顿（横盘），还有就是迅速反弹或者涨到威胁多头持仓的关键价位（他们会平仓离场，导致价格迅速回落）。

熊市反弹和牛市回调作为判断指标

当股票涨了10个点，回调了5个点，这属于正常回调。但不是说正常回调就是价格上涨10个点之后必须回调5个点，而是根据它的回调程度，我们判断市场处于技术性强势或者弱势。

技术性强势就是回调不到50%，技术性弱势就是回调超过了50%。（注意，我们不能教条式地使用这个原则。）各种周期的行情中都会经常出现这种情况，所以我们要仔细研究。

什么时候股票站到跳板上（趋势即将启动的临界点）

这个关键时刻发生在牛市的准备过程之后，经常发生在趋势底部的吸筹阶段或者趋势中二次吸筹结束阶段。熊市周期越长，主力资金越可能开始吸筹运作。

吸筹过程有时候要持续数周，甚至数月，取决于主力资金的胃口（仓位）大小。随着他的吸筹，在某一价位的供应越来越少（是那些准备出售的股票，不是那些放着不管的股票），这时候任何大一点的需求都能推动价格上涨。主力资金在完成吸筹之前会控制价格上涨，它的控制方式就是通过场内操盘手或者专家，在吸筹区间的顶部挂卖单，让公众感觉当前价格上方有很多卖单等着出手。场内交易员或者其他的主力资金，经常在重仓之前询问："如果价格涨5个点，会有多少卖单？"虽然那些场内专家不会说出来，但这些消息迟早会被主力资金知道。

时机成熟的时候（吸筹接近尾声），主力资金撤掉用来控制价格的卖单，并允许价格上涨。或者他会自己买股票（完成吸筹）来推动价格上涨。如果吸筹结束，他不再需要更多的股票了，为了推动价格进入上涨趋势，他通过向上竞价方式（Bid）买入，然后把这些股票在波段顶部卖掉，这样维持原有的仓位。

牛市之前的跳板阶段，发生在吸筹结束和主力资金准备推动价格上涨的时候。这之前，供应是主力人为的，为的是阻止价格超过吸筹范围。但是吸筹结束的时候，主力已经准备允许需求克服这些供应，造成价格上涨和突破的局面。对主力来说，这样操作并不难，因为在那个价位，他已经吸收了所有的供应【译者注释：也就是说在那一刻，他可以控制走势】。

跳板阶段是做多的最好时机，耐心等待这个时机，我们的资金不会被套（还有付利息，或者失去了其它的交易机会），每天的行情当中都会出现跳板，或者是上升前的跳板，或者是下跌前的跳板，跳板引起的跌幅可能是10个点、25个点或者50个点。

除了在牛市顶部的派发阶段有看跌的跳板行为，在熊市中的区间交易阶段也有跳板行为，这个区间是继续大跌前的二次派发。

有些人认为跳板发生在突破的时候（支撑或者阻力），我个人认为跳板发生在吸筹区的底部和派发区的顶部。

成交量的研究

大盘，板块和个股的成交量都很有研究价值。

低量

低量说明市场活动非常低迷，无论是交易员还是公众都不积极参与市场。这种低量发生在长期熊市的底部，或者发生在回调阶段底部（或者轻微下探），说明市场压力减轻，供应不足。

主力资金为了吸筹，会制造这种低迷的市场，他们有时候撤掉买单，看看市场怎么走。如果他们想买入，他们就被动地吸收市场上的卖单（OFFER），但不去主动向上竞价买入（BID）。他们不会把卖单都吃掉，而是留一部分在市场，用以控制价格。比如某一价格有 500 股卖单，他只吃掉 200—300 股。他们就重复着这样的程序，直到买入大量股票。当他把某一价格区的股票吃光的时候，为了买更多的股票，他会向上竞价，买高一点价格的股票。这种行为引起公众跟风，于是他在某个点撤掉买单，打压涨起来的价格，然后让价格极其缓慢地回落，制造低迷的市场情绪，用来欺骗公众，让公众感觉市场很弱而离场。

上涨趋势或者反弹顶部出现低量还有另一层意义，经常是一种看跌信号，因为低量表示需求耗尽，供应会因此增加并超过需求，导致价格下跌。

上述情况也存在例外，上涨之后的低量和小幅波动，可能意味着市场进入整理或者消化收益阶段（而不是表示价格要回调），然后价格会继续上涨。所以分析成交量的时候，我们要考虑之前的成交量动作，以及其它市场因素的影响。

枯燥阶段经常代表市场的一个阶段的结束和另一个阶段的开始。

成交量的增加非常重要

上升趋势中，成交量以一个持续稳定的节奏增加，说明价格会持续上涨。价格下降的时候，成交量递增，或者没有大幅度减少，说明价格会继续下跌。

突然增加的成交量表明一段行情结束，比如抢购高潮和恐慌抛售。

熊市的结束特征是低量小幅盘整（供应耗尽）。牛市结束的特征是剧烈波动，伴随巨量（抢购高潮），但是不涨。

市场从低迷转为活跃非常重要，反之也是一样。同样重要的是转变方式和转变过程。这些转变警告我们观察市场进一步的发展，这些信号会帮助我们确认或者否定趋势方向。

比如一只股票通常每天的成交量是 2000 股左右，波动 2 个点。这种市场是没有主力参与的市场。但是某一天，价格携带 3000 到 4000 股的成交量向下跌破支撑，这是从低迷到活跃的比较大的转变，表明供应大量增加，并克服相对小的需求。这种情况需求不一定减少，但供应的增加会导致价格下跌，这种价格下跌的背景，会引起更多人抛售，进一步增加了市场的供应。

如果某一天价格涨了 5 个点，伴随 6 万股的成交量，然后回调了 2 个点，成交量缩小为 1 万 5 千股，说明市场卖盘很小，趋势目前只是暂时停顿。价格继续上涨的信号，就是回调的成交量递减，直到耗尽。一旦价格在突破前高点的时候，成交量增加，预示着价格还会大幅上涨。

上述段落仅仅是讨论了研究成交量的一般原则。如果把他们当做一成不变的原则来解读成交量的增加或者减少，并不可取，因为这样使用原则，更具备误导性，而不是有效性和实用性，并且在使用当中会有很多例外情况。如果通过前面的学习，您对成交量的原则还没有掌握清楚的话，在后面的学习中，您会逐渐明白。

我们要牢记：股票市场分析不是一门精准的科学。<u>人性造就了价格</u>。在做判断的时候，我们必须把自己当成侦探，通过判断所有买方和卖方的心理反应来寻找蛛丝马迹，并通过观察成交量变化的前因后果，分析他们的意图。【译者补充：公众的特征是寻求一种确切的方法，比如他们参加学习，会认为那些教授确切方法和点位的课程很有用。当他们进行交易的时候，也喜欢使用一种确切的点位和信号。这种思维和市场的内涵是背道而驰的。】

因此，我们要通过更多的实际案例来讨论这个话题，<u>而不是给成交量制定一个固定的使用原则</u>。

现在我们用一个日常的比喻来进一步表明正确解读成交量的重要性。成交量和价格走势的关系，就像汽油和汽车之间的关系。您如果踩油门儿，汽车速度会加快，越用力加油，汽车走得越快，这种情况下，即使不挂挡，汽车也会因为惯性继续往前走一段距离。相反，如果您只是轻踩油门，然后脚立刻离开油门，汽车不会有足够的惯性继续往前走很多。

把这个比喻用于股票市场，如果成交量只是短暂增加，价格就没有获得足够的动力，总是会很快停止，另一方面，如果成交量在持续增加，越来越多，说明公众参与了市场，价格获得了足够的动力，并且这种动力会延续，即使成交量减少，走势也不会立刻反转。

每天的成交量为我们提供了很好的线索来分析公众的参与程度、公众跟随走势的意愿，以及走势的强弱。例如，当大盘每天成交量是 70 万—50 万或以下的时候，说明公众没有参与，是只有专业交易员参与的市场。如果某天成交量突然增加到 100 万—125 万，最大的可能，就是这种暴涨是暂时的，走势会因此暂时或者长久反转。如果成交量是一种持续增加的节奏，比如从 100 万到 150 万，然后 200 万。这说明公众已经开始参与市场，趋势发展会更持久，这种情况下趋势不会出现突然的 V 型翻转，直到趋势的动力被更大的压力阻止，在盘面上表现为横盘，以及巨量不涨。

上述数字不能作为衡量成交量的标准，这里只是用来强调成交量的增减（关注成交量的变化），而不是成交量的具体大小，这一点非常重要。如果每天的成交量从 20 万—30 万股，然后迅速增加到 50 万—70 万股，这是一个相当大的变化。如果成交量逐步上升到 75 万到 100 万股，这种持续增加的节奏，说明公众已经开始参与市场。事实上，其它年份里公众的参与的量是 400 万到 500 万股（1926—1929），或者 200 万到 300 万股（1930 年早期）。

上述内容对供求关系的原理进行了简明扼要的阐述。这个原理存在已久，而且易懂，但是很少人应用。

我们一定要牢记，成交量的增减更重要。循序渐进的变化和突然的变化，可以帮助我们识别拐点、确定趋势、什么时候开仓平仓、什么时候移动止损，以及什么时候趋势走完或即将走完。

个股成交量

上述对大盘的分析方法，也适用于个股和板块的成交量行为，但是个股成交量行为更反映操作那只股票的主力资金的意图，所以个股成交有它自己独特的行为特点。比如说有些股票以巨量见顶，有些股票以相对低的量见顶，或者一些股票以巨量见底，一些股票以相对低的量见底，还有些股票走自己的独立行情。

保荐人类型

股票保荐分主动型和被动型。主动型保荐股是投机类股票，它的反弹和回调，以及上涨和下跌更活跃，而且成交量相对大。

被动型保荐股票的特点是窄幅波动，长期不太参与大盘的波动，反应很迟钝。

主动型保荐股对大盘影响大，因为交易员通过观察这些股票的行为来评估大盘的趋势。被动型保荐股票没有引导走势的特质。

有时候被动型保荐股票也会活跃，保荐人会因此迅速套现，来抵消维持活跃市场的成本。但是这类运作的目的只限于消极的管理，不在乎投机的收益，只是来维持股票的投资状态。

上述股票类型有时候会互相转换，但是公众要花很长时间才能发现这些变化。这就解释了为什么公众经常操作的股票，最后被套在里面，因为这只股票曾经很活跃，不过后来进入冬眠状态。

那些比较警醒的投资者，会紧跟重要技术的发展，能够不带偏见地解读主力资金的意图。他们通过股票的自身行为、习惯的改变，特别是成交量行为的变化，通常能发现主力们的意图。

一旦很难找到那些启动又快，利润又高的股票，他会把他的资金分散到五个或者更多的股票当中（有积极保荐人管理的股票）。其中部分股票很可能会有趋势，因为积极类的保荐人会利用趋势来向大众推荐他们喜爱的股票。

价格和数量

低价股的保荐人是属于被动型，因为这类股票吸引的投资者最多。因为公众的习惯是持股数量越多越好，所以买低价股才能达到持股数量多（他们更看重所拥有股票的数量）。积极型的管理人不喜欢在有大量跟随者的时候推动一只股票，因为如果公众能赶上趋势，他们就赚不到钱。主力资金只有在他们需要的时候才让公众有机会进入市场，比如说派发阶段。如果他看到一个不错的趋势，但是发现有众多跟风的公众，他会使用震仓或者疲劳战术把公众踢出去。

基于上述原因，高价股比低价股走得更顺利。公众不喜欢高价股，因为能买的数量很少。

有经验的投资者知道，价格本身不是一个好的衡量价值的标准。高价股票不一定永远是安全的投资对象，但是随着市场经验增多，您会认识到您唯一应该关心的是股票有很大涨幅的可能性。因此，选择股票，不是基于最大能拥有多少数量的股票，而是基于那些可能为我们带来最大收益的股票。

第14章 分析趋势线的重要性

用物理学做比喻，股票的吸筹是积蓄力量（需求）的阶段，当这种力量释放的时候，将推动趋势上涨，直到趋势自身上涨的动力耗尽，或者对方更大的压力出现，打破原有的趋势秩序。需求耗尽或者供应增加的走势表现为：趋势开始倾向于横盘整理，或者出现圆顶。

同理，派发是供应在积累，并且压倒逐渐减弱的需求，导致价格进入下跌趋势。在下跌趋势中，供应耗尽或者需求大量增加，打破了原有的秩序，把市场带入供求平衡阶段（区间），最后下跌趋势停止，表现为横盘整理，或者圆底。

上升趋势在竹线图上的表示，就是上涨的势头按照一定的角度往上爬。下降趋势在图上的表示，就是下降的势头按照一定角度往下移动。为了避免一些小的波动对识别趋势的影响，我们采用画趋势线的方式来分析趋势。通过下面的案例，您会发现，使用趋势线分析趋势更直观，画线方法是把两个最近的波段低点或者高点连接起来。

如图14-1所示，有的由供求压力所产生的上涨势头或者下跌势头，非常容易识别。我们用平行轨道来识别那些大小波段的走势和轨迹。趋势线的作用就是确认价格前进的步伐，它能帮助我们关注趋势改变的可能性。例如，当趋势线倾向于平着走的时候，这是市场在提醒我们，赶快去看其它市场动作，看有没有趋势反转的信号【译者注释：比如点数图计算的目标是否到位，在背景中是否有超买和超卖动作】。同样，指数或者个股的趋势线突破，可能是一个趋势反转的征兆（但是必须结合其它市场动作才能最后确认反转）。

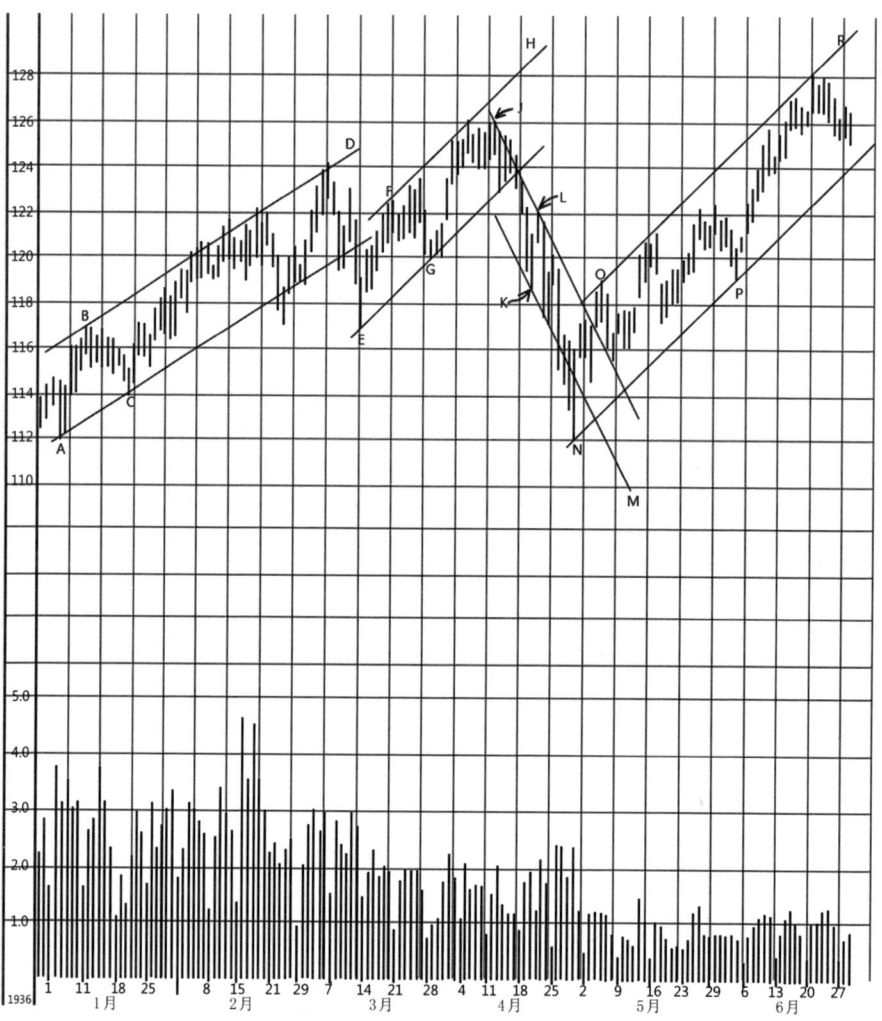

图 14-1

为了清楚地理解上述内容，我们总结一下：
- 当我们看到趋势线可能被突破的时候（价格接近趋势线），说明原来主导趋势的供应和需求的力量，即将耗尽。这种现象或者说明趋势的进度起了变化，或者确认了趋势反转的危险性。当然，为了更周全的判断，我们还要结合其它的市场因素。
- 一旦趋势线真的被突破，说明原有的供求力量被对方取代，然而我们还是要考虑其它的因素，才能做最后的判断。

上述原则必须要有透彻的理解，不然的话就会夸大了趋势线的重要性，并机械地使用趋势线。单凭突破趋势线和突破盘整区操作股票，是一个非常失败的操作。突破趋势线这件事本身不是确定性的判断依据，关键是趋势线是怎么被突破的、当时的市场背景是什么、突破之前的市场行为是什么，这些都要考虑进去。

在突破趋势线的时候，当时买方和卖方的博弈关系，或者供求博弈关系，这些因素可以告诉我们突破之后的走势：导致原趋势的持续，还是趋势出现了短期的变化，这个原则也适用于主要支撑阻力区，或者区间的顶底突破。

趋势运行的过程当中会因遇到阻力而出现停顿，整理或者回调现象。在这个阶段，支持原趋势动力得以恢复，或者加强，并推动趋势恢复或者发展得更好更强。

例如上涨趋势，开始趋势比较平缓，感觉动力不是很大。过了一段时间，我们发现上涨力度增加（更快、更强），说明买方人气上升。这种情况发生的时候，说明上升趋势进入了新的阶段，我们要调整趋势线，以适应新的趋势节奏。这就是为什么我们不能单凭趋势线作为主要判断依据，而是要仔细剖析当时的市场行为，以便确认突破趋势线的有效性。

另外，我们要注意，要以一种灵活的方式画趋势线，特别是那些小的走势，合理地使用趋势线会帮助我们更好地判断走势，否则会对我们的判断造成干扰。

为什么在使用趋势线的时候要特别注意那些小的走势？我们对趋势中

出现的横盘，不能主观地认为是吸筹和派发。多数都属于趋势中的暂时停顿阶段（整理阶段，然后可能继续原来的趋势），这个阶段，有时候会一直持续下去；有时候就是窄幅震荡，双方的动作都不大，市场进入相对平衡期。一个真正趋势的形成，必须有供应或者需求能量积累的过程，然后形成严重的供求不平衡状态，才能产生一个持久的走势（或者一个上涨波段，或者一个长期趋势）。所以当市场进入区间交易的时候，我们要仔细研究当时的市场背景和市场行为，来确定这个阶段属于吸筹还是派发。

通过上面的分析，我们会发现，合理的使用趋势线，对判断价格行为非常有帮助：(1) 在回调的时候是否遇到支撑；(2) 反弹的时候是否遇到阻力；(3) 是否到达了关键点价位。另外，趋势线也可以提前帮助我们识别趋势的变化和反转。

所以当价格接近趋势线的时候，这是个信号，提示我们必须同时寻找一些其它的线索来判断趋势是否会反转。<u>趋势线经常为我们提供了特有的操作机会</u>，比如说价格接近超卖线（支撑线）的时候，那些比较谨慎的交易员，会在那里平掉做空仓位，或者建多仓；价格接近超买线（供应线）的时候，他们会平多仓，或者建空仓。

<u>支撑线</u>是把上升趋势中临近的两个回调低点连起来画的一条线，比如图 14-1 中的 A—C、E—G、N—P。

<u>供应线</u>是把下降趋势中临近的两个反弹高点连起来画的一条线，比如图 14-1 中的 J—L。

<u>超卖线</u>就是在供应线的两个反弹高点之间的回落低点（下降趋势中的新低）画平行线。比如图 14-1 中的 K—M。这里面 K 就是两个反弹高点之间的回落低点。

<u>超买线</u>就是在支撑线的两个回调低点之间的反弹高点（上升趋势中的新高）画平行线。比如图 14-1 中的 B—D、F—H、O—R。

因为竹线图更能直接反映市场走势，所以我们先在竹线图上画趋势线，然后在相应的点数图上画趋势线，这个我们会在接下来的分析中详细阐述。

下面我们举例说明如何正确使用趋势线。图14-2展示的行情是前面第9章的行情。

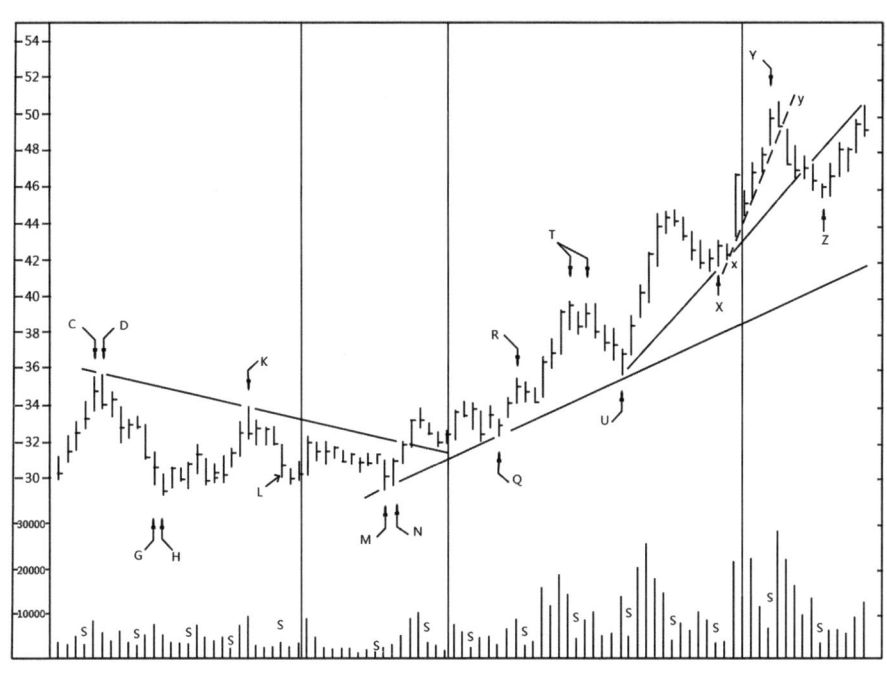

图14-2

价格回调到G之后反弹，反弹结束后回调到L，趋势线的2个点就确认了，分别是D和K，沿着D和K画趋势线，并在G画平行线，这样趋势轨道就展现在我们面前。然后把趋势线向右延伸，就可以作为后市反弹结束的参考。当市场的区间阶段持续延伸（到M），看出下跌趋势的秩序正在改变。

当我们看到横盘持续延伸的时候（L—M），如果价格在区间的右手边向上突破，可能会推动价格突破趋势线（D—K）。这次突破趋势线有重大意义的原因是：价格已经沿着30的那个价位横向爬了很久，这个价位（支撑）是危险区，如果需求没上来，并推动价格上涨，那么市场很容易恢复下跌趋势。反之，如果价格上涨突破了趋势线，而且突破的时候，成交量和涨幅增加，说明吸筹阶段（A—M）所积累的需求得到了释放，上涨趋势可能开始了。

值得一提的是，真正突破趋势线之前，我们可以通过市场行为预测到这种突破，然后在上涨之前就建仓。这里我们通过底部结构（A—M）行为分析，我们知道价格将会大幅度地上涨，这里看价格到 M 阶段，成交量极度减小，然后迅速反弹，这种行为告诉我们供应耗尽。这里我们看出主力资金已经成功地为上涨创造了成熟的条件（底部积累的需求得到了释放）。

价格涨到 R 的时候，我们重新画趋势线（M—Q），这代表趋势的速度，以及股票进入了牛市的第一阶段，然后我们把这个趋势线延伸。股票涨到 T 后回调三天，这个回调是正常回调，如果价格继续回调，我们期待这个回调在趋势线附近出现支撑。股票回到 U 的时候立刻反弹，说明趋势线附近有支撑。通过上述分析，我们发现，正确的使用趋势线，可以提前为我们提供有用的信息，比如回调是否到此终止，或者是否遇到新的需求（支撑）。

X 之后的反弹创新高的时候（$46\frac{7}{8}$），我们再次调整趋势线，因为从 X 开始，趋势的上涨速度有所增加，说明上涨趋势进入一个新的阶段，这种速度告诉我们主力资金要离场了。价格到 Z 的时候，突破了 U—X 这个趋势线，但是这次回调力度不大，而且很快市场安静下来，让我们开始怀疑这次突破趋势线的作用，是说明市场转弱，还是说明市场短暂停顿之后继续上涨，我们继续观察。

价格从 X 急速上涨之后，我们再次调整趋势线（X—Y）。回调突破了这个近乎垂直的趋势线，告诉我们 X—Y 的急速的上涨模式不会持久，市场过热。

Z 之后，在 46—51 这个区间，因为没有画趋势线的基础，我们必须等待市场给出更确切性的信息，才能再次利用趋势线。而且我们不能用小波段的趋势线作为判断工具，那只会导致判断上的失误。

下面参考图 14-3，分析一下美国烟草公司的股票。

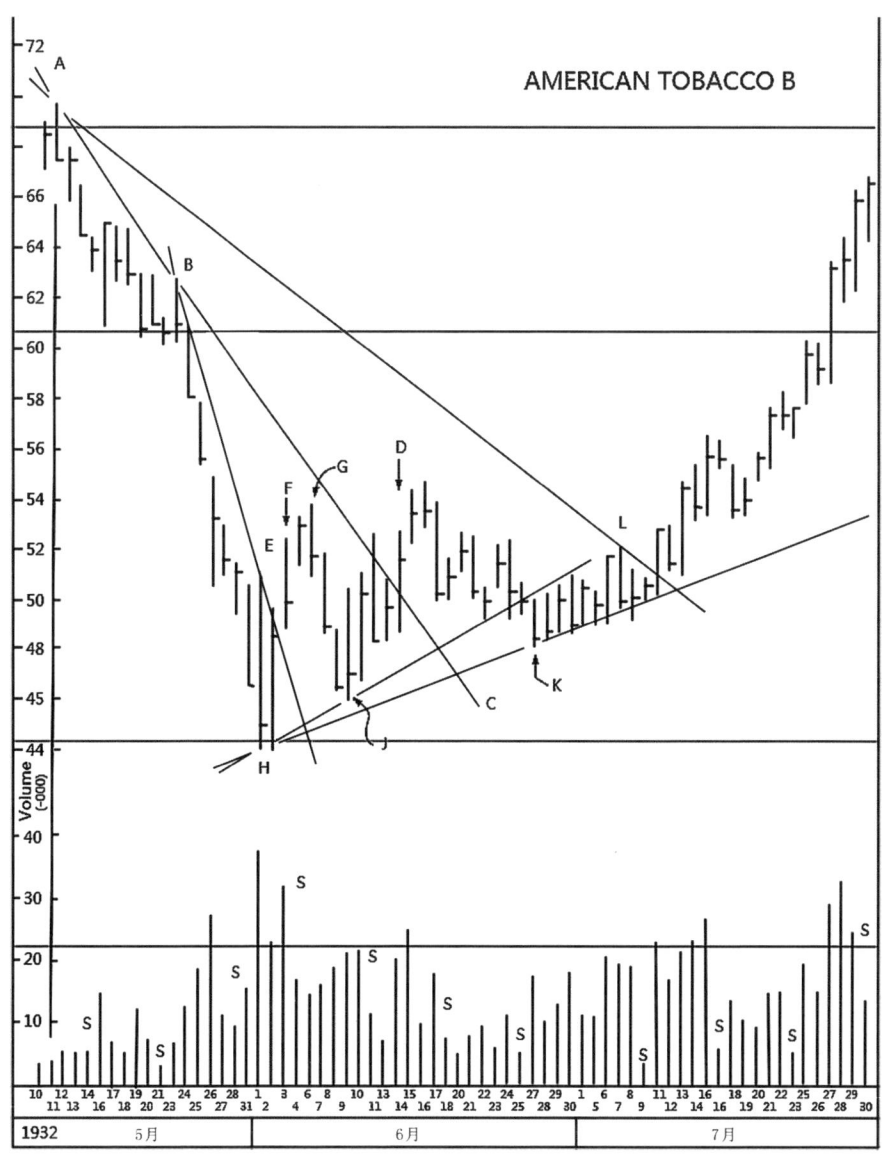

图 14-3

如图 14-3 所示,价格从 5 月 11 日的高点 A 下跌到 60 之后,我们连接反弹高点 B 和前高点 A 画趋势线,然后延伸到 C。在反弹突破趋势线的时候,我们可以判断趋势可能出现反转。

同时在 B 之后,我们发现价格急速下跌,这样我们重新画趋势线

(B—E)。这种急速和没有反抗的下跌节奏,告诉我们市场进入了超卖状态。接下来的急速放量反弹突破了趋势线(F),说明需求强劲并超过了供应,这说明前面的急速反弹属于一个恐慌抛售之后的技术性反弹,当反弹接触到主要的趋势线 A—B—C 的时候,反弹终止。

恐慌抛售之后,出现自然反弹(特点是低量或者递减的成交量),当股票反弹到 G 的时候(接触趋势线 A—B—C 的时候),出现犹豫和停顿的状态,我们预判这个反弹可能终止,因此我们等待吸筹顺序的下一步:二次测试(测试 44—45 的初次支撑)。二次测试可以确认支撑是否有效(在支撑价位是否有足够的需求,还是在支撑价位的买单被撤掉)。接下来的回落是低量,或者至少没有出现递增,以及接下来价格没有继续下跌,再加上从高支撑的反弹带量,我们知道市场进入吸筹状态,整个市场在积蓄吸筹。下面看单点点数图(图 14-4)。

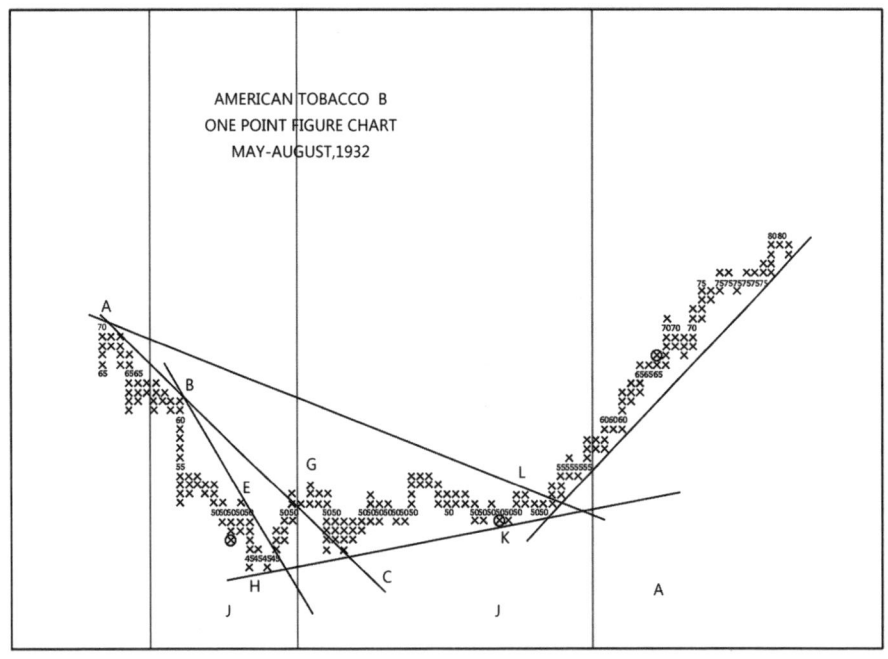

图 14-4

如图 14-4 所示，46 这行有 13 个点，说明上涨目标为 57—59。这个计算目标提前告诉我们趋势线 A—B—C 会被突破。如果这个目标实现，我们更能确认市场由技术性弱势转为技术性强势。

如图 14-3 所示，同时我们发现 K 突破了趋势线 H—J，这是否说明市场又转弱了？而且突破的时候，量急剧增加，我们更加怀疑市场即将恢复下跌趋势。但是这个成交量相对于最近的行情，增加幅度特别明显，所以我们怀疑这是个局部恐慌抛售，而不是市场继续下跌的信号，因此我们看接下来的行情能否给一个更清楚的信息。突破后，下跌没有跟随，而且波动缩小，特别是量随着反弹增加，但随着下跌减小，说明需求依然大于供应。随着价格走势在 7 月 9 日进入死角，而且价格始终保持在 6 月低点之上，我们判断 H—J 的趋势线突破无效，当前股票的行为是在积蓄力量，或者说在吸收供应。趋势线 H—J 的突破说明市场的浮动供应依然存在，导致上涨受阻。这个例子告诉我们，市场行为可能会否定机械地使用趋势线给出的信号。

7 月 11 日，价格突破死角，确认了上涨趋势。我们重新画趋势线 H—K 和 A—L，可以清楚地看出走势进入一个比较宽的死角。当价格进入死角的时候，说明价格站到了跳板上，准备进入上涨阶段（在 44—45 积累的需求准备得以释放）。

趋势线要首先在竹线图上画，因为价格行为，成交量行为和量价关系可以告诉我们什么时候应该使用趋势线，以及什么时候不应该使用趋势线。

和竹线图上的趋势线相比，有时候点数图的趋势线更能明确地显示市场背景。如图 14-3、图 14-4 所示：点数图上的趋势线位置和竹线图上的趋势线位置一样，标注的字母也一样。在点数图上，A—L 和 H—K 所形成的死角看起来更清晰。总的来说，竹线图上的趋势线画好之后，我们要按照相应的位置，复制趋势线到点数图上。

如果点数图上的趋势线和竹线图上的趋势线给出了互相矛盾的信息，

我们最好尊重竹线图上的趋势线所给出的信息。比如趋势线 A—B—C 和反弹 H—G 的关系，在竹线图上（图 14-3），反弹在趋势线（A—B—C）附近终止，告诉我们这个恐慌抛售之后的自然反弹是一个技术性反弹。但是在点数图上，我们看到了反弹非常确定性地突破了趋势线（A—B—C），给了我们市场即将上涨的正面信息，但这个信息是误导性的信息，造成矛盾的主要原因是点数图上的时间因素不如竹线图上准确。

美国钢铁的行情告诉我们价格是如何遵循趋势线轨道运行的（A—C 是供应线，B—D 是超卖线）。这个行情有两张图，图 14-5、图 14-6。

价格从 A 下跌之后，只要出现反弹，我们就连接 A 和反弹高点（C）画直线，然后它们之间的回落低点（B）画平行线，并向下延伸，这样我们就能知道市场什么时候出现超卖行情。

同样 M—O 的趋势线建立之后，我们在他们之间的反弹高点（N）画平行线，并向右上方延伸，作为后市上涨波可能遇到的阻力，这样我们就能知道市场什么时候出现超买行情。

长线趋势和中线趋势上的趋势线，要比短线趋势的趋势线更有用。中线趋势的趋势线强力突破，预示着市场会按照突破的方向走得更持久。这里有个例外，短线趋势的趋势线强力突破，是中线和长线趋势出现变化的信号。

如图 14-7 所示，这是美国烟草的三点点数图，这个图上我们可以清楚看到中线跟长线的趋势能量。首先是趋势线 A—B，这个是趋势最初形成的时候画的，后来随着趋势能量的增加，我们再加一条趋势线（B—C）。同样 D—E 代表熊市之初的趋势能量，随着熊市能量的增加和价格的下跌速度增加，我们再加一条趋势线（G—H）。

a—b 是 AB 趋势的超买线，m—n 是 M—N 趋势的超卖线。

在趋势轨道中，当我们发现价格没有到达超卖线或者刚到达超卖线就停止的时候，这暗示我们趋势步伐或者秩序可能出现改变。当然。要想确定趋势改变，在观察上述市场行为的同时，还要考虑其它的市场因素。

要想对市场进行完整的判断和分析，除了应用趋势线，还要考虑其它所有的市场因素，这样趋势线的使用原则才能得到更好地应用。所以趋势线的主要用途是：它给了我们一个暗示、一个线索，而不是一个确定性的信号。

<u>永远不要单凭画趋势线下结论</u>。

其他人可能很机械地使用趋势线，但是您在学习一个正确预测市场的原则，远离那些用计算公式（技术指标、程序化系统，等等）预测市场的人。

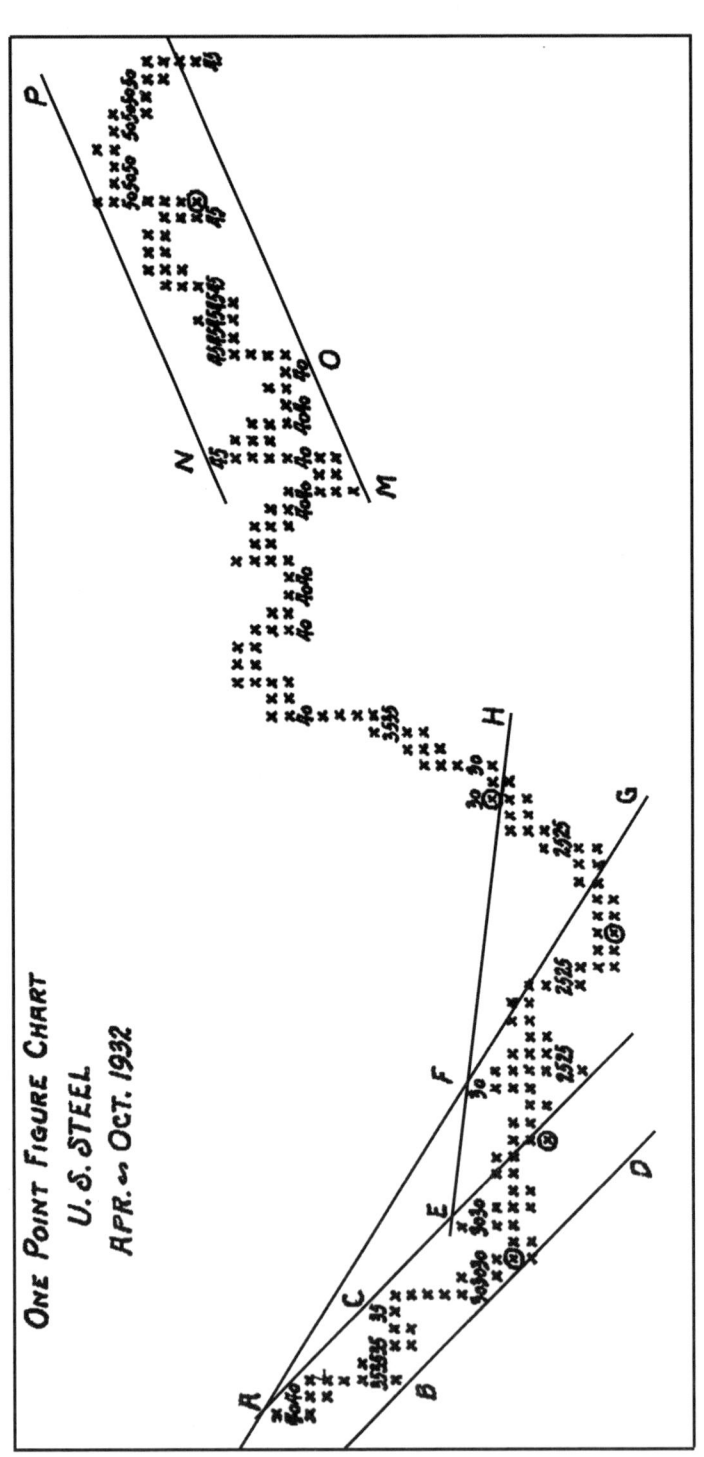

图14-5

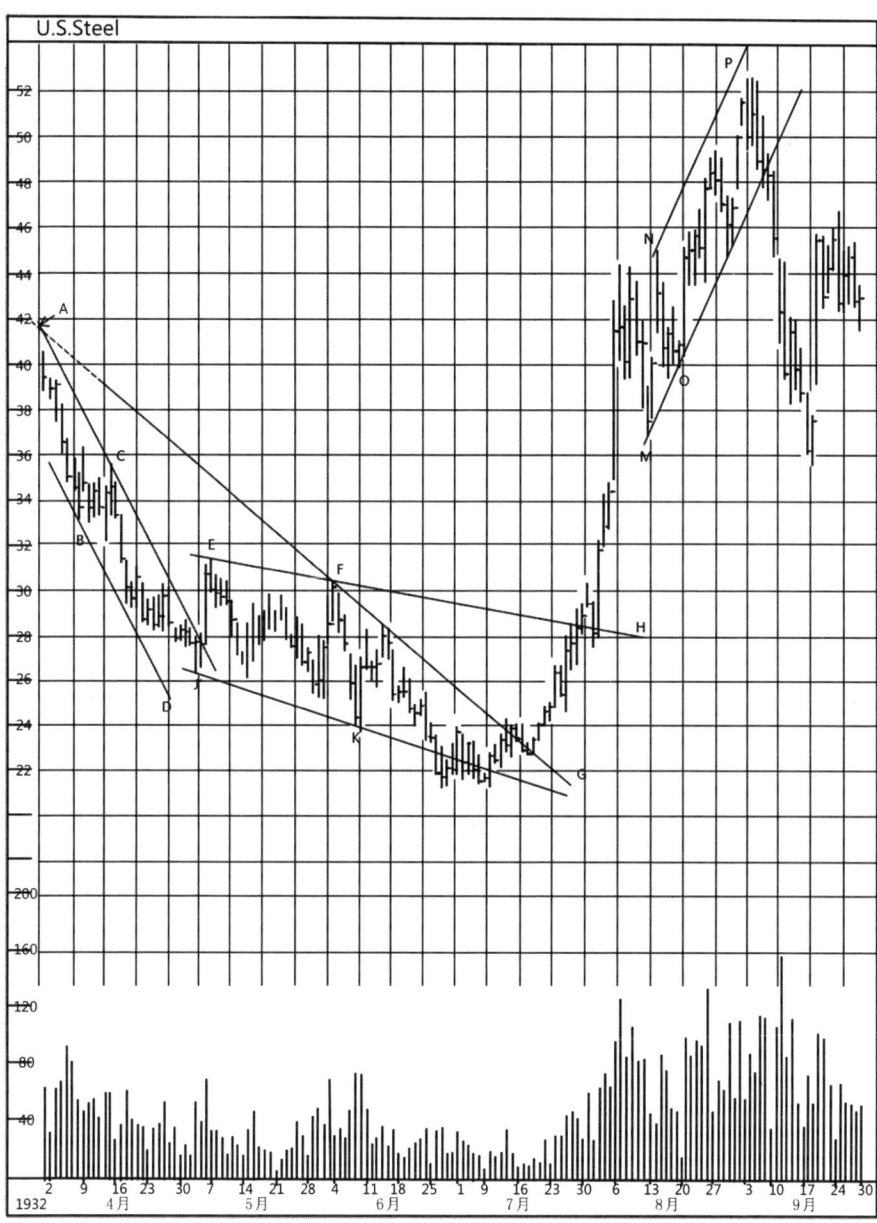

图 14-6

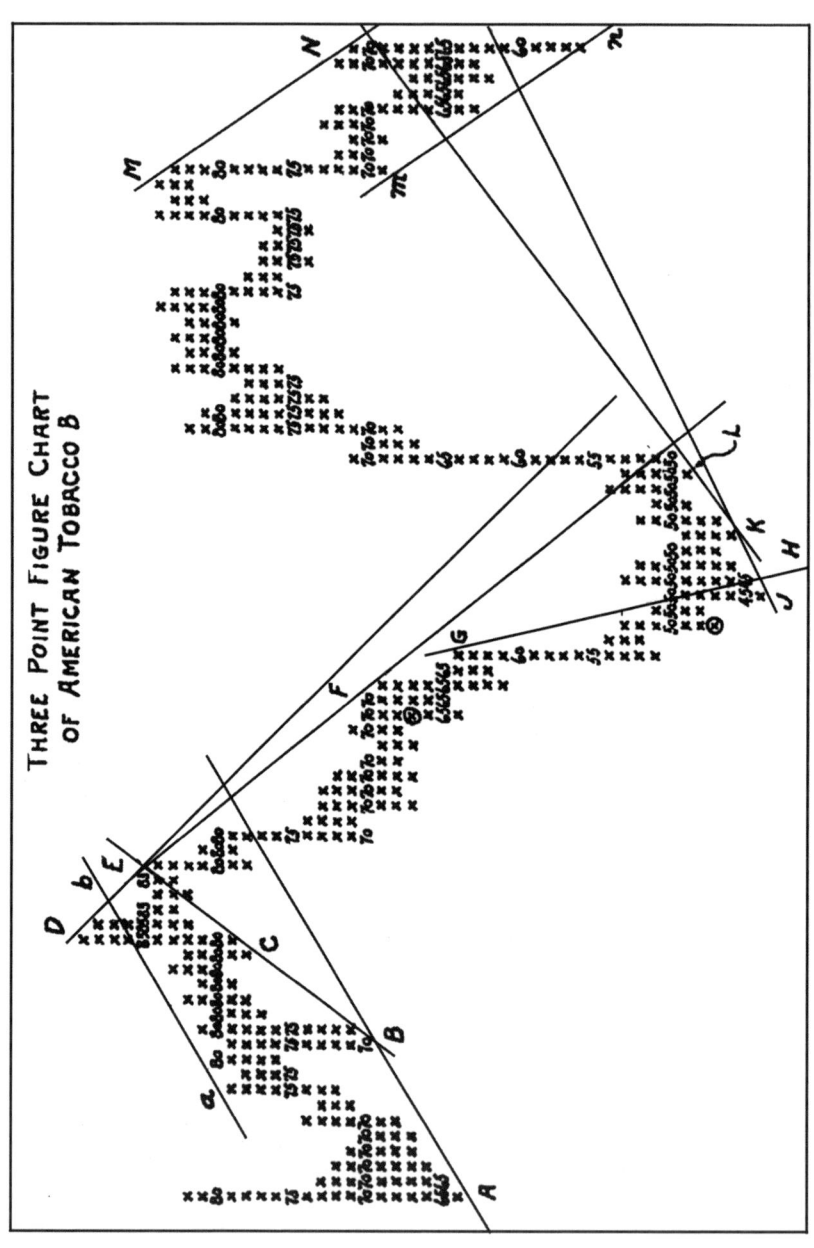

图14-7

第 15 章　个股行情分析——竹线图

市场运作（周期）有四个主要阶段，分别是：
- 吸筹阶段；
- 上涨阶段；
- 派发阶段；
- 下跌阶段。

当市场处于第一阶段和第二阶段，我们称之为牛市阶段。市场处于第三和第四阶段的时候，我们称之为熊市阶段。这两种阶段都属于市场有趋势的阶段，还有一种情况，就是没有主力参与的市场，没有看到主力运作的吸筹和派发战役，说明市场处于无趋势阶段。

我们的目标就是想确认股票处于上述三种情况中的哪一个阶段？为此，我们需要了解三个基本因素：（1）价格走势；（2）成交量；（3）量价的相互关系。【译者补充：还有就是量价移动的速度。】

通过价格走势可以了解到如下信息：
- （大盘、板块和个股之间的）相对强弱关系；
- （前面已经确认过的）支撑和阻力；
- 价格上涨或者下跌的速度，通过趋势线观察；
- 震仓、派发出现后的上冲回落（UTAD）、超买和超卖行情。

因此，通过价格走势（和价格行为），我们可以获得很有价值的行情信息：当前所处位置，以及将要出现的趋势。

然而，成交量代表交易的活跃程度，它对价格行为所产生的信号起到确认、调整以及否定的作用。通过成交量行为，我们可以得到如下信息：

- 识别抢购高潮和恐慌抛售；
- 判断支撑和阻力价位上的供求关系强弱（及其博弈）；
- 判断价格接近趋势线时候的供求关系强弱（及其博弈）；
- 识别震仓、终极上冲回落（UTAD）、超买和超卖行情；
- 识别吸筹和派发，判断什么时候股票处于有趋势阶段、无趋势阶段和盘整阶段；
- 确定横盘区间属于有助于趋势继续上涨的吸收阶段，还是有助于趋势下跌的派发阶段；
- 判断价格到达局部目标或者整体目标时候的动作特点。

量价关系对下列识别市场行为有帮助：

- 什么时候趋势开始；
- 什么时候趋势结束；
- 什么时候是好中最好的交易时机。

上述原理说明，学习成交量的重要性，以及为什么竹线图能够帮助我们提高判断上的准确率。

我们借助竹线图，研究价格行为的特点、成交量行为的特点、量价关系，以及这三者对判断市场的作用（价格行为的作用 A—D，成交量行为的作用 a—h）。

点数图记录价格，帮助我们衡量吸筹和派发储存的能量（需求和供应的能量），也可以帮助我们计算价格上涨或者下跌的目标（离场目标，或者趋势到哪个价格区结束）。

点数图可以帮助我们确定趋势发展的目标，但是单独使用竹线图，也可以帮助我们计算出大约的目标，计算方式是<u>通过观察吸筹和派发的阶段所经历的时间长短</u>。经过三个月准备（吸筹或派发）的趋势比经过三周准备的趋势走得更长。经过一年到两年准备的趋势比经过一个月到两个月准备的趋势更强，而且走得更远。

虽然单独使用点数图可以判断趋势的方向，但是很多时候它给出一些令人生疑的信息，有时候我们还要等很长时间才能得到一个确定的信号，我们可以从第 10 章到第 12 章中的案例看得更清楚。如果点数图看出了市场在横盘，但如果不借助成交量的分析，我们很难知道这个横盘是吸筹还是派发、是吸收阶段还是供应阶段，或者干脆就是无趋势行情。

简单点说，单凭点数图无法有效地判断趋势，所以我们要借助竹线图的帮助，因为竹线图包含成交量行为、价格行为以及量价关系。对于相对强弱对比、判断拐点以及解读市场行为，竹线图更有帮助。

下面的案例分析，我们将首先采用竹线图的分析原则，然后结合点数图。但是在分析之前，第 8—9 章和第 13 章的内容必须印在脑中。

如图 15-1 所示，我们下面研究的案例是 Anaconda 公司。开始价格在一个小区间内（价格 $14\frac{1}{4}$ 和 $15\frac{1}{8}$ 元之间）活动。在 7 月 16 日价格带量突破区间，当时的大盘正处于清盘行情。接下来的下跌没有受到任何阻拦，市场进入超卖。在 7 月 26 日，我们看到巨量，以及价格急速下跌到 10，这是恐慌抛售，需求正在扩大并消耗供应，这种下跌速度让我们相信价格会有一个技术性反弹。

如果看下历史行情，在 1933 年 11 月和 1934 年 7 月，在 14 到 17 之间是密集交易区。在 1933 年 10 月，股票从 1933 年 7 月的 $22\frac{7}{8}$ 跌到了 10，在那里遇到了支撑。

这种历史行情告诉我们，在恐慌抛售之后，如果股票不经过一段时间准备，不会立刻出现大规模上涨。14—17 那个密集盘整区，套住了一大批买家，他们正在着急地等待回本儿，但是主力资金不会立刻把价格运作到这个区，来解救这些人。如果他们在计划一个吸筹运作，他们一定让市场进入一种枯燥无序的状态，逼迫那些被套的买家割肉离场，或者他们采用震仓的方式来逼迫公众割肉离场，或者他们两种方式都采用。

经验丰富的主力资金非常清楚，如果他们想要收购公众手里的股票，他们有办法能够轻易地把公众逼出市场（割肉离场），采用的方式就是让市场长期处于枯燥和无序的弱势状态。公众的特点就是没有耐心，他们认为价格在他们买了之后就应该涨。特别是一个牛市已经准备好启动的时候，他们经常去抢那些开始活跃的股票，这个时候主力使用疲劳战术的方法，很容易让这些情绪化的买家吐出刚买到不久的股票（如果手里的股票出现停顿，他们会失去耐心而抛掉刚买入的股票）。公众抛掉这些股票后，又转向其它看起来活跃的股票，结果他们还是买在了顶部，导致被套。很多情况下，他们卖完之后，股票马上就涨，因为主力已经甩掉了他们不需要的包袱。同时，第二轮启动的股票出现突破，看起来很诱人，这些公众还是会跟风买入，然后主力制造枯燥行情，再次把公众甩出市场（逼迫公众离场）。

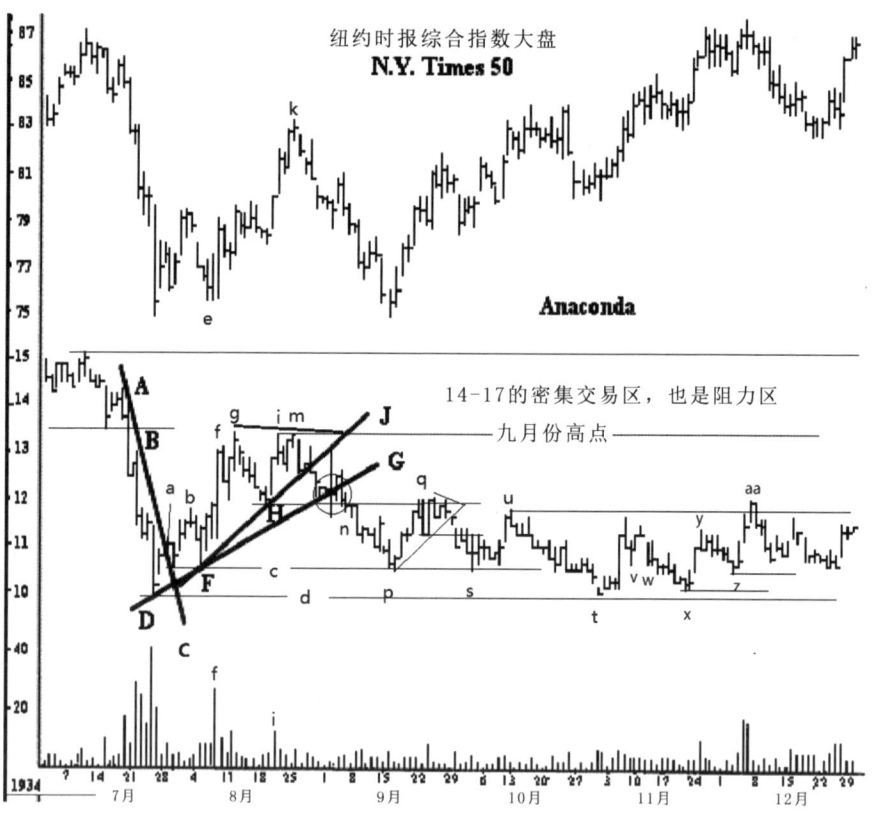

图 15-1

了解了上述道理之后，现在这个股票正好处于恐慌抛售阶段，现在不是一个合理的建仓时机，因为市场还没有打好基础来克服那些以前形成的阻力。我们可以尝试做一个短线交易，但是其它以前没有形成阻力的股票可能有一些不错的买入机会，至少是在当前情况下。

上述观察告诉我们，开仓之前了解历史行情是多么的重要。但是为了说明风控，比如买入后没有达到预期，以及当时如何处理仓位，我们假设这里没有历史行情作为参考。在 27 日，也就是恐慌抛售之后反弹那一天，我们开仓做多。开仓原因是：首先我们认为价格会有个正常回调（从 15—10 的跌幅是 5，正常回调是 12.5）；其次，在我们持仓过程当中，没准儿市场开始了吸筹过程，这样的话我们的利润会更高，因为我们的进场在最低风险价位。止损放在 $9^{3}/_{8}$，或者 7 月 26 日的低点下方半个点位置。假如我们的开仓价是 10.5。

我们进场后，第二天反弹持续，但是进度很小，而且是低量小柱，这种需求不足的情况会引起价格回调。我们判断会有回调的另外一个原因是趋势线 A—B—C。这条趋势线代表的是下跌的势头（$15^{1}/_{8}$—$14^{1}/_{4}$）。我们现在观察，一旦价格涨到 11.5，或者在 10—11 开始横盘，会导致趋势线被突破，这样就确认了恐慌抛售的底是临时支撑。注意，<u>这里趋势线的主要作用是，可以帮助我们观察趋势是否有变化</u>。

从 a 开始，股票朝着恐慌抛售的低点连续回调两天，但是低量告诉我们没有像恐慌抛售么大的压力，就是说恐慌抛售的低点是安全的。股票反弹到 11.5 的时候，我们发现趋势线被突破，确认了临时支撑。现在的情况是这样的：股票这次回调到 10.5，已经测试了前低点，并且停在了高支撑，说明供应不足。现在横盘已经有五天，说明市场为上涨打下了足够的基础（使用点数图可以更清楚地看出），或者说储存了足够的需求（能量），所有这些行为告诉我们，价格会继续上涨。

但是接下来反弹的过程中，成交量持续低迷，说明买家人气不足，不愿意随着价格上涨而跟进。（很显然，需求不足。）

如果不看后面的走势，就看当前市场动作，股票的走势取决于接下来几天的市场行为，或者继续反弹，或者回调。当前的反弹是低量，我们认为价格会回调。从 D—b，与 7 月份的大跌相比，我们发现市场恢复的幅度不大，而且在恢复的过程当中没有吸引到买家投入，因而成交量也不大，这两个因素让我们怀疑股票是否有能力继续上涨。现在离危险区这么近，现在又是这么弱的模式反弹，只要供应稍微给市场增加一点儿压力，市场会开始一轮新的清盘行情。

从 b 开始，第一天回调结束后，我们开始变得小心，并准备迅速离场。如果我们当初建仓是为了更大的趋势，现在我们保持观望，一切取决于止损是否被扫（止损在 $9\frac{3}{8}$）。但是我们当初建仓如果只是为了抓个短线，现在应该立刻清仓（因为当初我们的利润期待也很小）。

现在我们等待回调，我们最希望回调停在高支撑（c，前支撑位置），如果没挺住，我们期待价格在 d 挺住（主要支撑，危险区）。所以根据回调的幅度，我们决定是否离场（离场的时候，不要在意当时亏多少!）。任何时候，如果局势对我们不利，我们必须在损失最低的时候离场。

在 F 位置，股票回调到 $10\frac{5}{8}$ 后立刻反弹，并收在最高。这个反弹正好处于前支撑价位，刚好完成了正常回调，而且成交量在增加，说明股票现在处于技术性强势。

图上方是大盘，同大盘相比，个股处于相对强势。我们可以比较一下个股和大盘的反弹速度，明显个股反弹比大盘更迅速。我们认为市场可能已经成功地完成了恐慌抛售后的二次测试，也就是说，在 10—11 附近，买家的需求很大。现在需求的价格已经延伸到了 11，足以让价格再次上涨。

F 之后，股票上涨并不断出现三高（更高的高点、更高的低点和更高的收盘），再加上递增的成交量，说明股票现在处于强势。

股票涨到 f 时，出现巨量急速上涨，看起来主力在恐慌抛售阶段接盘的股票，在 f 阶段被抛出了一部分。（这种情况类似抢购高潮。主力抛出的目的是控制价格上涨，以便低价吸筹。）现在有两种选择，第一是离场走人，第二是再等等，看后面的市场行为是否证明这个急速上涨导致行情看跌。

如果在 f 这里离场走人，少赚或者没有损失，因为五个星期内价格回到了最低点（D）。如果等到 g 再出的话，也就多 1 个或者半个点（虽然价格在高点徘徊了两周）。

假如我们看到 f 这个看跌信号后，没有立刻卖出，而是选择等市场出现更多的反转证据。f 之后的两天回调，成交量和 K 线波动幅度骤减，说明价格可能还要尝试反弹。接下来股票出现反弹，但是上涨幅度减小，而且成交量大幅度增加，这又是看跌行为。从 D 开始的反弹，已经超出了正常反弹的范围（15—10 的正常反弹是 12.5），但是从 F—g（13.5）这波速度（急）和上涨角度（接近垂直），说明市场进入了超买行情，我们判断，股票将出现回调（后市证明，回调确实发生了）。

这个回调成交量很小，而且我们发现股票回到 F—g（13.5）的 50% 的时候，成交量依然在减小，这些行为告诉我们价格还会反弹。但是不要忘了我们的多仓还没有出货，没动的原因是等待一个更大的趋势。

但是接下来股票反弹的时候，价格伴随突然增加的巨量迅速冲顶（H—i），这时我们开始怀疑趋势是否继续看涨。

继续仔细观察下一步的行情。股票从 i 低量回调之后出现反弹，但是这次反弹的时候成交量递减（m）。说明需求耗尽。市场已经缺乏足够的动力把价格推到 g（阻力，13.5）之上。

这里我们印象很深，在 f 出现巨量之后，价格上涨没有什么进展。虽然曾经比大盘强，但是 g 之后，个股已经不再跟随大盘上涨，而是开始横盘。大盘在 25 日创新高的时候（k），个股反弹只是回到了前供应区（g，f），这说明个股已经弱于大盘。同时我们发现价格走向临界点。通过连接 F—H，并延伸，然后连接 g 和 i 两个高点，可以看到死角，价格向下稍微有点儿力度就能跌破支撑线 F—H。

回顾这段从 D 开始的行情，我们发现成交量没有跟随价格持续上涨，而且 f 之后的上涨模式类似打强心剂，主力乘机出货给那些看到故意制造的新高而冲进来的买家，市场的需求在 m 阶段耗尽。这么多看跌症状告诉我们市场已经失去了继续上涨的可能，至少是现在。所以，如果之前没走的话，现在最好离场，无论是长线交易还是短线交易。股票接下来两个星期在区间内活动（12—13.5），如果跌破这个区间，可能会跌很多。当我们很清楚地看到情况不对的时候，我们不能再和市场对着干，我们不想失去已经获得的一点利润。

接下来回调第一天就放量（m 之后的三低），股票回到前支撑的时候（这里也是趋势线 D—F 的支撑位置），我们看到两天的犹豫不跌的情况，我们期待股票反弹，或者股票尝试反弹，因为这里是支撑区（横向支撑和趋势线支撑）。如果市场确实处于强势，价格会涨到 12.5 或者以上来证明这个事实，所以这里反弹是正常情况。但是一旦没有出现反弹（本来反弹应该发生），说明市场非常的弱。

在 n 阶段价格同时突破了趋势线和 H 价位的支撑，供应增加，加重了市场压力。虽然说这段时间是低量（我们一般的认知是低量回落代表供应不足，是上涨的基础），但是市场似乎在告诉我们：不要被眼前的低量欺骗，下跌不是因为供应大和清盘，而是因为没有需求，现在没有买家支撑价格（所以这里没有需求才是思维的重点，因为一旦思维中无供应占主体，会盲目抄底）。下跌过程中有一次低量急速反弹（上冲回落），然后立刻回落抹平了涨幅，再次确认了市场的弱势，我们期待市场继续下跌。现在股票已经到了第一个支撑点，10.5，如果这个支撑挺不住，下一个关键支撑点是恐慌抛售的低点（D）。

接下来股票继续稳步回落，没有遇到任何有力的支撑。在 p 的位置，价格回到了前支撑（c，10.5），这里我们没有看到任何恐慌抛售的迹象，只是成交量略有增长。但是从顶部 13.5 开始的下跌，到现在为止，整个过程的成交量都不大，这等于提前告诉我们，底部的支撑价位价安全，因为这种缓慢的下跌不是因为有积极的供应，而是因为需求不足。也就是说，主力资金已经撤掉买单，他们让价格缓慢下滑，目的是驱赶公众，逼迫他们出掉筹码（因为在公众眼里，整个市场看起来特别弱，所以卖掉股票。）

因此，看到价格这样低量下滑，我们决定，当价格在支撑附近停顿的时候（p），开仓做多，止损放在恐慌抛售的低点下方（D），因为那里是关键的支撑位。开仓的原因是，如果股票在支撑出现停顿的情况，那么市场的基础已经拓宽【译者注释：这里主要是从点数图的角度考虑，基础点数的增加，说明上涨趋势的涨幅会增加】，说明市场将有更大的涨幅，而且会超过前高点（g）。但是我们要时刻准备好，行情可能会出现变化，也就是说，如果接下来的市场行为和我们的结论不符，我们必须准备离场，我们不能再顽固地坚持当初的判断。

随着价格的反弹，成交量在递减，而且股票在 q 的位置出现了五天的横盘，这里我们采用 b 阶段的分析方法（这种量价动作会导致价格回落）。事实上股票出现了回落，走势进入死角（译者注释：已经画出）。如果继续回落，并且突破最近小区间的支撑，或者突破这波反弹（p—q）的50%，我们准备立刻离场。另一个离场原因是，这波反弹没有完全跟上大盘。

当股票后来突破我们预期的支撑的时候，市场非常肯定地告诉我们：立刻离场。到此为止，我们认为，如果市场确实在进行吸筹，那么目前的情况说明吸筹还没有结束，另外我们发现，价格总是回落到低点并且在那里徘徊，这种情况可能引起震仓或者新的清盘行情（恢复下跌趋势）。

回顾从 7 月份的恐慌抛售到现在，股票持续在 10—12 之间徘徊，而且持续保持低量，其中只有一次反弹突破了这个价格区，说明市场已经具备了一些吸筹的特点，但是这个吸筹很显然还没有结束，就是说浮动供应还没有耗尽。如果浮动供应耗尽话，股票价格不会一直倾向于向低点下滑，而是应该形成高支撑，或者以一种圆底的形式反弹，另外个股也会跟随大盘上涨。但是市场的表现不是这样，而是成交量在价格回落的时候递增，这表明浮动供应依然存在，特别是在 s 之后，每次反弹的高点都在降低（反弹还没有创新高就被立刻阻止），而且每次回落都低于大盘，这是个股表现很弱的特征。在 t 的那一周，价格贴着 7 月份恐慌抛售的低点横着爬。

到此，市场进入了关键时刻（危险区）。如果股票价格不在这里迅速反弹，最有可能的是会出现震仓。或者发展成一个新的下跌趋势，所以在这里我们不会开仓做多。

另外，看到大盘处于上涨趋势当中，我们也不会做空个股。原因是：

- 因为市场已经经历了长期的下跌趋势，我们不会在市场弱的时候做空。
- 因为我们已经预见到市场可能出现震仓行情，如果现在做空，我们的资金会在迅速反弹的时候被套。
- 第三个原因就是现在价格在 t 的位置已经回到了关键支撑位，这里有可能出现迅速反弹，而且这个反弹可能非常迅速的原因是价格在 t 的位置已经进入了死角。

上述内容告诉我们，在什么样的市场背景下应该保持中立（不交易）。同时，我们不要忽视市场已经出现了一些吸筹的迹象。自从股票从 F 阶段反弹后，价格始终被打压，而且成交量也一直处于很低的水平，同时股票在 10—11 之间已经爬了三个多月，这种低迷行情让很多被套（在高点）的公众感到疲惫（他们会因此抛掉股票，送进了主力的口袋）。

基于上述原因，我们密切观察市场，如果接下来的市场行为确认目前股票处于吸筹阶段，我们会在合适的时候进场做多。

在 t 的阶段，我们发现支撑价位上（10）有四天的窄幅波动，而且成交量特别的低。价格既然能够挺在支撑上而不再下跌，说明股票有机会反弹。我们估计，如果出现反弹，第一个阻力就是 u 价位的阻力区，第二个阻力是 9 月份的高点价格区。

接下来价格出现急速上涨，我们并不感到奇怪（因为在预料之中）。但这种速度说明反弹属于空头平仓，属于昙花一现。如果市场真的准备进入牛市，应该是一种循序渐进的步伐来处理阻力（9 月份和 10 月份的反弹高点），并吸收那里的供应。

急速上涨的第二天，虽然是同样的成交量，但是上涨没有跟随。接下来回调开始，但是这个回调的成交量下降，而且股票是高收盘（v），说明这个回调属于技术性回调，我们期待价格继续反弹。反弹这两天成交量依然下降，而且新高那天收盘在低点，说明这一天属于上冲回落（UT）。很显然，主力资金并不想让价格上涨（因为要吸收更多低价股票），所以他们打压上涨（控制成本）。

我们仔细观察接下来股票回落到支撑（10）的状况，如果回调到50%就停止（正常回调），而且成交量迅速减少，将把价格带入一个比较大的上涨阶段，另外，我们目前已经确认了市场正在进行吸筹，所以如果机会和市场行为合适，我们会开仓做多。

然而回调没有在50%位置停止，而且成交量也没有减少，说明市场没有给我们一个很清晰的看涨信号。w这一天的回调更顺利，而且成交量很大，加上后面几天价格持续稳定地下滑，这是看跌信号。价格回到支撑后立刻迅速反弹（x），而且成交量剧增，买方积极。然后回调持续一星期，而且成交量递减，这种情况其实是我们在w那波回落所希望出现的。

既然市场已经给了清晰的看涨信号，我们在z的位置做多。原因是市场已经有了一些看涨迹象。比如：价格回调后出现高支撑（x, z），并且倾向于圆底反弹。前三周成交量在逐渐增加，比8月份、9月份和10月份略高，这种成交量的增加，告诉我们买方开始活跃，我们现在进场，止损放在10（危险区）之下。我们认为这次做多的风险比较低，如果市场经历了五个月的准备，现在真的开始进入上涨阶段，接下来应该是一个涨幅比较大的上涨趋势。

上述的做多（进场）假设，是为了说明：在我们发现做了一个不成熟的（过早）的进场决定，或者干脆是个错误的决定的时候，或者忽视了一个重要的互相矛盾的判断依据，或者进场后股票没有出现我们计划中的动作，我们应该立刻止损离场。

事实上，我们没有准备好动手买，虽然市场已经有了吸筹的迹象，但是还没有确认动手信号。例如，z那个回落超过了正常回落限度，另外也不具备跟随大盘强势的能力，从9月中旬开始（p），大盘在不断创新高和高支撑（已经有了上涨秩序），而个股在这个时期却不断返回支撑价位（甚至还在尝试创新低，完全没有形成上涨秩序的迹象），特别是g之后，每次反弹的高点都被阻止于次高（低于上次的反弹高点）。

在这种情况下，如果现在上涨，将很难突破前方14—17的阻力区，而且在 8 月份（g, i, m 阶段），在 12—13.5 这个价格区又给市场增加了额外的压力。因此我们如果已经做多的话，这只股票的主力还没打算吸收阻力上的供应，并让价格继续上行，这种情况下，我们必须选择平仓。

接下来巨量急速冲顶（aa），让我们开始怀疑市场是否看涨，这两天的巨量没有带来很大的收益，这是看跌信号，特别是后面的迅速回落就抹平了前面的涨幅，确认了这个看跌信号。假如我们认为价格会继续回落，没有平仓，希望价格停到前面反弹的 50% 位置（aa—z），到时候我们仔细观察这个正常回调之后的市场行为，但是当回落超过正常回调的限度的时候，我们必须平仓。

如图 15-2 所示，接下来的几个星期的市场没有什么重要的市场行为，有时候成交量突然增加，但是没有持续，每次反弹之后立刻回落，然后持续停在支撑区 10—11 附近，而这时候大盘在持续上涨。

到 2 月末的时候，我们再看一下市场的整体背景，给我们的印象是主力资金在静静地吸筹。有时候他们抬高价格（因为他们在底部买不到股票了），他们的竞价买入（Bid）为市场增加了需求，这种需求引起价格上涨（公众跟风），他们会立刻阻止，以保持价格处于低位（进行吸筹）。每次反弹之后，主力资金把买单撤出，让行情处于低迷状态，使那些在顶部被套的公众失去信心（而抛售离场）。另外，每次偶尔的反弹，会吸引一些公众跟风（因为公众看到价格上涨的时候，成交量也在增加），但是这些人很容易被主力资金的疲劳战术赶出市场，因为主力资金不希望这些人现在入场。

在 2 月 18 日，也就是 K 的位置，这一天大盘的突然上涨，导致这个股票也跟着放巨量急涨，但是这次上涨之后，股票迅速回落，一直跌到 bb 的位置，而且中间没有任何反弹，这警告我们市场可能出现了震仓，然后价格急速下跌到 L（和前期预料的一样）。

第15章 个股行情分析——竹线图

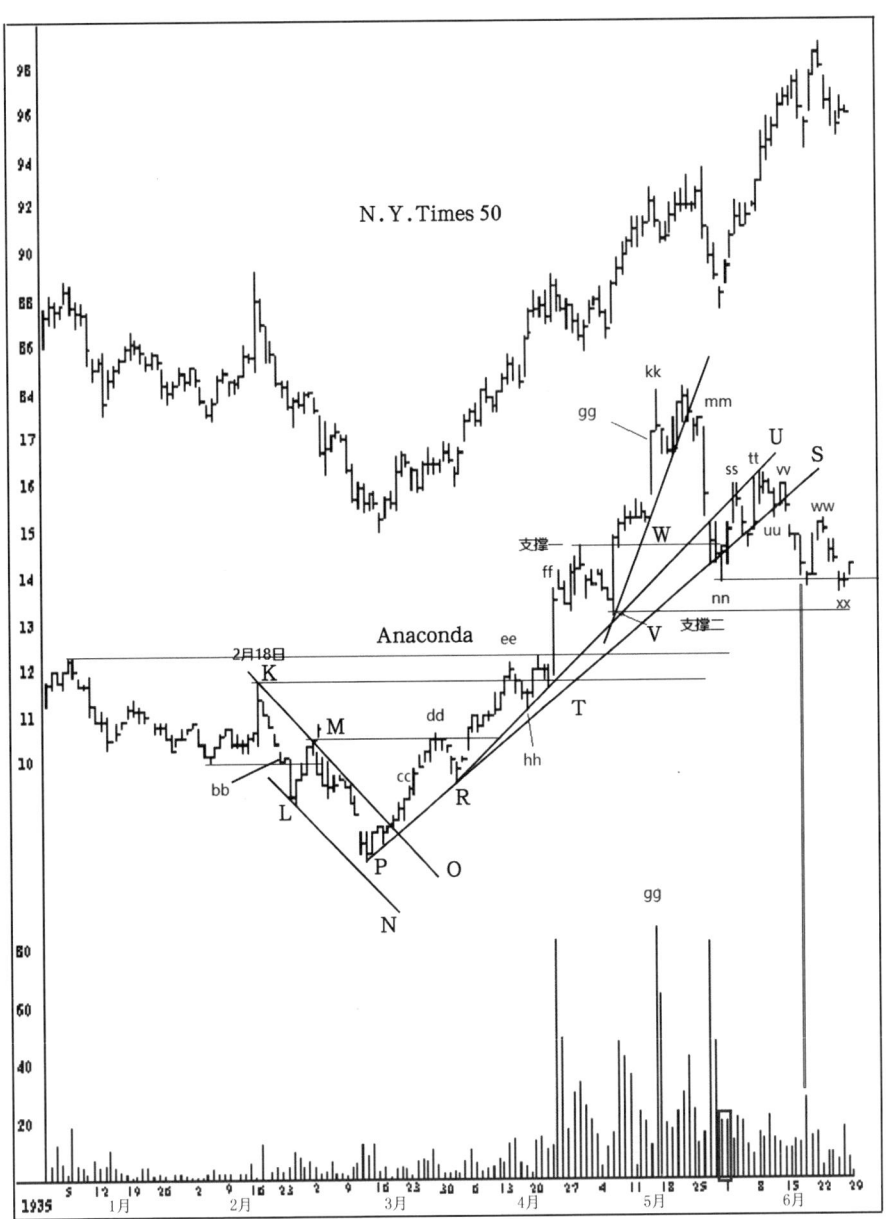

图 15-2

我们并不确定这就是震仓，因为价格突破了所有主要的支撑，而且当时大盘也非常的弱，让我们感到市场可能进入下跌趋势。既然大盘很弱，个股不可能跟大盘逆着走，所以我们继续等待，看当前的弱势背景能够给我们带来什么。

接下来价格立刻反弹到10—11，不断创新高和高支撑，告诉我们这个急跌可能真是震仓，但是这个反弹的成交量在递减，而这个时候大盘的反弹特别的弱，这种现象警告我们，价格可能会继续下跌。我们注意到，这次反弹到M，属于正常反弹，只是成交量在递减，现在价格又回到了10—12阻力区，我们继续观望行情的进一步发展。

另外一个弱势表现是，价格回到前支撑之上没有足够的能量支持价格继续上涨，这警告我们价格还会下跌，而且可能创新低。但是接下来的回落突然加速，说明股票出现了局部的恐慌抛售。

接下来几天，我们发现价格挺在一个窄幅的区间内，说明下跌进展遇阻。在P的位置出现强烈反弹，价格收在高位，而且成交量相对增加。这里有个重要现象，就是这三天大盘还在创新低，但是个股已经不跟随大盘的弱势了。

我们重新评估一下整体背景（从恐慌抛售开始），这次大跌告诉我们，始于恐慌抛售以来的吸筹行情已经结束，并且这次大跌就是震仓，现在股票处于技术性强势，这标志牛市的第一阶段结束，第二阶段应该很快开始。

自从7月以来，股票价格掉了7个点，接近50%，这个对于一个低价股票来说，已经是一个比较严重的下跌。这次大跌直接穿透最关键的支撑（10这个价位），即使再坚定的持仓者也会因为恐惧而抛掉股票，特别是那些因价格偶尔从关键点上涨而误判走势的人。另外这次大跌也清理了大量的止损，甩掉了那些不坚定的持仓者。这样，如果我们对市场的解读没有错的话，现在大部分的股票已经落入主力资金手中。

上述的分析告诉我们：现在市场已经有了足够的看涨特征，现在应该动手做多，不能再耽搁。另外一个做多的原因，就是面对不坚定分子恐慌抛售，主力在接盘，从 3 月 13 日到 3 月 15 日，价格在半个点的窄幅区间盘整，但是这三天的成交量都特别大，这种情况把价格推到到了弹跳板上，价格只要稍稍上涨就能突破趋势线 K—M—O。另外最后一波下跌，也出现了超卖行情，而且价格也没有达到超卖线（说明供应不足）。

现在最大的可能就是，震仓之后，那些操作吸筹的主力资金，不会给（因看到向下突破而做空的）空头任何平仓的机会，也不会给那些已经离场的买家任何回调买入的机会。他们会让接下来的上涨持续稳定，但是低调（看不出明显的上涨，比如说没有长阳巨量，等等），等到以后上涨遇到阻力的时候，主力资金会引诱这些公众进场，来帮助价格克服阻力，并进入新的上涨运作阶段。

如果我们在恐慌抛售的时候没有进场，我们会在突破趋势线 K—M—O 的时候进场（进场价是 9），止损放在当前最低点之下半个点左右，这样我们的仓位风险很小。如果我们的判断正确，股票应该开始上涨，不会有很大的耽搁或者回调；但是如果我们判断错了，被打止损之后的亏损也特别的小，这样，以后有好的机会我们再进。

接下来持续稳定增长的趋势，说明我们的判断没有错，从 P 到 cc，股票在不断创造新高和高支撑。低量上涨没有影响到我们，相反，加强了我们对趋势看涨的判断，因为从市场背景角度考虑，这种低量是供应不足，而不是需求不足。经验告诉我们，这个阶段的低量，是主力在这个阶段运作市场的特点。主力资金现在不想让市场看起来很活跃，因为他们现在不需要公众跟随，公众会在趋势上涨一段时间之后涌入。

这里简单说一下，P—cc 这段低量上涨的意义和我们最初的想法有冲突（和正常的理解相反），这种低量上涨会让我们重新评估对当前趋势下的结论。仔细想想，很明显这次上涨的原因是供应不足（看多背景），更加深了我们对牛市的判断，市场已经准备好进入一个比较大的上涨趋势，因为吸筹已经持续了八个月。如果我们的判断正确，市场真的进入了上涨趋势，成交量会在上涨一段距离之后慢慢增加，同时，个股也会随着大盘一起上涨，或者比大盘涨得更快，这只股票很明显在上涨当中起了带头作用（虽然以前没有准备好）。

和预料的一样，价格涨到了 10.5（dd），和以前快速增长不同，现在成交量表现持续稳定，这里我们期待会遇到一些阻力，这些阻力来自于那些在原来的支撑 10—10.5 之间过早买入的公众。但是这次遇到阻力之后，价格只是出现了三天的小幅回调，而且成交量迅速减少，这是非常明显的看涨行为。那些拿不住股票的公众可能已经离场，但是主力资金肯定是没有卖。回调到第三天的时候出现反弹，并收在高位，确认市场的强势，如果想加仓，这里是一个好的进场机会（R）。

接下来股票继续以稳定的成交量上涨。当涨到前高点的时候（ee，12—12.5），回调的成交量和波动幅度都减小，说明那里的供应或者已经被清掉（2 月到 3 月的下跌），或者被吸收。现在市场踏上了第二个弹跳板，我们期待接下来价格上涨将更活跃。（这次回调完全在趋势线 P—R—S 之上，这个可以和第 7 章的美国钢铁股票从 4 月 3 日到 4 月 18 日的回调比较一下。）

因此，ff 的这波急涨不意味着股票上涨进入高潮，反而它是吸收行为，主力资金吸收了从 12—13.5 上涨期间的所有供应。我们这样解读的原因是：

- K 线长度大幅度增加，几乎有两个点，跟之前相比，这次价格的大幅度向上延伸，与增加的成交量成正比；
- 根据我们对吸筹阶段的分析，主力资金不可能看价格涨个涨 5 个点就派发；
- 现在市场已经进入了向上运作的阶段，为了到达预定目标（根据点数图计算的目标），他们会努力冲破所有阻力。

从这里开始，同吸筹阶段相比，成交量开始大幅度增加，这是因为公众的购买热情被迅速上涨的价格和非常活跃的市场挑起（ff）。这些公众看到个股交易非常活跃，冲动地涌进了市场，但接下来的十天横盘，让这些人失去了信心。同时，那些在 3 月和 4 月上旬错过上船机会的空头和多头，现在也没有机会弥补他们的过失，就是说，价格快速上涨之后回调很浅，不给那些空头足够的空间（回调）平掉仓位或者让离场的公众再进来。

随着价格快速上涨（和停顿），<u>到 gg 位置，巨量引起了我们的警觉</u>，市场可能会变盘。从当时来看，市场可能到顶。10 个点的涨幅，说明价格在短短两个月就翻倍，并且现在的上涨角度近乎垂直，这可以从趋势线 R—T—U 和 V—W 看出来。

我们每次把止损移动到回调低点之下一个点的位置（R，hh，V），现在必须决定是否在上涨波中离场，或者止损缩紧到当前高点和 gg 低点之间 50%位置，然后等待确认股票进入派发或者上涨强势没受到影响的证据。

到了 kk 这一天，价格上冲回落（UT），收在底部。成交量还是相对比较大，但是涨幅减不到 1 个点，净增值只有 1/8 个点，与前一天 2 个点的涨幅相比，市场已经失去了上涨的动力，供应超过了需求。

在 kk 之后有两天回调，但是成交量迅速减小，说明市场还会上涨，这个上涨也是我们期待出现的离场机会。接下来的反弹出现更高的高点、更高的低点和更高的收盘，但是这一波成交量远远低于以前上涨波的成交量，说明需求耗尽。回头看一看，价格已经连续六天徘徊在 17—18 的区间，这个阶段成交量比较大，但是上涨没有任何进展，<u>说明供应在增加</u>，而需求正在消耗，这导致了市场的横盘。如果接下来股票出现明显的回落，会突破上涨趋势的最后一道防线（趋势线）。

在 mm 位置，走势进入了死角，如果在前面上冲回落的时候没有做空，我们现在做空，止损放在最高点之上 1 个点的位置。我们认为现在上涨已经停止，接下来可能不是趋势反转就是有深度回调。

接下来的巨量回落，说明股票被拉升到高位派发之后，开始在回落当中继续派发，就是说，他们正在把货出给那些等待回调买入的公众，因为那些人相信，既然最近价格已经涨到了 18 块，现在回落了 1 个点，应该很便宜。这些最后上车的人，错过了底部吸筹阶段的机会，然后在上涨趋势中又不敢买，现在他们终于抓到了上车的机会，但是他们万万没想到，这个机会是有人设计好的陷阱。这个陷阱在受过专业训练人的眼里很平常，但是在公众眼里却很诱人。

另外，我们发现，从 mm—nn 的下跌速度很快，说明市场进入超卖行情。我们观察下方的两个支撑，第一个是 5 月初区间的高点（支撑一），第二个是 5 月 8 日—4 月 29 日的支撑（支撑二）。

回落的最后两天，成交量和之前相比骤减，说明卖压减小。最后一天的反弹和高收盘，说明下跌遇阻，也表明市场可能出现拐点，或者说回调可能结束，上涨即将恢复。接下来两天的迅速反弹，属于正常反弹（前面跌幅的 50%），成交量还是相对的低，说明这次反弹是一个技术性反弹。从 ss 开始的三天的低量回调说明还有反弹（虽然这次回落超过了第一波反弹涨幅的 50%）。

接下来股票迅速量增并反弹到 tt，星期六只有半天交易（按正常交易日，成交量应该乘 2），这么短的时间创造这么大的涨幅，属于抢购高潮。接下来一天，上涨出现了停顿，但是成交量还在增加，价格上涨没有进展说明反弹遇到强大的供应。接下来的低迷回落以及无量上涨（uu—vv），说明需求耗尽，这些行为确认了我们对价格即将回落的判断。另外，在这里，走势进入了死角。观察最近的量价关系反映出的看跌信号，我们期待价格下跌，并去测试最近的支撑（nn）。

从 vv 开始的回调速度特别快，说明股票在接触前支撑的时候，进入超卖行情，这里我们期待会有反弹。另外，股票回到支撑的时候出现巨量，而且第二天反弹，说明回调出现抛售高潮行为。我们把空仓止损移动到 tt 上方，或者把止损移动到前方跌幅的 50% 位置（15⅝），期待股票恢复前面跌幅的 50%。

现在回顾一下这个顶部。价格到达 kk 之后回落，但是反弹高点不断降低，说明 17—18 的派发可能导致股票进入下跌趋势。同时，股票现在不随大盘上涨。但是股票第二次在 14 出现支撑，而且回调到支撑出现的巨量，说明有接盘者进入并吸收所有的卖盘。

现在我们必须考虑这次的大幅度下跌表明股票进入下降趋势，还是只是长期上涨趋势（8—18）的一个调整。从整体上涨背景来说，这次大幅下跌，还不到正常回调的限度，那么这次回调有可能是二次吸筹，也就是说，股票经过准备之后，会开始一个新的上涨趋势，接下来几天的反弹和回调可以给出答案。

价格接下来反弹到 ww，这是一个正常的反弹，但是以低量结尾告诉我们，价格会再次回落，这次回落到支撑的过程将非常重要。

接下来，回落突破了支撑，但是成交量递减，告诉我们市场没有出现新的供应或者压力。现在股票走势又进入了死角。价格只要稍微上涨就会突破下降趋势线，这里我们平掉空仓，重新做多，并期待新的跳板形成。因为平台已经搭好，价格准备上涨。我们可以在下降波中做多，而且止损放在支撑下方（nn，和后面回落的低点），这是一个理想的买入时机。

股票在前低点出现巨量下探（xx），然后立刻遇阻并反弹（确认震仓），确认了看涨信号。股票在支撑上出现了极度减小的成交量和窄幅波动，证实了行情的改变，市场给我们提供了一个在底部做多的机会。现在市场极度低迷，这种低迷的现象说明一个阶段的终止（下跌终止）和新的阶段的开始。

下面看图 15-3，继续上面的行情分析。

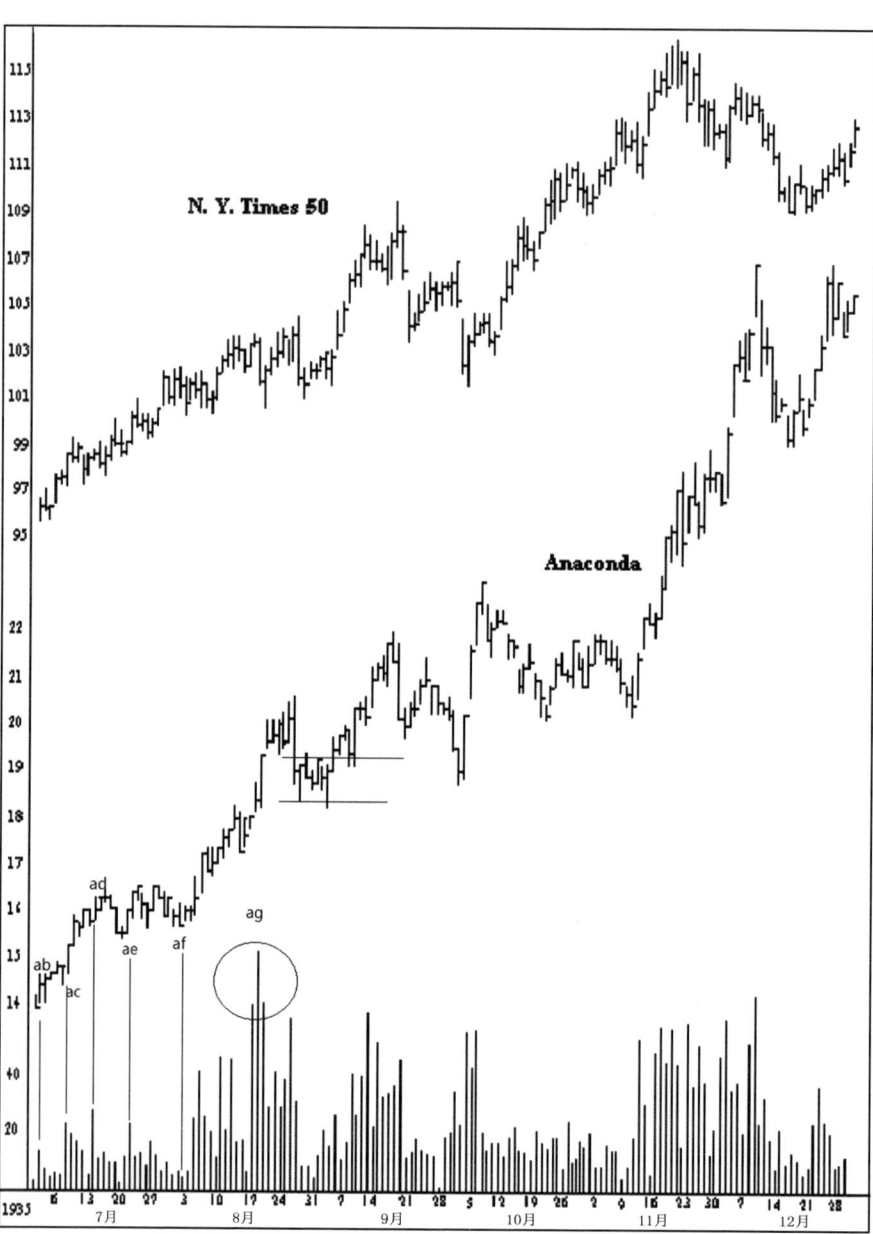

图 15-3

如果前面的分析正确，确认了股票在 14—16 之间进行二次吸筹，然后进入低迷状态，说明市场将很快恢复上涨，并且迅速突破跳板位置①。那些顶部 16—18 区间做多的公众，看到 6 月份这种低迷枯燥的市场会感到害怕，因而抛掉股票。

7 月 2 日（ab），价格的强力上涨，伴随着增加的成交量，确认了我们看涨的判断。回调停在高支撑之后，然后迅速反弹，说明市场继续看涨。

在 7 月 5、6、8 日，走势进入极度低迷状态（这个要把图 15-2 和图 15-3 连起来看），轻松地挺在高支撑说明股票供应已经耗尽，不坚定的公众已经全部出局，这个观点在 ac（量增和价格快速上涨）得到了确认。假如我们认为这是抢购高潮，并等待一两天来确认，我们发现第一感觉是错的，因为接下来价格立刻继续上涨。而且现在股票已经跟随大盘上涨。接下来，股票到达 6 月份高点的时候（价位在 16），出现成交量递减和涨幅减小的情况（7 月 10 日到 7 月 13 日），说明趋势会有停顿或者回调。

然而在那段时间，需求保持的很好，价格不断出现窄幅的新高和高支撑。在 ad 阶段，成交量突然增加，我们认为主力资金在吸收 16 那里所有剩下的卖盘。如果我们认为这是抢购高潮，可以把止损提高到 14 的成本区，然后等待进一步的市场信号。接下来价格继续抬高并形成死角。这三天的上涨没有进展，说明会有回调，但是回调的时候成交量骤减，这是一个看涨信号。我们现在还在持仓，虽然我们不知道这个回调什么时候

---

① 这里我们要重点指出，如同这只股票出现的横盘行为，我们会去评估这个区间的内涵。换句话说，我们不能仅凭股票形成了一个底部区间，就认为它会上涨。或者认为它形成一个供应区，价格就会下跌。

- 例如，这只股票在 16—18 的派发阶段，与第 6 章纽约时报综合指数的顶部相似。但是纽约时报综合指数跌到 3 月 4 号之后，始终保持利空的市场行为。但是这只股票所表现出的市场行为没有持续出现利空的现象，而正是为继续上涨做准备。
- 虽然在顶部 18 那里，有大量出货的现象，但是主力资金看到了二次吸筹的机会，并准备一波新的牛市运作。或者说其中一个主力资金出货，而其他的主力资金在吸收，他们相信股票会突破最高点 18 块，并涨向更高的目标。

结束。

从 ae 开始反弹，价格开始恢复上涨，而且成交量递增。

现在回头看看前面的回调（ad—ae），这个回调幅度非常小，没有达到正常回调的限度，确认了 ad 的巨量确实是吸收供应的行为，这样也就确认了目前所有的信号都是持续看涨。接下来行情出现了更多的停顿，期间成交量在反弹的日子增加，在回调的日子减小，而且价格坚定地挺在前派发区上方（16.5—18），这是市场正在吸收卖盘的行为特征，这些卖盘来自那些正着急保本的买家。

回调到 af 为止，低量小 k 线告诉我们股票将要上涨。到现在为止，市场已经花了三周时间来吸收 5 月顶部的那些供应，接下来将有更活跃的上涨。

到现在为止，所有的信号都是明显的看涨信号，比如，逐渐增加的成交量说明人们对这只股票又开始感兴趣。到了 ag 阶段，上涨因三天的抢购高潮遇阻，但是回调出现成交量骤减，并且出现横盘（在 5 月的高点，17—18 之间），说明上涨会继续。从此开始价格一直涨到 30，上涨中在 26—30 经历了回调整理和二次吸筹，最后价格在 1937 年 4 月涨到 $39^{3/4}$。在那里，由于大盘到顶，这只股票也暂时停止了上涨。

这个案例解释了如何解读竹线图，如何把成交量结合到价格分析当中。我们使用的推理方式和第 6 章的综合平均指数的推理方式是一样的，但是我们这里特别强调一点，就是成交量分析和相对强弱分析可以帮助我们判断什么时候股票会启动，以及什么时候股票完成了准备阶段（吸筹和派发）。有经验的交易员和投资者，会非常耐心地等到股票将要启动的时候才动手（好中最好），这样很大程度地提高了判断的准确性，以及减少了损失，也避免了因选择那些没有趋势的股票而被套牢的情况（虽然这些股票可能在一个很强的牛市当中）。没有注重选择好中最好的时机和选择好中最好的股票，对大多数投资者来说是交易灾难的主要原因。

很少人懂得正确解读竹线图，如果您能够花时间来学习这书中的市场基本原理，与其他人相比，您会有很多优势。掌握了这本书中的交易方法，您会像主力资金那样进行交易（同主力内部人士站在一起），成为公众和那些没受过训练的交易员的天敌。

另外，您可以训练灵活的思维和应变能力，这样在趋势真正反转之前，我们可以在关键的拐点，预测走势的强弱变化。按照这里的方法，使用良好的判断，您会发现：即使五个交易中有三个是亏损的，最终您还能有很多利润，因为那三个失败的交易，您都能把亏损控制到最低范围；那么那两个成功的交易，您会守住利润，直到获得最大可能性的收益。即使您的判断只有40%的正确率，只要能做到（1）有效地控制风险，（2）选择好中最好的交易时机和股票，您每年投资的净收入会达到20%—45%，或者更多。

第 16 章　竹线图和点数图同步分析趋势

对上一章 Anaconda 的分析，我们只使用了竹线图，目的是让大家集中精力学习竹线图的分析原则，同时也教您如何对极低价股票进行合理的分析。用点数图对极低价股票进行分析通常不太现实，因为点数图太不敏感，不能及时做出清晰有效的判断。比起美国钢铁那样的高价股，对低价股票的投机需要更多经验、耐心和技巧。

最好的分析结果来自于竹线图和点数图的结合使用。点数图的价值在于预知趋势能走多远，这样我们的预测更完整、更有效。

【译者注释：为了方便学习，建议大家把点数图和竹线图打印出来，并列在一起看，因为在分析案例的时候，我们经常同时用到点数图和竹线图。出版方舵手图书单独制作了本书的图表册，可关注封面中的威科夫书友群了解领取方法。】

本章的案例解析将着重讲解如何结合这两种图来分析市场。如图 16-1 所示，图中上方是大盘趋势（纽约时报综合指数），下方是公用事业板块趋势。假如现在是 1936 年 6 月初，大盘处于很强的上升趋势，现在我们刚刚开始观察市场，准备选择一些还没有启动的股票，或者还没有完全参与当前牛市阶段的股票。

【译者注释：关于图 16-2 中月份的表达如下：

以第三列为例，看底部，36 是指 1936 年，数字上下的 J、F、M，分别是 1 月、2 月、3 月。

再向右，A和其下面的M分别代表4月和5月。M旁边的J代表6月，其上方的J代表7月。

两个J右边的A代表8月，然后S、O、N、D分别是9月、10月、11月、12月。】

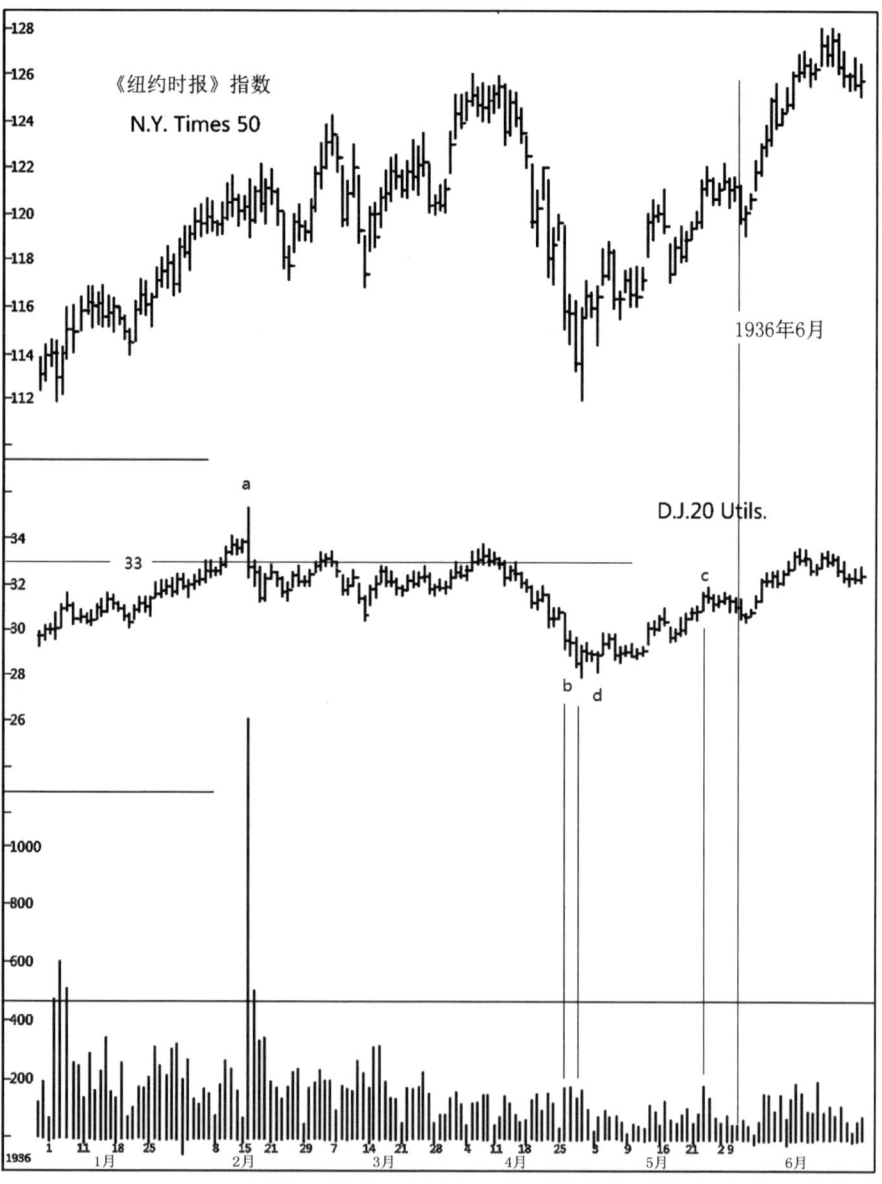

图 16-1

第 16 章 竹线图和点数图同步分析趋势

如图 16-2 所示，这是单点点数图，上方是个股走势，下方是板块走势。A 阶段，5 月份刚结束，价格在遇到 12 月份的支撑之后（28—29），现在涨到了 31，板块处于临界点位置（30—31）。竹线图反映的是同一事实，但是竹线图给出了更多的市场信息，这些信息在点数图上是不明显的（因为点数图上没有成交量信息）。

在竹线图上看（参考图 16-1），价格从顶部 35 开始下跌，这个下跌是由于 2 月 17 号的抢购高潮引起的（竹线图上 a），接下来的反弹，板块总是在 33 这个价位遇阻（点数图和竹线图都反映出这个事实）。

在点数图上（图 16-2），截止于 4 月 30 日，板块的供应已经被消耗【译者注：在 33 这行有 4 个点，说明有 4 个点的跌幅，现在已经到达预期目标】。在同一阶段的竹线图上我们看到板块出现了恐慌抛售和接盘现象（竹线图上 b），此时大盘的反弹更坚决。

在点数图上，我们看到板块在 30 这个价位有 3 个点，表示价格将涨到 32，5 月 27 日价格实现了这个目标（竹线图上 c）。

在竹线图上，从 d 到 c 的量价关系是看涨的，在上涨的后期出现了抢购高潮，但是接下来的回调的量价幅度都特别小，市场依然看涨，这次回调把板块带入了死角（我们在点数图上提到过 30-31 的死角）。

根据上面描述的市场背景，板块已经准备好上涨。在点数图上（图 16-2），我们看 31 这个价位有 5 个点（3 月到 6 月），说明下一个目标是 34—36。如果把 31 放宽的话（1 月到 6 月），共计有 7 个点，下一个目标可能是 36—38。另外，在 29 这个价位有 10 个点（1 月到 5 月），确认了上涨目标是 38[①]。

---

① 如果把 1934 年 7 月到 1935 年 1 月的下跌当成震仓，那么我们考虑在 22 这个支撑有 14 个点（1934 年 5 月到 1935 年 8 月），所以最高目标可以达到 36。接下来 28—29 和 29—31 属于吸收阶段（我们上面讨论过），这样市场就确定了最初计算的目标。

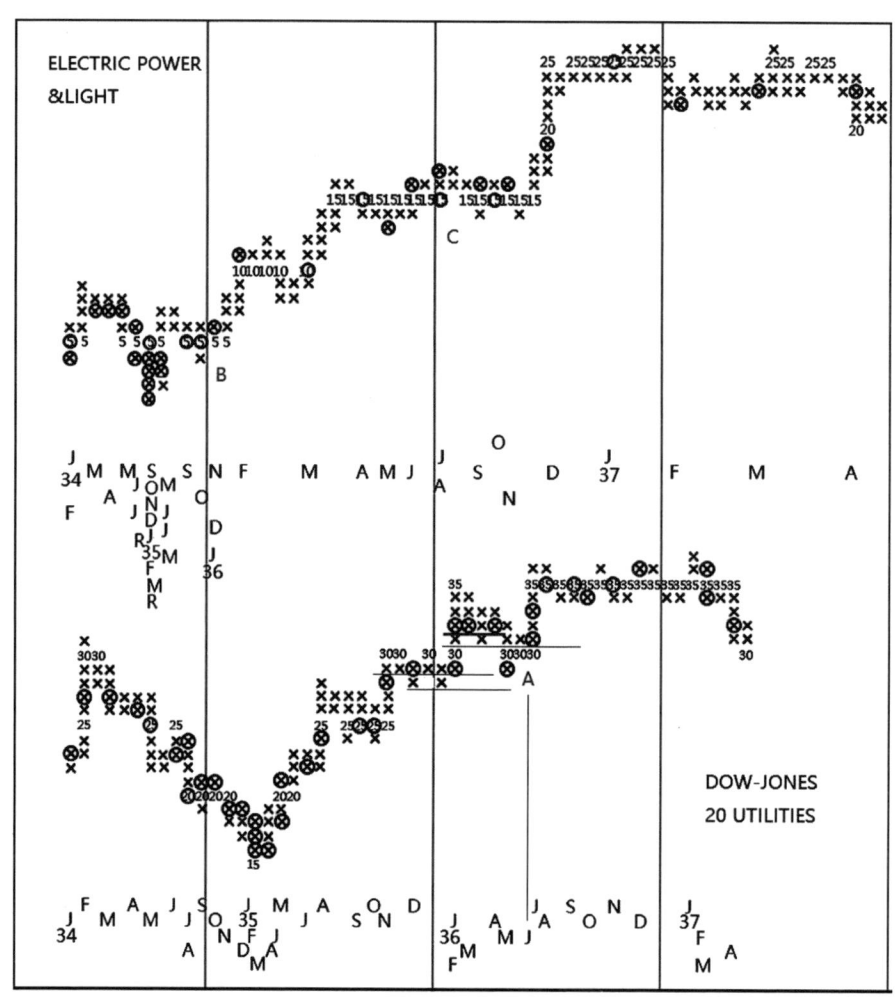

图 16-2

截止到 6 月 6 日，其它股票或者板块都处于不错的位置，但是我们这里讨论的公共事业板块儿，5 至 7 个点的上涨没有引起投资者的热情。同时，这个上涨说明其中有些股票涨得比板块指数好。所以，我们可能还有机会找到一些位置不错的股票。

通过点数图，我们找出了 ELECTRIC POWER & LIGHT 这只股票，到目前为止，这只股票的走势比较强。下面我们研究点数图（在图 16-2 的上方），来分析这只股票最近的背景。

1936年3月价格涨到了16（C），耗尽了吸收阶段积累的需求（根据点数图，在价格5的区间所计算的14个点的上涨目标已经到达）。

在竹线图上（图16-3），价格到顶之后（1的位置），我们没有看到15—16的区间有很严重的出货行为，虽然这个阶段在点数图上16—14之间有横盘，但是4月份股票回落的时候价格很坚挺，连前面涨幅的50%都没有到（2-1），同时，当板块5月份反弹到32的时候，这只股票表现出了比较强的走势，说明这只股票有跟随大盘的倾向（脱离了板块低迷行情的影响，又反弹到了16），从上述分析我们确定，点数图的横盘（13-16）属于二次吸筹，或者2-16的上涨趋势的吸收阶段，但不是派发区。

所以我们继续观察这只股票，并尝试继续找一些看涨的特征。到目前为止，这只股票表现得比较强。如图16-3所示，在3的位置，股票踏上了跳板，但是从3月以来的成交量行为上看，在16这个价位附近积累了很多供应，价格接近这个阻力的时候，吸收顶部的供应恐怕会有困难。我们通过初期的研究，选择了这只股票，现在看来我们的选择不成熟，需要根据接下来几天的走势，来决定是否放弃这只股票。

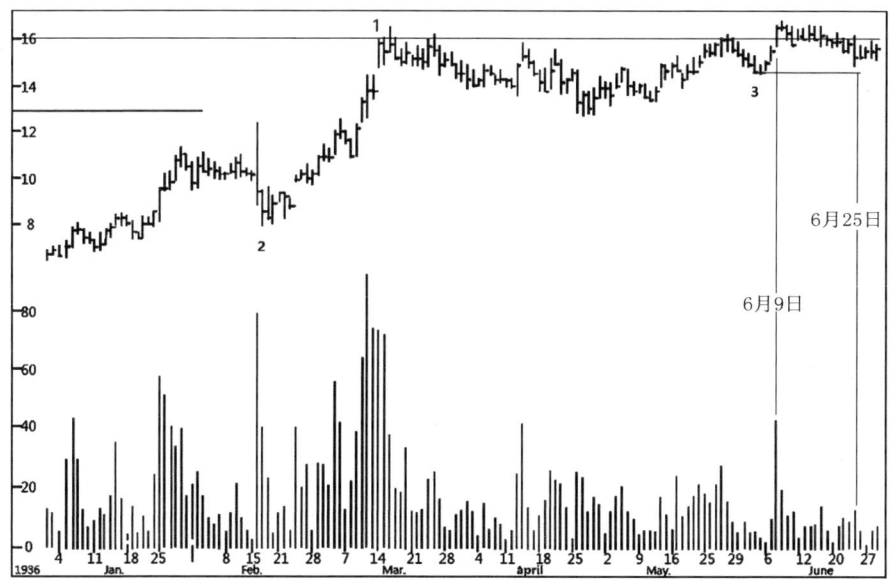

图16-3

如图16-3所示，股票反弹中，突然在6月9日出现巨量，如果价格突破阻力并立即上涨8个点（根据点数图计算出来的），这个上涨不能停，而且成交量必须持续增加，如果有回落，必须是小幅回落，以保持上涨的动力。另外一个让我们产生怀疑的原因是，这么大的成交量，但是相应的涨幅很小，说明这次巨量推动的上涨，不是一个真正的上涨，只是昙花一现（努力没有结果）。

接下来几天，成交量立刻减少，确认了前面的上涨不是一个真正趋势的启动（和图中1阶段的上涨相同）。因此，在这只股票有更好的表现之前，我们会去看一些其它表现好的股票或者板块。原因是，股票很多次涨到了16，但是都无法成功克服阻力（说明阻力价位附近供应太大或者需求不足）。还有个不利因素就是每次接近16这个阻力价位的时候，都是巨量【译者注释：很多情况下，阻力区出现巨量是供应扩大，对上涨形成巨大的压力】，我们需要有力的证据来证明这种上涨模式有改变，让我们相信股票能够越过阻力区。（虽然现在点数图上，14—16的横盘已经增加到了9个点。）

股票在6月25日回调到 $14\frac{7}{8}$，如果股票还打算冲击16这个阻力，这次回调有点过。另外，这次回调中，成交量在6月18日和6月25日有所增加。

如图16-4所示，7月1日，股票突然上涨到了16（4），在接下来的上涨当中，成交量递增，虽然看起来现在股票踏上了弹跳版，但是我们不确定能否上涨，原因是：（1）7月1日到9日的成交量不大（22000—33000股，但是1月到2月的上涨，成交量是40000—90000），说明需求不足以吸收顶部的供应（3月份上涨到顶，3月12日，13日，14日和16日四天的成交量大约是：92000，74000，73000，71000）；（2）7月9日成交量是35000，但是涨幅小于成交量只有25000的昨天，努力没结果，说明供应超过需求；（3）没能够立刻跟随大盘或者板块强势上涨，并且突破阻力和创新高，当时板块已经确认了我们的预测（上涨），并涨到了

36—38。

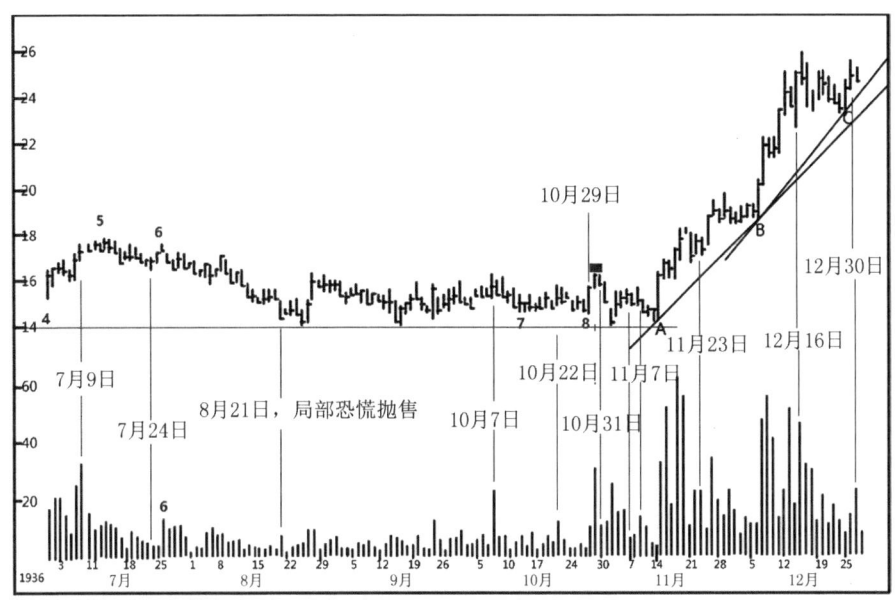

图 16-4

由此看来，7月9日的巨量属于抢购高潮，后面连续五天的小幅波动和低量上涨，说明股票反弹到顶部的时候，需求不足，股票会回调。当前的市场行为再次警告我们，回避这只股票。如果一个股票不跟随大盘的强势，非常的危险：因为它会回调，如果回调的幅度比大盘或者板块儿大，这只股票会比大盘或者板块跌得更多。无论如何，在股票的自身行为确定性地告诉我们它将要启动之前，我们不能动。

从7月14日（5）到7月24日，回调的特点是更低的高点，更低的低点和更低的收盘，加上窄幅波动，说明股票缺乏强有力的支撑。回落过程中，成交量递减，最初我们看到这种市场行为，会认为这是个看涨的行为。但是最近股票的行为习惯是：多次带着巨量冲顶（16—17），然后无功而返。说明低量其实是公众的无奈卖出离场，表明了公众的一种失望情绪。如果从另一个角度看股票的行为，主力资金希望甩掉这些跟风的公众

（这些公众在3月份的反弹中跟风入场），所以主力资金在每一个反弹高点设卖单来打压价格的上涨。接下来的快速巨量反弹没有跟随，确认了我们的判断。然后在回落的四天中，我们看成交量还是相当大，说明供应在增加。

接下来没有出现什么特别引起我们注意的市场行为，只是当价格回到支撑的时候（14这价位），连续几周，股票在支撑附近低量窄幅（2个点的区间）盘整，但始终没有突破（供应不足）。偶尔看到巨量冲向阻力（16）之后，需求立刻消失，然后股票的交易活动进入极其低迷的状态。

10月7日，交易活动突然异常活跃（突然巨量），引起了我们的兴趣。回顾一下，市场已经连续八周处于低迷状态，现在突然出现了22000股的成交量（但是涨幅很小！），我们开始关注它的行为。

点数图上（图16-2），股票在13—17的区间已经盘了七个月，没有一次跌破14（现在这个区间已经延伸到了13个点），而且也没有出现正常回调。这个阶段，大盘指数已经恢复了上涨，并创了新高（图16-5），这只股票经历了如下阶段：(1) 从7月份高点下跌（5那里）；(2) 在区间底部持续的小幅波动和 (3) 非常低的成交量；(4) 长期的低迷市场已经让很多人疲惫（而离场）；并且 (5) 经常经历了多次回调，但是支撑价位坚挺，而且不再创新低。这是二次吸筹的特征。

10月7日的异常活跃行为出现，我们没有马上进场，因为这种异常活跃行为肯定吸引了不少跟风者。(1) 如果这次的巨量反弹是主力资金想抬价买股票的话，他会马上阻止上涨并且甩掉跟风者。(2) 从另一方面讲，如果主力资金已经吸筹结束，仓位达到了他们计划吸筹的股票数量，他们会把价格直接推到16上方，我们到时候进场也不晚。如果这个上涨是因为前者，我们不希望因为过早进场而把资金套在里边，也不想担震仓的风险，所以我们耐心等待更多的看涨信号。

10月7日之后，市场立刻安静下来，然后股票低迷滑落两周。到了10月22日，又出现了一个小幅活跃反弹，看起来像一个不错的上涨，但是出现上冲回落，说明市场的浮动供应还没有减少。

8月21的局部恐慌抛售之后。股票有四次带量反弹（冲向16那里的阻力），但是这些反弹都被立刻阻止，然后股票进入低迷的回落阶段。我们看后两次下探（7和8）有什么不同。和前面两次下探相比，这两次下探处于高支撑，说明供应不足，市场暂时进入看涨状态。最后一次下探之后（8），成交量降到最低程度，说明这波回调中卖单已经很少。

我们可能认为这是一个不错的进场点，因为股票走向了死角（14—16中间），而且股票这种极度不活跃的状况，似乎是宣告了股票不会再跌。对于那些有主力资金支持，并且能够迅速上涨的股票，这种情况下进场很正常。但是对于现在这只股票，它的习惯是：每次小幅反弹都立刻被阻止，然后股票进入一种极度枯燥和低迷的状态。再加上板块也有问题，每次大盘强的时候，它不跟随，这样我们对这个板块的所有股票都特别小心。现在对这只股票，我们最好持观望态度，等它的行为出现更确定性的信号再说。我们的推理是，既然还没有看到需求持续增加的证据，那么股票到达阻力16之后，还会有下跌的危险，并证明前面一个反弹又是一个假的启动。

10月29日股票突破了死角，当日波动幅度增比昨天增加了$1\tfrac{1}{8}$个点，成交量是10000股。这样看来，股票在低量的情况下，上涨得很顺利，确认了我们前面的判断（供应耗尽）。但是我们确定主力资金吸筹结束了吗？这次反弹会不会又是一个局部的抢购高潮（就像10月7日和10月22日）？我们继续等待。

如果吸收结束，或者上涨趋势即将开始，股票应该强势突破阻力（16），或者即使回调的话，也不能再回到起点（14.5）。一个合理的状况是，迅速突破阻力，不给买方机会进场，同时把空头套住，因为那些空头需要一个比较大的回调才平仓，那些买方错过了底部进场的机会之后，也期待一个不错的回调再进场。而事实上，市场不会给他们这么好的机会，导致双方最后放弃。

所以，第二天价格携带比昨天高三倍的巨量上涨，高收盘，并接近了阻力区，我们认为价格应该继续上涨，并且不能停顿，否则又是一个局部的抢购高潮。另外，如果说这次的巨量上涨，把顶部的供应全部吸收（并开始进入上涨阶段），股票不会再回头。

这个时候，我们可以在顶部放止损买单（条件单），原因是，如果上涨趋势真正开始了，我们不介意在上坡买入，但必须在特定的条件下，因为股票已经为上涨准备了十个星期，如果突破了14—16的区间，等于是把股票放到了弹跳板上，现在进场，也算是离底部不远（依然处于风险低的位置）。如果有合理的理由证明趋势将要启动，我们也愿意付稍微高一点的价钱。一旦价格回落，我们会等待下一步行情的发展。

10月31日，价格开始回落，但是骤减的成交量让我们开始怀疑，是供应不足，还是需求不足？

第二天价格继续回落，但是成交量没有减少，这清楚地告诉我们昨天的巨量上涨属于抢购高潮。价格回调到15，看起来像是正常回调，但是回调幅度过大，让我们期待（股票立刻上涨）成了泡影，我们继续观望下一步股票的动作：或者停止于高支撑（挺在14之上），或者出现震仓。

接下来股票巨量快速跌到14，显示股票在支撑上出现超卖行情和恐慌抛售，说明有人在接盘。接下来行情将确认：这次成交量增加是否代表清盘行为恢复？如果突破支撑，股票会进入新的弱势状态。

但是接下来，股票没有继续下跌，反而出现了快速反弹，说明需求超过供应。这种市场行为告诉我们：准备动手做多。我们快速地回顾了最近的市场行为，判断股票已经进入了一个新的趋势阶段。虽然最近的成交量不是很规律，但是三个月以来，股票在上一周的表现已经非常的活跃，表现在：比较大的日成交量经常出现，而且价格行为也很配合，每日的价格延伸幅度也在增加，股票这种从低迷到活跃的变化非常的重要。

如果把目前的市场行为同图16-5的趋势图比较，到目前为止，我们发现这只股票对大盘的强势还没有做出积极的反应。另一方面，股票从7月回落到8月，然后进入个低迷的（交易）区间，但是在大盘回落的时候，这只股票多次拒绝跌破支撑。如图16-5所示，这个时候，板块儿还没有结束供求平衡状态，但从板块行为来看，我们看不出来它上涨还是下跌。再比较一下个股和板块的相对强弱关系，我们发现情况大不相同：板块从30涨起来之后一直停留在一个窄幅区间（34—36），而股票的最近几周的行为表明，它正为突破阻力并进入更重要的上涨趋势做准备。

我们在观察市场行为和各种行情时，就要像未来仍在前方我们并不知道接下来会发生什么一样，如果这种研究学习并不能让我们认识到趋势经常会有回调，那么这样的研究学习就没有用。

假设我们对这只股票的第一印象来自于点数图，然后再考虑竹线图。

在点数图上（图16-2），10月份大盘进入一个新的强上涨趋势，我们一开始会认为，板块的这三个月的盘整（34—35），为继续上涨打好了基础（根据点数图计算，会涨4个点）。

然后再看竹线图（图16-5），板块的行为没有证实上述判断，反而出现了很多矛盾的地方：板块有时突然出现巨量交易，但是价格没有跟着涨，而依然活动在窄幅区间，另外，大盘不断创新高的时候，板块儿没有跟随。

在点数图上，我们发现股票在14这个价位，点数已经增加到14个，预示股票会涨到28。竹线图的量价行为已经足以证明点数图（从17跌到14后）的这个长期横盘是二次吸筹，另外，不断上涨的大盘也会驱使主力资金去找一些比较落后的股票派发给公众。我们一定要记住，对这种人为设计的上涨机会，我们要一直保持高度警惕，所以要再次仔细研究现在这只股票（看是不是处于派发阶段，然后暴跌。这样做的目的是确认好中最好的入场时机）。到此为止，板块的行为没有与当前的吸筹运作有矛盾的地方，其中的某些股票的表现会比板块好一些。如果我们重新观察一下其它股票最近的成交情况，10月7日的巨量信号告诉我们，应该继续关注当前这只股票的行为。

对比个股和板块之间相对强弱，我们没有看出更给力的信息。但是从股票的竹线图上看，股票已经充分地显示了看涨的可能性，如果再出现一些牛市的行为特点，我们会做多。但是目前我们还是不确定下一步会发生什么，或者是否能够证实我们的预判。在11月7日，反弹以低量结束。10

日出现巨量，但是收盘说明这更像是抢购高潮。接下来股票又回到了支撑附近（14¼），我们看价格接近支撑的两天，波动幅度减小，而且成交量骤减，说明供应耗尽。

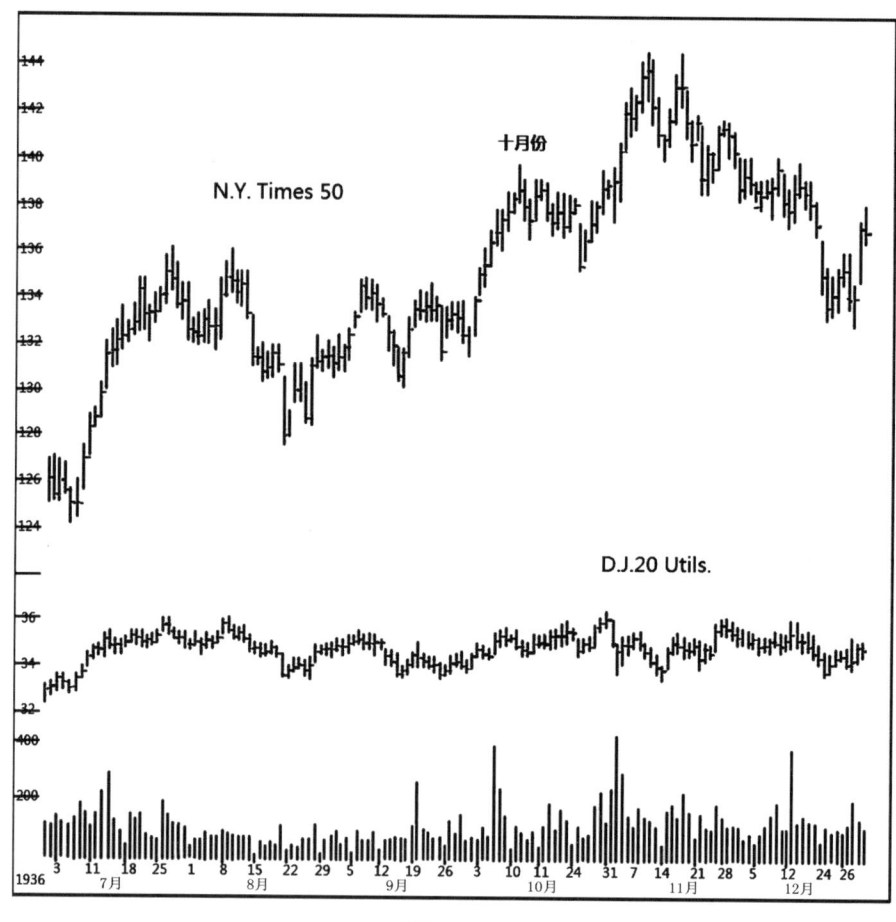

图 16-5

现在市场已经给了我们立刻做多的信号，目前正是风险最低的位置，我们把止损放在12⅞。这次下探，在点数图的横盘上又增加了2个点，上涨目标是30。如果我们的判断是错误的，损失也不大，不到2个点，盈亏比是八比一。观察回调到支撑附近的低量和小幅日内波动，说明股票下跌压力完全消失,即使我们不喜欢后面反弹的量价行为,最起码我们能平着出来。

股票以巨量迅速上涨(A),让我们这次低风险操作立刻获利(一个合理风控的操作),也确认了我们的进场时机。这种巨量可能让大家首先想到抢购高潮,我们看下一步怎么走(我们的止损很小,所以能承担得起失败)。如果真的是抢购高潮,在看股票出现能够回到这次反弹低点的迹象时,我们离场。但是和最近的市场行为比较,抢购高潮的几率不大。这次价格向上的延伸程度比以往更大,而且这次量价上涨一致,说明真正的上涨终于启动了。那个巨量是一种吸收行为,是买方愿意接纳并吸收阻力上的所有卖盘(顶部16附近的卖盘)。另外几乎2个点的迅速上涨,不仅套住了空头,也让潜在的买家没机会进场。现在股票踏上了弹跳板。

第二天继续上涨,但是量价行为是巨量短柱,看起来又像一个抢购高潮,其实这里属于区间顶部的吸收行为,我们期待价格继续上涨。如果以前没有动手,而是要等一个清楚的牛市弹跳板才进场,现在应该动手买入,放置止损 $14 5/8$ 或者 $15 3/8$。如果我们对上涨的判断是正确的,股票不会再回到吸筹区,也不会超过正常回调的限度。

从这里往后,牛市特征准确无误,上涨过程非常积极,没有足够深的回调让空头平仓,买方如果不抬高价格也买不到股票(因为没有足够深的回调),这两种因素促进主力对股票的上涨运作。注意新高之后的停顿或者回调,特征都是波动幅度缩短和成交量立刻减小,说明股票在停顿过程中消化收益。回调中,行情逐渐走入低迷,而且股票在大盘急速回落的时候依然坚挺(11月23日)。事实上,A开始上涨后的这波,那些反应迟钝的公众是有机会在底部跟进的,但是他们忽视了。

股票继续以强于大盘和板块的步伐上涨,但是到了12月16日,上涨以来第一次深度回落出现,然后高成交量没有把价格推向新高,这是个清晰的(背景)行为改变信号。第二天快速上冲回落,成交量减少,说明供应正在吞噬需求。

每次价格创新高之后,我们都把止损移动到停顿(回调)期间的低点，我们现在把止损移动到12月16日的下方1个点的位置，然后看市场是否演变为派发行情，或者股票经过停顿和吸收后继续上涨，到达我们预定的目标30（点数图的计算结果）。目前趋势可能进入了另一个阶段——市场过热，具体表现为：巨量经常出现，非常大的日内波动，走势趋于横盘，回调深度增加。趋势支撑线A—B，B—C可以帮助我们识别：如果横盘继续发展的话，股票是否出现看跌信号。

圣诞期间大盘迅速回落，这只股票也跟着回落（到23¼），但幅度不大。这次回落突破了趋势线，但当时的成交量很小，而且这个回调在主趋势线A—B上方停止。这些行为说明有资金在挺这只股票，股票是否会继续上涨，关键要看反弹过程。

在点数图上，24这一行有6个点，确认了上涨目标是30。股票在12月30日反弹到25.5的时候，成交量还不到前面涨幅的一半，结合其它的看跌行为，我们认为现在需求耗尽，这又是一个看跌信号，让我们不得不开始怀疑点数图给出的上涨目标。

同时，板块行为也不支持股票上涨，现在板块处于33—36区间内，没有任何证据显示会向上突破。我们决定：

- 第二天开盘就离场，六个星期12个点的利润已经很不错；
- 止损放在22⅛不动，等待行情进一步发展。

如图16-6所示，1月2日，股票迅速下探23¼，成交量迅速减小说明会有反弹。接下来三天，价格继续向上爬，但是成交量不大，说明卖压减轻。但是1月7日，成交量迅速增加，我们对这个突然的变化非常怀疑，因为价格到了前高点，但是成交量低于12月份的上涨程度。第二天上涨没有进展，而成交量几乎相同，确认股票处于派发行情当中。如果1月9日的上冲回落没有离场的话，接下来如果有机会，我们必须离场。股票伴随巨量回落两天，然后在1月14日出现上冲回落，我们在此全部平仓。当前股票的动作显示出更明显的弱势。

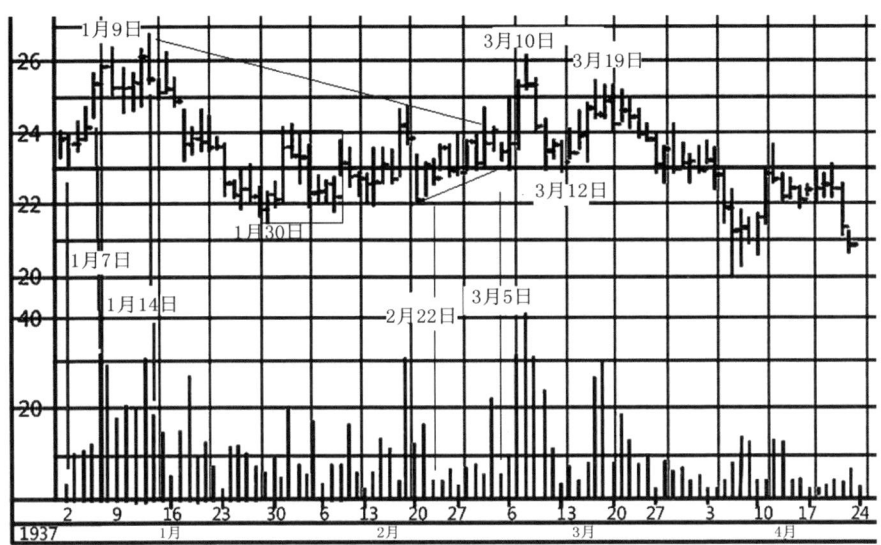

图 16-6

股票在 24.5—26⅝ 之间徘徊了七天,虽然成交量大,但是上涨没有任何进展(注意这个阶段是收盘价相近,另外巨量不涨,是派发特征),但此时大盘正在开始新一轮上涨,而且板块也开始上涨。1月9日和1月14日,股票两次冲高回落,并收在低点(证实供应在增加,没有跟随大盘)。

所有这些行为说明股票已经失去了上涨的势头,已经无法涨到 30,并且扩大了深度回调或者进入下跌趋势的可能。我们可以现在做空,止损放在 1 月 14 日高点上方 1 个点的位置,除了上述由强转弱的信号之外,在 1 月 16 日突破趋势线 A—B,确认了 12 月顶部的初次供应。1 月 16 日的反弹没有吸引到足够的资金,导致股票进入临界点。鉴于 11 月到 12 月有 12 个点的涨幅,现在价格回到 20 属于正常现象。

股票回落没有到达正常回调的价格,而且成交量递减,提醒我们平掉空仓。虽然现在不是一个好的做多机会。在点数图上,22 的这个价位有 7 个点,说明价格会长到我们预定的目标:30。接下来几个星期,股票在 22—24 的盘整,可能让很多在 12 月和 1 月顶部建仓的公众疲惫离场。股票在 3 月 5 日前后进入临界点,我们可能在这里做多,虽然我们认为 2 月份出现的巨量，缺乏类似 1936 年 8 月到 11 月的那种吸筹的特征，另外板块在 1 月份巨量见顶之后，趋势也看跌（如图 16-7）。

做交易的智慧就是见错就改，抱着顽固和侥幸的心态，最后会被市场抛弃。另外，在已经看到了危险的情况下，没有选择修正自己的判断和控制风险，还是顽固地坚持原来的判断和期待，最后也是会被市场扫地出门。比如我们在 3 月 6 日做多，进场价格是 23.5，止损放在 1 月 30 日的低点。这次做多的原因是 3 月 5 日下探出现低量，而当时股票价格又进入了死角（在前方区间的中间）。我们认为价格会反弹到前高点 26 的根据是：2 月 22 日开始的支撑呈圆底形态。

3 月 8 日，股票涨到 24⅝，成交量明显增加，让我们备受鼓舞。第二天，股票小幅上涨，成交量依然很大，股票收在高点，也许表明股票涨势不错。但是 26 这个关键的阻力区，出现这种急涨的状态，再加上大幅度增加的成交量，让我们感觉到市场可能出现二次派发。这种急涨，或者去扫空头止损，或者是为了更多的出货（先前 12 月和 1 月还没有出完的股票）。

我们认为，如果股票进入一轮新的上涨，在阻力区不能犹豫。当然也许会出现回调，但是要突破供应区，这个回调幅度必须小，而且必须低量。如果股票跌破 24，或者是现在或者以后，我们决定离场。3 月 10 日，股票到了 26，这一天成交量非常大，但是日内波动幅度很小，而且属于上冲回落（收盘在低点），这加深了我们的怀疑：从 3 月 6 日开始的急速上涨，属于打强心剂行为（抢购高潮），我们等待回调的行为特征来确认这个判断。价格迅速回到 24 之下的过程中，成交量依然大，这说明我们的进场是错的，现在不用考虑其它，应该立刻离场。（其实在 3 月 9 日急速上涨到 26 的时候，我们就应该离场。）

这时候我们没有立即做空，因为 3 月 10 号之后的这波急速下跌，可能是超卖行情（就像前面三天急速涨到 26 的超买行情一样）。3 月 12 日，股票回落到 22⅞，成交量很低，而且高收盘，这些行为说明股票准备从超卖状态中反弹。底部连续三天低量和小幅波动，说明股票下跌缺乏跟随，并加强了反弹的机会（接下来反弹的确出现了），但是这次反弹再次出现了急速上涨，属于抢购高潮，只是这次反弹没到 26 就停止了。

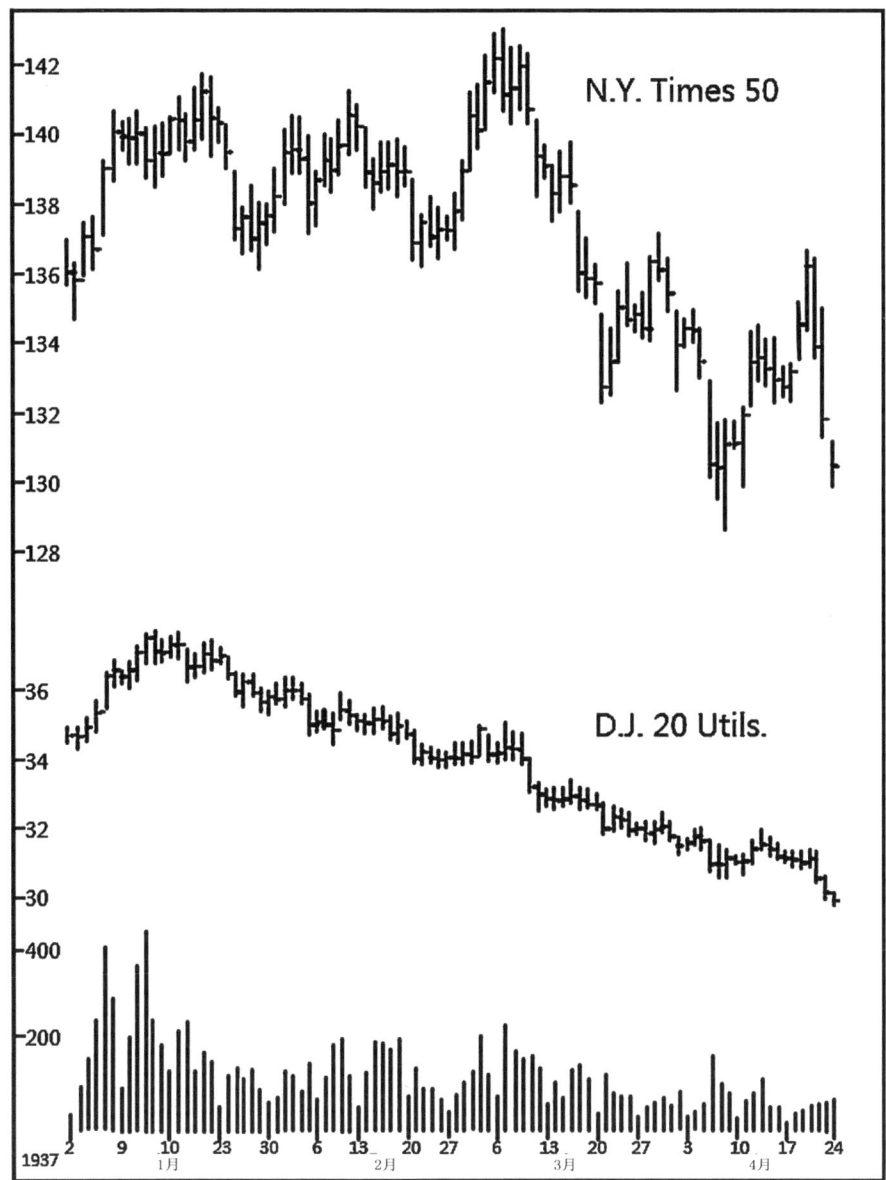

图 16-7

如图 16-5 所示，大盘经历了从 1936 年 11 月开始的一系列派发行情，到了这个阶段，已经很弱。当然，现在我们可以做空这只股票，但这种低价股下跌空间不大（和高价股相比），价格本身不是我们的第一考虑要素。在接下来的价格上下波动中，我们获得了几个点的利润。在点数图上，股票的初期派发阶段，25 这个价位上有 10 个点，说明价格会从 26 下跌 10 个点。3 月份的二次派发确认了这个计算结果（24 那一行）。如果在 3 月 19 日的顶部（25 那个价位）做空，止损放在价格 26 的上方，这样我们的风险小于 2 个点。后面的市场行为可以帮助我们判断：

- 股票是否能按照点数图计算的结果够跌到 16；
- 或者没跌到 16；
- 或者进一步积累了供应并最终跌破 16。

第17章 选择最好的股票

位置图——技术晴雨表

我们使用两种推理方式得出结论：

- 演绎法，从普遍到特殊；
- 归纳法，从特殊到普遍。

前面的几个案例，我们使用的是第一种方法做决定。就是说，在分析个股趋势之前，我们首先分析大盘的位置和趋势，然后是板块儿，最后是个股的位置和趋势。我们把这些股票分成几类，把那些跟大盘走势一致的股票；或者比大盘走得更快的股票，与那些与大盘逆势而行的股票分开。

我们也可以采用与上述程序相反的方法，叫做归纳法，一种从特殊到普遍的推理方法。就是说，我们先分析个股的走势，然后把这些个股按照板块分类，这样我们就可以确认各个板块的趋势和位置，然后当我们确定了某个板块是看涨还是看跌，我们就可以用来预测大盘的趋势。

两种方法都不错，但是从特殊到普遍的方法，需要更多的技能和更多的时间。如果可能的话，最好两种都采用，然后用一个方法来确认另一个方法。

任何情况下，如果想在交易上成功，我们都必须选择最好的时机和股票，选择那些最早启动，走得最迅速，以及涨幅最大的股票。因此，我们很有必要学习和掌握归纳法，用来判断大盘走势。

如图17-1所示，这是100个活跃龙头股的位置图。

图 17-1

通过画这张图，可以便捷地记录您对每只股票的分析。把这些股票归到相应板块，确定每个板块的走势后，记录到这个表中。

为了学习目的，准备含有 20 只股票的位置图足够了。以后当您对这个图掌握熟练并准备实际应用的时候，最好准备 50 只股票的位置图，100 只以上更好。要选择好的交易机会，股票越多越好。要想用这种方式判断大盘的趋势，建议准备足够多的股票，可以代表大盘中的各个行业。

如果没有足够的时间，可以放弃使用这个图，我们可以通过板块的平均指数得到同样的结果。如果有时间的话，每天抽出一小时来记录这张图。位置图可以帮助我们：

- 预测板块的走势；
- 选择最好的交易机会；
- 判断个股的拐点；
- 每个行业板块的趋势；
- 大盘的趋势。

我 15 年前发明了这个方法，一直在使用，而且成功率很高。

制作位置图从点数图开始。每天收到股票数据之后，很容易更新 50、100 或者 200 只股票的点数图（或者 20 只股票，为了学习目的）。然后观察点数图，会发现一些股票已经走到了比较好的位置，然后看竹线图。根据第 3 章描述的程序，我们观察股票的细节行为，把所有因素集中在一起，进行整体的分析。

每个股票都处于以下三种阶段之一：牛市阶段，熊市阶段，中立阶段。但是了解他们达到哪种程度很必要。

通过上述方法可以决定股票所处的阶段。开仓之前，要确定个股跟大盘走势一致，如果不是，选择那些跟大盘趋势一致的股票。

如果确定了某只股票的位置，在位置图的每列画横线或者打钩。这样位置图就记录了对每个股票的分析和结论，股票是否在下列五种情况之一：

- 位置一：股票应该有个小上涨波，涨幅是当前价格的 10%—15%，比如一个反弹或者小的局部上涨。
- 位置二：股票应该有个长期的上涨趋势，涨幅高于当前价格的 10%—15%。
- 位置三：股票应该显示一个短期下跌波，跌幅是当前价格的 10%—

15%，比如回调或者小幅下跌。

- 位置四：股票应该有个长期的下跌趋势，跌幅超过当前价格的10%—15%。
- 中立位置：股票没有方向信号，所以位置属于中性位置。位置图上没有为中性位置的股票留有空间，当这个股票的记录出现在所有的四列当中的时候，我们认为这只股票属于中性。

确定位置一和位置三的方法是：如果股票有一个小的局部的移动，比如说反弹（放在位置一）或者回调（放在位置三）。对于低价股票，这种小的波动是5到8个点，如何定位，还要取决于这个股票的走势习惯。

位置二和位置四的确定方法是：当股票处于上涨波（放在位置二）或者下降波（放在位置四），波的长度是10、20、30或更多点数，这是个中级趋势。

对高价股用百分比的方式比较好。对于高价股票来说，10—15个点波动，只是反弹或者回调，属于位置一和位置三。10个点的波动对于低价股（比如50—70的股票）来说可能是一个中级趋势，属于位置二和位置是四。我们记录位置图的时候，可以每天记录，或者隔两三天记录，或者至少一周一次，每天记录是最好的方式，因为无论股票处在哪个位置，每时每刻都会有变化，下面看案例解释。

有的时候一个股票处于局部短期上涨位置，而从长期或者整体来看，它处于一个下跌趋势中，比如在第四列的American Radiator，主趋势是下跌趋势，现在准备反弹。

在第一列电子设备下方，Westinghouse处于位置二和位置三，显示出他处于一个长期的上涨趋势，但是在我们记录的时候，股票准备回调。

当股票处于位置一和位置二的时候，意味着我们期待它上涨10%—15%，中间没有大的回调。具体能够涨多少点，可以根据点数图的计算结果，但是必须利润大于风险几倍的时候，我们才能开仓做多。

当股票处于位置三和位置四的时候，意味着我们期待这只股票将有大幅度下跌，中途不会有大的反弹。

一只股票可能同时在位置一和位置二，或者同时在位置三和位置四。股票也可能同时在位置二和位置三，说明在长期上涨之前有一个短期向下的波；股票有可能同时出现在位置一和位置四，说明在长期下跌之前，有一个短期向上的波。但是股票不能同时在位置二和位置四或者位置一和位置三，因为这种结合互相矛盾。

当一只股票处于长线的中立位置的时候，我们可以把其中小的波动（反弹和回调）记录到位置一和位置三。或者可能在位置二和位置四，但对于小的波动来说（位置一和位置三），处于中立位置。

位置二和位置四是最重要的，因为他们预示股票将有大的趋势。也就是说股票处于位置二和位置四的时候，将会形成足够大的波段，进而形成中级趋势，这种股票是最赚钱的股票，是普通交易者和投资者应该寻找和选择的目标股，这里说的普通交易者是那些不整天盯盘的人。

位置一和位置三相对来说重要性差一些，但是它们可以告诉我们反弹或者回调将要什么时候发生，这样对我们的交易很有帮助。但是做多要在回调的底部，做空要在反弹的顶部。掌握反弹或者回调的节奏，可以让我们在好中最好的时机进场。我们可以结合波线图和竹线图，发掘更多的市场行为细节，并找到那个最好的心理时刻进场。事实上，竹线图是确定位置一和位置三必须的，因为成交量行为分析是判断这些短期拐点的最好的工具。当您用得很熟练的时候，即使您不是每天都在研究市场，您也可以交易这些小波动的快速反转。但是在您进行长期训练和具备足够的经验之前，不要做这些短期走势。

在位置图上可以这样判断大盘趋势：优先考虑位置二给出的长期上涨趋势和位置四给出的长期下跌趋势。如图17-1所示，第一列有7只股票在位置二，第二列有12只，第三列有17只，第四列有4只。在第四列下方，我们看到总计有40只股票在位置二。

在看跌方面，我们发现第四列共计有10只股票，第一列有7只，第二列没有，第三列有1只，第四列有2只。

这样我们在位置图上一共有40只股票看涨，10只股票看跌，看涨比例是 4∶1。因此我们在表格右下角的"总结指示"处，在位置 2 的副标题下做标记，表示上涨。因为之前参考了平均趋势线，也得出趋势上涨，因此我们在位置 2 的标题下"平均指示"处做上标记。因为两方面的信息都表明市场趋势是上升的，我们判定应该买入，所以我们在表格右下角"仓位状态"处，将"做空"和"中立"划叉剔除。

偶尔，如果当您制作位置图时，发现总结指示上涨（位置 2），可是趋势图又认为下跌（位置 4），或者反之，您最好重新仔细梳理一下您的推理。这两者的结论完全相反的情况是不太可能发生的。

既然决定了看多，下面我们检查一下各个板块，确定哪些板块更具上涨趋势的特征：

- 铁路：供求平衡，没有趋势，不值得考虑进场。
- 铁路设备：看跌，American Locomotive 和 Baldwin 有比较大的下跌信号；五只股票有四只显示有 3—5 个点的下跌。这个结论与大盘趋势相反，我们不打算操作。
- 电子设备：GE 目前处于最好的位置，因为短波和长波都指向上涨。Westinghouse 应该先回调再上涨。
- 罐头：只有一个股票，显示出有一个短波上涨。

通过研究所有的板块，炼油行业有两只股票（Standard of New Jersey 和 Standard of California）；汽车业有一只股票（Auburn）；烟草业有一只股票（Reynolds B）。这些股票都在位置一和位置二，这些可能是我们要选择的做多对象，但是我们要把所有的板块都看一遍之后再做最后的决定，并通过研究图表之后，从中选出最好的股票。

在食品行业，八只股票中有七只显示出会有一个比较大的上涨波。同样在燃气和电力板块，十一只股票当中有七只在位置二；汽车配件板块中，四只股票有两只在位置二；连锁店板块中，五只股票有四只在位置二；邮寄行业的两只股票也都在位置二。

浏览了一遍之后，我们发现表现最强的板块有：食品、燃气、电力、连锁店和邮寄。所以我们准备操作这些板块中的股票，因为我们的股票交易可以得益于这些板块的强势。我们可以这样理解：如果八只股票当中有七只强烈看涨，并显示出有一个比较大的涨幅，这些股票会跟随大盘的上涨波，并且抗压能力比较强。如果我们买这些快速启动板块（最早启动、涨速最快、涨幅最大）里的股票，我们的操作会得益于板块的拉升力。

我们对处于位置一和位置二板块中的股票做了一个清单，下面的股票值得跟踪：

- 食品股票：General Foods、Gold Dust、Standard Brands。
- 燃气和电力股票：American & Foreign Power、Consolidated Gas、North American、Public Service of New Jersey。
- 连锁店股票：Drug、Safeway。
- 邮寄股票：Montgomery Ward、Sears、Roebuck。

如果还想加进更多的股票，可以加进这些：General Electric、Standard Oil、Auburn Motor、Reynolds B、International Nickel、AT&T、Bendix、Electric Auto-Lite、Radio Corporation and Burroughs Adding Machine。因为这些股票都处于位置一和位置二，虽然他们所属板块表现不是很强。

然后我们看这些股票和板块的走势图，选择其中最好的股票做多。假如我们想买五到十只股票，使用趋势图进行比较之后，把表现最弱的股票放弃，保留表现最好的五到十只。如果我们参考板块指数的竹线图，会对最后的选股很有帮助。

股票选好之后，我们会根据波线图确定的市场背景以及个股的行为（竹线图）做多。我们的目标是选择好时机，这样在大盘处于下跌波的时候买入。但是根据个股的竹线图，我们发现不是每只股票的最好买入时机都发生在同一天，所以我们要分别对待。如果我们对盘口分析很熟悉，可以把动手时机的分析做得更精细。但是普通交易者不用关心这些，使用波线图就足够了。

如果我们的分析表明市场暂时表现的很弱，或者有回调的迹象，我们等回调结束后进场。如果市场表现得非常强，不及时进场的话，成本会更高，所以我们必须马上买入。

更新位置图的时候,最简单的办法是抹掉需要改的内容,而不是另做一张新表。因此标记必须用铅笔而不是钢笔,这样一张表能够用很久。但是在对个股仓位或总结进行更改以前,最好将总结列成表或者绘成图做永久记录,因为这份记录是很有价值的趋势预测。比如,我们来看下面1929年每日位置总结表。这张表的最左列分别显示了处于位置1、2、3和4的股票数量。

日期 1929	反弹 位置一	上涨趋势 位置二	回调 位置三	下跌趋势 位置四
三月 1	156	149	63	10
2	125	143	68	11
4	100	132	110	12
5	97	130	110	12
6	105	132	81	13
7	101	132	81	14
8	89	130	96	15
9	86	127	106	16
11	98	120	104	17
12	106	111	100	18

图 17-2

从图 17-2 可以看出,很明显,通过表格的方式记录每天出现在我们仓位表上的总数,这些总数总结起来就将反映我们对变化的预测:趋势。

这是位置图中所有趋势有变化的股票。比如第三列,从3月1日到12日,那些可能有比较大的涨趋势的股票数量在减少。在最后一列,那些可能下跌比较大的股票数量在增加。这种分析对当前大盘趋势的判断很重要。比如对于上述第三列和最后一列的分析,位置二的股票数量在减少,同时位置四的股票数量在增加,这种变化为我们对局部和整个市场可能的趋势提供了最重要的背景。这警告我们,对大盘是否能够上涨要保持谨慎态度,特别是最后一列股票的趋势变化。

第二列和第四列显示的是每天位置一和位置三的股票数量的变化。他们代表的是局部变化(用来判断小幅波动),比如反弹或者回调。这些数字的更新可能更频繁,也不规律。我们把那些反弹或者回调有跟随的股票记录下来，这样可以判断大盘的走势强弱。比如第二列和第四列，反弹的股票在减少，而回调的股票在增加，这警告我们大盘可能出现回调。

和上述表格相比，我们常用的走势图（比如竹线图或者点数图）更能清晰地反映出趋势。我们可以把上述数字放到图上，组成技术性位置晴雨表，如图 17-3 所示。使用坐标纸建立这个晴雨表非常简单（译者注释：我们现在可以使用微软的 Excel），上半部分放位置一和位置三的股票，下半部分放位置二和位置四的股票。左边的数字代表股票的数量，当然要根据位置图中的股票数量更改。

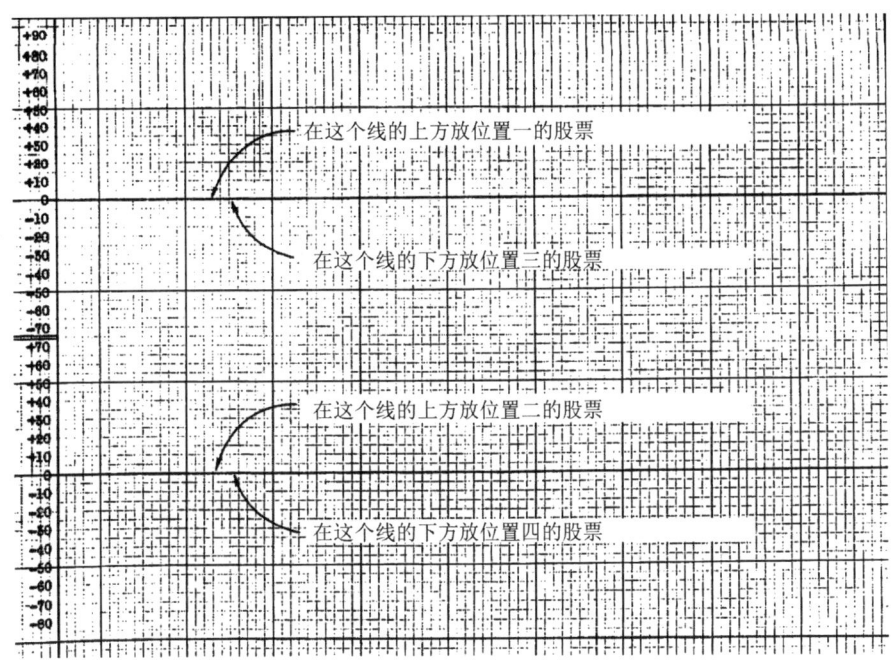

图 17-3

如图 17-3 所示，如果位置图上有 100 只股票，把图分上下两部分，每个部分都有零线，然后零上放位置一和位置二的股票，零下放位置三和位置四的股票。如果只有 25 只股票，零上部分这样写：从 0 到+25；零下部分这样写：从 0 到-25。

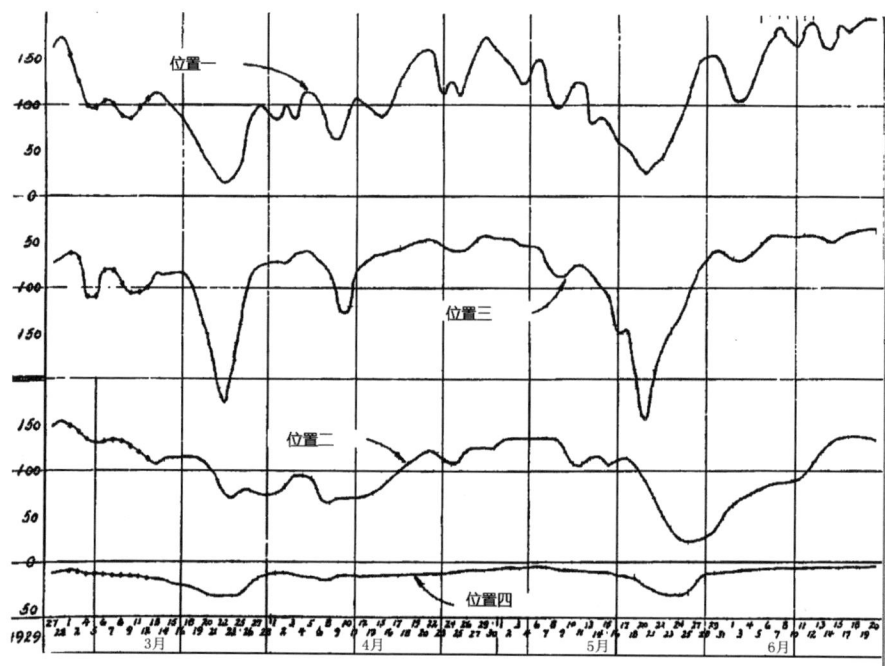

图 17-4

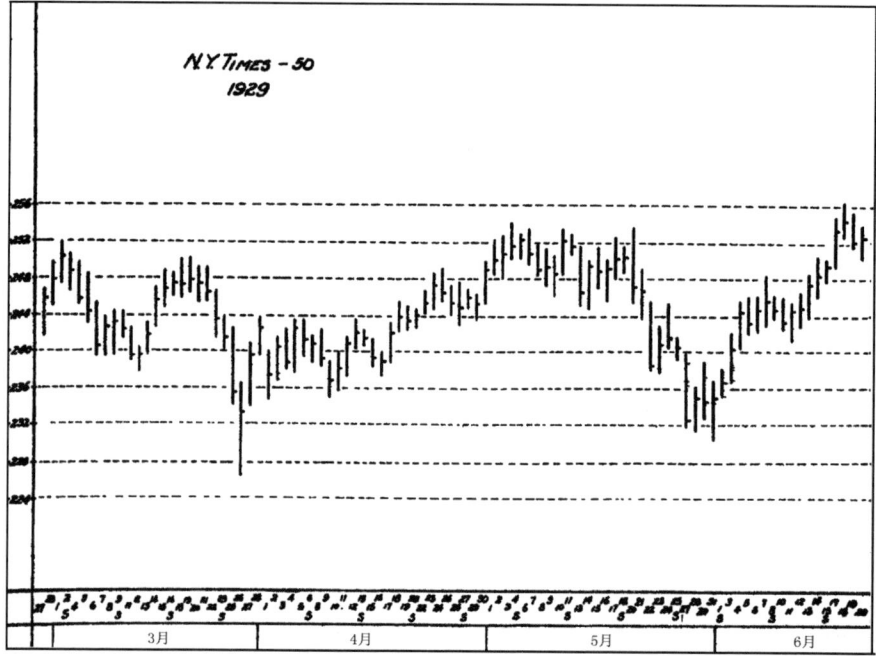

图 17-5

如图17-4和图17-5所示，这是个晴雨表的图例。这个晴雨表是基于360只个股的分析（从1929年2月—8月上旬）。在坐标纸上将每日所处某一位置的股票数量连接起来就能画出这些曲线，这样您就能清楚地理解。如图17-2所示，在3月1号，我们的持仓图暗示位置一处有156只股票。然后看图17-4，在时间轴（横轴）上找到3月1号，并垂直向上在纵轴上156的位置标记点，依次标记3月2号、3号……的点。将这些点连接起来的曲线就给了您原始持仓表中位置一处每日股票数量变化的直观图示。曲线代表位置一、位置二、位置三和位置四的股票变化。

位置二的曲线图也可依法炮制，也就是在坐标纸上将每日位置二处的股票数量点连接起来。但是记住，位置三和位置四的曲线图是画在零线以下的。比较图17-4上的技术位置晴雨表的点和图17-2上的表中的数字就能完整地理解这种方法。

下面我们根据上面的表格（图17-2）解释一下这张图。

位置一的曲线代表反弹股票数量的变化，位置三的曲线代表回调股票数量的变化，位置二的曲线代表上涨趋势股票数量的变化，位置四的曲线代表下跌趋势股票数量的变化。这样我们通过每天每个位置股票数量的变化，来预测短期走势和长期走势。

如图17-4所述，代表反弹数量的位置一曲线放在零上，代表回调数量的位置三曲线放在零下。同理，代表上升趋势数量的位置二曲线放在图下方的零上，代表下跌趋势的位置四的曲线放在图下方的零下。这样我们就有四条曲线来显示每天有大小波段的股票数量的变化，并且能发现市场是在变强还是变弱。

位置图上的列可以增加，用来记录点数图计算出来的涨幅和跌幅（的点数），这样可以看出哪一只股票或者哪个板块的涨幅或者跌幅最大。位置图上那些代表潜在的涨幅或者跌幅的数字每天更新，这样可以看出股票离最初计算的目标还剩多少个点。

最省时最简便的更新位置图的方法就是和每日图表登记同时进行。在注意到图表上每只股票的变化后，思考一下这只股票处于位置一、二、三，还是四，并在位置图上标记。当然如果位置中立，您无需标记。这样当您每日图表登记完成时，位置图也更新完毕。您再根据板块研究这些改变的影响，记下您持有的股票是走强还是走弱。同时您也记录其它股票是否有做多或做空的机会。

接下来在表上的四列分别记录每个位置的股票数，并在总结中记下总数。然后在技术位置晴雨表中将这些总数绘图（如前所述）。这需要一些时间来决定趋势是否有改变的迹象。如果您没有制作晴雨表，就在您的持仓表中比较总数的改变。通过这些方法，您很容易看见每天的变化对整个市场走向的影响——是走强还是走弱，或者不明朗，如果不明朗就意味着您必须保持清仓观望。

第18章　如何确立个股的技术性位置

制作第17章描述的位置图，需要我们要先确定股票的技术性位置。在第17章，我们也解释了这五种不同的位置。下面的案例，我们要讨论如何确立股票或者指数处于哪个位置。

在讨论之前，我们要牢记第13章和第15章的交易原则，在继续解读本章之前，最好能够回顾一下上述两章的内容。

判断短期走势的拐点，最好的工具是竹线图。点数图反应太慢，没法及时预测实际的拐点，或者很多小的走势干扰我们做决定。所以我们应该使用竹线图来确定位置一和位置三。

我们可以使用点数图来对位置二和位置四做最初的决定（对中长期趋势的判断），随着经验的增加，您会发现，使用点数图判断中长期走势，我们的判断会越来越准确。但即使是这样，我们还是建议结合竹线图得出的结论。

看涨方面

要归纳入位置一，条件是这只股票必须有短期（小幅）看涨信号。比如：

- 回调低点的停止行为；
- 在某个价位，小幅上涨是大波上涨的前奏；

- 价格有可能突破区间顶部的信号。

要归纳入位置二,这只股票必须有准备大幅上涨的信号。比如:

- 在下跌趋势的底部,股票已经有了吸筹特征;
- 上涨趋势的停顿期间,出现了吸收或者二次吸筹的特征(为继续上涨做准备)。

另外,还有些股票可以归纳到位置二,这些股票已经表现出:

- 有持续上涨的能力,它们不断出现高支撑和新高,即使我们没有看到明显的前期准备过程。

看跌方面

要归纳入位置三,这只股票必须有短期(小幅)看跌信号。比如:

- 看起来要回落;
- 在某个价位,小幅下跌是大波下跌的前奏;
- 价格小幅下跌有可能突破区间底部支撑的信号(破冰)。

要归纳入位置四,这只股票必须有准备大幅下跌的信号。比如:

- 在上涨趋势的顶部,股票已经有了派发特征;
- 下跌趋势的停顿期间,遇到新的供应或者二次派发的特征(为继续下跌做准备)。

另外,还有些股票可以归纳到位置三,这些股票已经表现出:

- 有持续下跌的能力,它们不断出现反弹高点降低和新低的情况,即使我们没有看到明显的前期准备过程。

把股票归为位置一和位置三,是期待他们有小幅的涨跌。

把股票归为位置二和位置四,是期待他们有大幅的涨跌。

这里要强调一下,位置一可能转化为位置二,位置三可能转化为位置四。但是不可能出现相反的转化。这种情况出现之后,我们有必要:(1)取消位置二和位置四,或者(2)改为中立位置,或者(3)把位置二的股票转到位置四,或者相反。但是我们不能把位置二和位置四改成位置一和位置三。例如：如果把一只股票放到了位置四，并期待它下跌23个点，如果接下来的下跌是18个点，不要只是因为还剩5个点就把位置四改成位置三。这种情况下保持位置四，直到有证据显示股票确实无法达到预期（起初计算的）目标；或者股票的行为让人产生怀疑（这时候应该改为中立位置）；或者即便到了预期目标，还要保持股票原来位置，直到股票的行为警告我们趋势即将改变。这样做的好处是，股票到达了预期目标并停顿之后，股票显示出有继续上涨的可能，说明我们前面设置的位置二和位置四还能继续反映这种可能性。

中立位置

股票没有方向，或者我们怀疑股票是否有启动的动力。例如：

- 在位置一和位置三期间，我们看到推动反弹和回调的动力逐渐耗尽，或者市场行为让我们暂时怀疑股票是否还能继续反弹或者继续回调，或者相反；
- 在位置二和位置四期间，价格开始犹豫不前，或者有反转信号；
- 量价行为背离，或者无法确定，让我们对走势产生怀疑；
- 在一个窄的区间，市场进入极度低迷状态，或者股票价格在一个区间内上下波动并且没显示出会有明显的趋势。

很多人可能不相信，<u>中立位置非常的重要</u>。它的重要性在于：可以知道应该避开哪些股票，或者应该操作哪些股票，以及什么时候应该离场，什么时候应该进场。

<u>一种错误理解是</u>（也是公众普遍存在的交易习惯），每时每刻都要呆在市场里（包括盯盘），或者做多或者做空。还一种错误就是，面对任何行情，都要找出做多或者做空的理由。

当市场行为信号不清晰，或者我们有怀疑的时候，执行交易会产生亏损。有时候观望不动会失去一些机会，但是每天、每周、每月的机会很多，我们需要的是耐心。【译者补充：等待基于自己策略的好中最好的时

机，这是最好的风控。】当我们看好了行情并准备进场的时候，我们必须考虑盈亏比和设置止损。如果真的错过了一个好机会，应该耐心等下一次机会。总之，不要因为怕没有机会而追着股票买【译者补充：这样做的结果会面临一些不必要的和未知的风险】，其他公众这样做的时候，我们在等待下一个熟悉的好中最好的时机。

公众着急进场的原因是他们认为可能会失去机会（其实着急心态下认定的机会本身就不是好中最好的机会），或者他们认为中立位置反映出他们的判断（正确），这种心态下的交易将面临更大的未知风险。

有些行情不可能让我们做出明确的判断，这时会有很多精明的商人把他们的猜测结果推送给您，（当然您要付费！）股票的中立位置代表的就是这种矛盾行情。这个阶段，我们应该心情平静地离开市场一段时间，而且我们要记住，这种相互矛盾的行情会经常有。那些大资金也不会在行情对他们不利的时候动手，他们经常在这个时候保持观望态度，那么我们为什么不能？

主力资金运作一段趋势之后，股票会转入中立位置（阶段），这个阶段属于市场行为不清晰的阶段。

不要让个人的一些偏好或者偏见来影响自己的判断。<u>任何时候不要因为感到您现在必须赚钱而立刻动手交易</u>，比如您想买个新车、新衣服……如果这是您唯一的交易动机，您的交易将是孤注一掷，没有备胎。我们要时时刻刻提醒自己：只有在市场自身行为（技术性考虑）给出信号之后（比如到了好中最好的时机），我们才能动手交易。我们应该把市场当成老板，并且尊重、听从和敬畏市场。我们的交易不要因为我们想要什么，或者我们内心的希望和恐惧而摇摆不定。

下面我们用一些案例来阐述<u>处理股票位置</u>的原理和方法。

如图18-1（竹线图）和图18-2（点数图）所示，这是第9章讨论过的案例。

第18章 如何确立个股的技术性位置

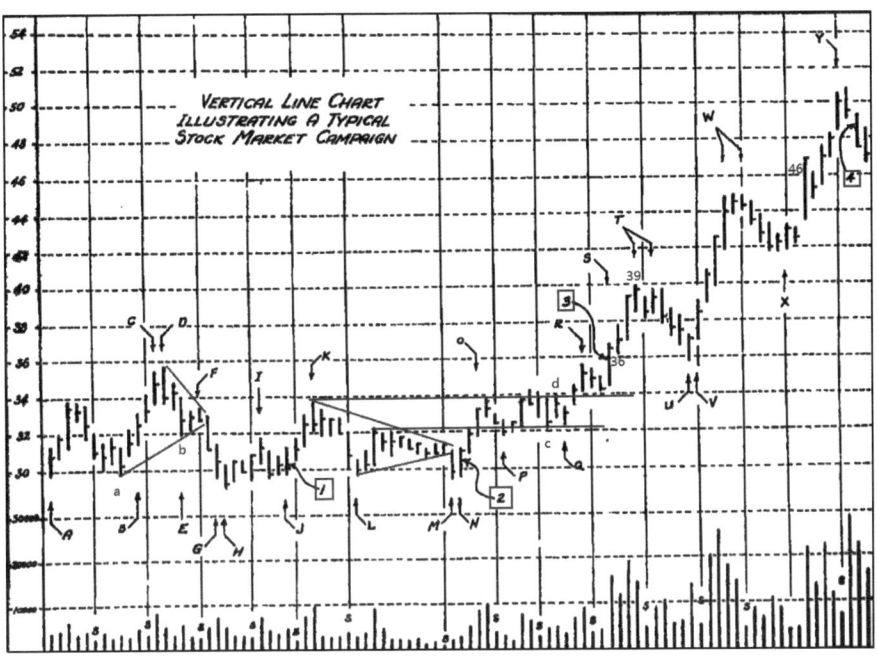

图 18-1

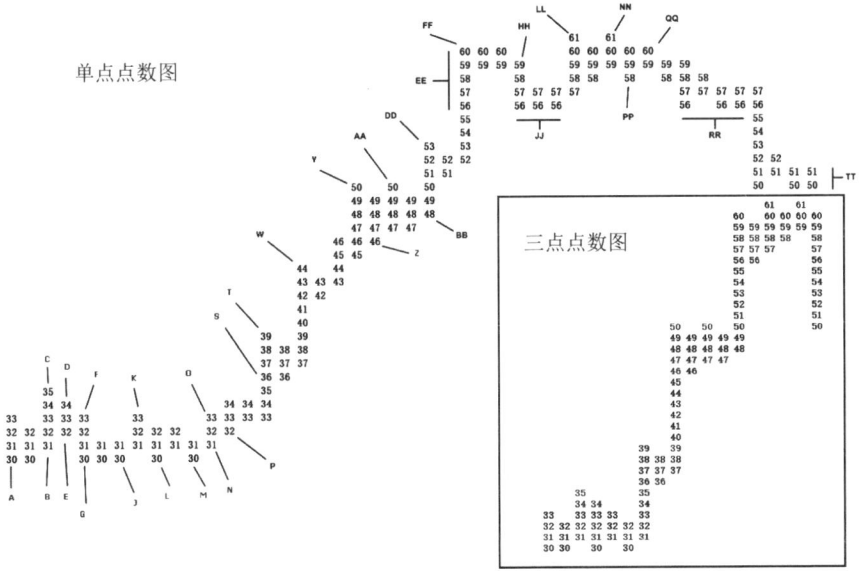

图 18-2

股票在前两周属于中立位置，因为我们没有看到股票往任何方向走的信号，按照当时有限的背景，我们只是知道股票在一个价格区间内活动（30—34）。

但是当价格涨到 35.5 的时候（C），我们有了一些判断依据。股票连涨四天之后出现了明显增加的成交量，我们认为它是抢购高潮。接下来没有继续上涨，而是大幅回落（收在低点，并且抹平了前一天的涨幅），确认了这个结论（抢购高潮），我们判断股票会回调，因此我们把它放在位置三，但只是暂时的，因为我们目前还没有足够的证据，来判断股票到底能够回调多深。正常的回调应该是到 32。在点数图上，34 这一行（C—D）有 2 个点，确认了 32 这个回调目标。如果要真正达到位置三的要求，回调至少要 5 个点（最好是 4 个点），这就达到了位置三所要求的百分比，也就是说股票价格的 10%。

股票回到 32 之后，表现很弱，因为股票回调到 32 之后，没有顺利反弹，而是在一个窄幅区间内盘整，而且反弹的时候缩量，说明需求不足，这导致股票在 F 位置进入死角。现在可以把股票纳入位置三。【译者解读：两个原因确定了股票属于位置三，一个是死角代表着走势即将启动，第二个是点数图已经给出了目标——30。】

在 G，我们打算把位置三取消，原因是：

- 从 D 开始的下跌的最后阶段，也就是股票到达支撑的时候，出现了超卖行为；
- 价格跌到 29⅝ 的时候，成交量迅速扩大，这是局部的恐慌抛售；
- 第二天，虽然股票创新低（H），而且收盘在当日低点，但成交量没有减少，说明有人接盘，更大的供应遇到更大的需求；
- 这个回调实现了点数图计算的下跌目标。

如果上述推理错误，市场证明 G 的巨量属于清盘行为爆发，这种行为说明市场可能在警告我们：股票没有从 30 向上反弹的能力，我们不可能在怀疑中动手做多。如果后市反弹的确很弱（就像 F 阶段一样），或者价格继续量增下跌，我们要保留位置三。但是如果股票进入低迷交易状态，并且倾向于在支撑上坚挺，说明向下突破没有跟随。

接下来两天成交量很低，股票在一个窄幅区间盘整，而且成交量在回调的底部价格区逐渐减小，看起来下跌的压力已经减轻。第一感觉看起来 G 的行为和 E 的行为一样。但重点不同的是：G 的处境更重要，因为 G 处于区间的底部，而且在这里已经有两次支撑成功，如果这次支撑再次成功，我们就有了股票处于吸筹阶段的证据。我们看到现在股票处于超卖阶段，做空相当危险。那些做空高手只要发现供应不足，会迅速平仓。同时我们也观察到，G 附近的三天横盘（或者说价格向下没有进展），说明股票已经准备好突破局部趋势线（D—F 的延伸）。只要接下来反弹就会突破趋势线。这种供求平衡的局面让我们取消了位置三，换成中立位置，然后我们等进一步更确定性的信号。

在点数图上，30 这个价位有 5 个点（A—G），但是我们没法确认这个（横盘）是价格反弹到 35 的基础，一切还要取决于接下来竹线图上的行为。如果 30 附近的需求强，第一个反弹目标是 D—H 的跌幅的 50%，但是这点反弹还达不到位置一的条件。我们继续观察，这样可以更好地判断反弹过程的质量，以及正常反弹之后，如果出现回调，股票行为会有什么样的表现。

第二天，反弹突破了趋势线，成交量随着价格上涨，这是看涨信号，我们期待反弹继续。接下来一天，反弹继续，但是成交量陡增提醒我们行情会有变化，特别是 I 价位，快要完成正常反弹（前跌幅的 50%）。接下来或者继续反弹或者立刻回落。如果出现回落，我们必须要小心，因为现在股票价格依然接近危险区（30）。如果没有出现支撑，我们必须恢复位置三。

I 之后，股票迅速回落，抹平了前两天的涨幅，我们发现前面的反弹没有完全达到正常反弹的水平。如果我们已经倾向于看涨的话，现在会感到有些紧张。成交量虽然不大，但也不是很小。股票低收盘，悬在支撑上方，我们保留中立位置，但是随时会根据后市行情进行更改。

股票到 J 的时候，我们看涨，并把股票放到了位置一。原因是这样：如果主力资金看跌（而不是提供支撑），他们会把价格打压得更低。他会利用反弹没到正常反弹水平这件事来恐吓公众（买方）。他们打压价格，并通过突破支撑（G—H）来逼迫公众清盘。但是我们看这次下跌没有跟随（J），并挺在了高支撑，而且股票以正常的成交量进入横盘整理，同时低点慢慢抬高，很显然，买家人气在增加，不像是积极的卖盘。

在 G—J 阶段，股票在底部（30—35）已经横盘了九天，说明股票已经有了进入上涨趋势的基础（用以推动更积极的上涨）。在点数图上，在 J 阶段 30 这个价位有 3 个点，如果我们把范围拓宽，30 这个价位有 7 个点，达到了位置二的要求。

但是我们还没有把股票放到位置二，因为我们还没得到确切的信息来证明吸筹结束，在这之前我们不能太乐观。我们知道在吸筹结束之前，价格还会有很多波动。在吸筹战役的初期，股票已经准备好进入上涨趋势。一旦股票立刻涨到了预期的 7 个点的目标，说明上涨结束，然后我们更愿意看到能够产生更大趋势的动手机会。在这种情况下，位置一足以反映出这种可能性。

J 之后的一天，股票以低量轻松上涨，说明吸筹已经造成了市场供应的缺乏。这次上涨也突破了趋势线（D—I）。第二天继续上涨（跟随），说明股票表现很强，突破 I 的时候没有犹豫。

在 K 阶段，我们取消了位置一，并把股票放到了中立位置。然后又转到了位置三，原因是：

- J—K 的上涨太快，形成超买；
- 价格到了阻力位置（C—D，34—35）；
- 上冲回落和低收盘，说明股票已经失去了继续上涨的能力；
- 顶部出现巨量，可能是抢购高潮；
- 完成了上涨目标（点数图的计算结果）。

第18章 如何确立个股的技术性位置

我们不知道回落会有多深，但是我们分析股票可能先回到50%位置（前面从30起来的涨幅的50%）。因为我们假设主力资金正在吸筹，他的做法是会把价格打压到30，然后在30附近制造低迷的市场，借此甩掉那些跟风者（在上涨到K过程中跟风的）。如果这样分析的话，我们会把股票放回位置三（而不是中立位置）。

在L位置，股票完成了正常回调之后，我们再次把它转为中立位置。股票经历了两周的低迷走势，供应在快速下探到支撑的过程中接近耗尽（M），很少卖盘参与这次下探（小震仓）。这种牛市信号的力量让我们把股票转到位置一，原因是价格现在准备好上涨，不会再有大的回调，这告诉我们，应该确定性地把股票放入位置二。

现在点数上的30已经增加到11个，反弹到N之后，又把30增加到了12个（这些计算都包括空格），三点点数图的计算结果涨21个点。当前股票处于位置一和位置二以及弹跳版上，说明股票上涨就绪，我们应该进场。

有了上述详细解释为基础，您应该能够毫无困难地确定后续的位置变化。在这里我们建议您自己确定原因，以便获得必要的练习，从而牢固地植入上述原则。在此之前，请仔细阅读前面的讨论。同时，在重读文本时直接在图表上标记各种位置。然后用同样的方法从N开始随着走势的进一步运动标记图表的其余部分。

```
At O, minor trend Neutral, intermediate trend Position 2
At P,      "             "                "        "
At Q,      "          Position 1,         "        "
At R,      "          Neutral,            "        "
At S,      "          Position 1,         "        "
At T,      "          Neutral,            "        "
At U,      "          Position 1,         "        "
At W,      "          Neutral,            "        "
At X,      "          Position 1,         "        "
At Y,      "          Position 3,         "        "  (unchanged)
```

【译者注释：上面是原图，位置错位，我们不用花时间。我把部分清

楚的部分重新列表如下。】

O	
P	
Q	位置一
R	中立位置
S	位置一
T	中立位置
U	位置一
W	中立位置
X	位置一
Y	位置三

股票在 Y 的位置转为位置三的原因是：

- 有垂直上涨之后的巨量；
- 已经完成了三点点数图的计算目标；
- 巨量上冲回落，或者说巨量不涨。

股票暂时可以放入位置二，因为我们不知道主力资金在这个价格派发，还是把价格拉升到更高的价位派发，另外，也许他们可能进行二次吸筹，然后展开一轮新的上涨。

还有，在点数图上还没有看到顶部形成，所以我们应该保留位置二，选择继续观望。

从 Y 开始的回落，成交量依然大，看起来是主力资金正在从上到下派发。如果是这样的话，在没有顶部形成横盘（点数图上）的情况下，股票还有下跌空间。根据竹线图上的分析，我们取消位置二，股票放到位置四。或者保留位置二，但是放个问号，表示我们怀疑。

我们因此平掉多仓，等待下一步行情的发展。现在把股票放到位置三，表明继续下跌的可能。

如图 18-3 所示，股票回调到 Z，低量告诉我们回调结束，我们期待价格反弹。在 Z 的位置，小趋势的预期让我们把股票纳入位置一，并且我们继续保留位置二。

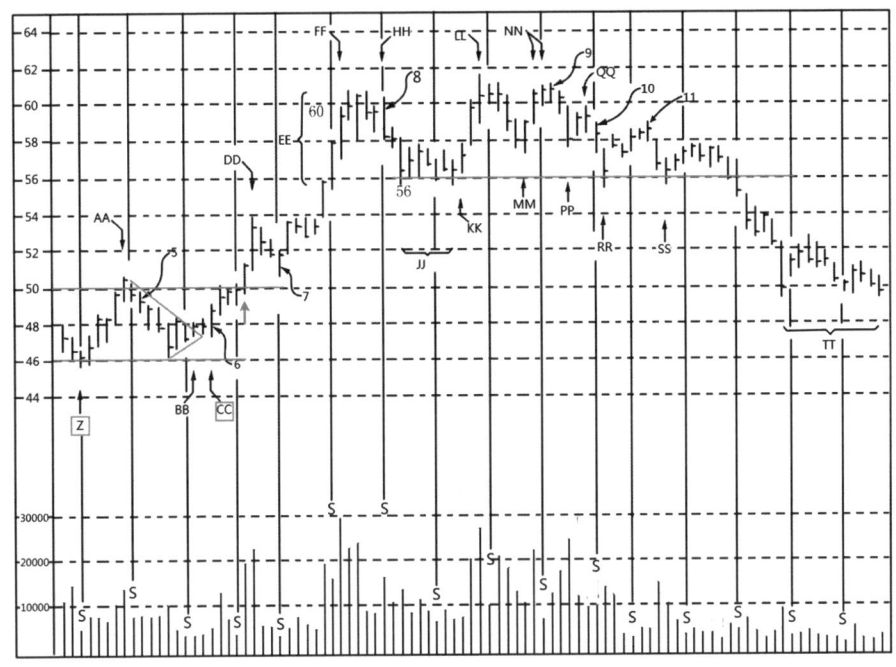

图 18-3

在 AA，小趋势的预期告诉我们把股票纳入位置三，并且把位置二改为位置四。

在 BB，改为位置一，取消位置四，进入中立。

在 Z 和 BB 出现支撑，说明 46—50 的区间是吸收阶段，并且会出现新一轮的 12 个点的上涨（通过点数图计算）。如果把竹线图上下反过来看，信号会更清晰。我们会发现到 Z 和 BB 的短期移动，只是一个沿着向 DD 方向的趋势前的停顿阶段。这种方式有时候对拐点的判断很有帮助，这样我们就能同时看到两个趋势中的市场行为，而不带有个人的偏见（先入为主的思维）。

在 BB，圆底行为说明股票（供应）已经稀少，低量说明需求不用很大就能把价格推高，这时候空方突然回过神儿来，他们错误地把股票送给了主力资金。那些空头想悄悄平仓，这样价格不会来针对自己，但是他们发现股票（供应）已经不够，而且还在偷偷上涨。结果是：空方开始着急了，其他交易员感觉到市场供应不足，开始悄悄做多，这就更加强了空头的不安，主力资金利用空头的这种窘迫状态拉升股票价格，逼迫空方匆忙（高价）平仓，导致需求迅速增加和成交量扩大。

这是后期的位置标注：

At CC, we place our hypothetical stock in Position 1 and Position 2.
At DD, the indications are that it is in					"	5	"		2.
At the numeral 7	"	"	"	"	"	"	1	"	"	2.
At FF,	"	"	"	"	"	"	3	"	"	5.
At KK,	"	"	"	"	"	"	1	"	"	5.
At LL,	"	"	"	"	"	"	3	"	"	5.
At MM,	"	"	"	"	"	"	5	"	"	5.
At NM,	"	"	"	"	"	"	3	"	"	5.

【译者注释：这个是原著上的表格，表述不是很清晰，建议不用花太多时间研究。】

根据上述案例表述，您可以练习着把第 6 章、第 15 章和第 16 章的图标注一下，来确定股票属于哪个位置。这样可以更深刻记住如何确定股票位置。位置图是我们日常做股票的必备工具。如果您有兴趣尝试使用这种工具，请与我们威科夫优势盘感实验室联系。

第 19 章　买入和卖出的测试：研究汇总

阅读完前几章之后，您可能认为市场行为非常复杂，需要大量的时间和精力。对接触一个新课题的学生来说，这很正常。我们要提醒大家，<u>不要尝试寻找捷径</u>，只有坚持和专注才能理解市场内涵和最终走向成功。

任何教程必须深入到细节，才能让学生很好地掌握。对新手来说，在最初的热情消退之后，即使像算术这么简单的问题也变得难了起来，因为他进入了科学上更复杂的层面。但是通过不断地学习、实战和面对困难永不放弃的毅力，他最终发现，所有的一切都归结为常规的推理。他早期训练的每一步，每一个细节都变得简单，变成直觉的甚至是自发的一种思维过程。他会发现，解决问题的时候，他不再需要从头开始进行每一步的分析。通过不断的重复练习，已经将各种概念原则印在了他的脑海，从而他可以本能一样自发地进行分析推理，从而他可以不费吹灰之力地跳过任何中间的步骤，面对问题，直接得出结论。

总结成一句话：通过重复使用同一原则不断地练习和总结，普通人也能够成为数学家。这个道理同样适用于股市。

下面是对解读走势图原理的一个总结，这个总结也向我们展示了如何整合推理过程。我们会用具体案例来解释这些原则。

买入和卖出的测试

这个总结包含了确定大盘、板块和个股的最佳买卖点的步骤。

买入测试

信号		从哪个图中得出信号
1	下降到达目标价位	点数图
2	交易活动看涨：反弹时量递增，回调时量递减	竹线图
3	初始支撑形成	竹线图和点数图
4	强于大盘：跟随大盘反弹，不跟随大盘回调（回调幅度比大盘小）	竹线图
5	下降趋势的秩序被打破（趋势线突破）	竹线图和点数图
6	形成高支撑	竹线图和点数图
7	股票创新高	竹线图和点数图
8	底部基础形成	点数图
9	盈亏比高（有利于买方）	点数图：盈利目标。竹线图：止损点

卖出测试

信号		从哪个图中得出信号
1	上涨到达目标价位	点数图
2	交易活动看跌：反弹时量递减，回调时量递增	竹线图
3	初始供应形成	竹线图和点数图
4	弱于大盘：跟随大盘回调，不跟随大盘反弹（回调幅度比大盘大）	竹线图
5	上升趋势的秩序被打破（趋势线突破）	竹线图和点数图
6	高点降低	竹线图和点数图
7	支撑降低（创新低）	竹线图和点数图
8	顶部基础形成（横盘）	点数图
9	盈亏比高（有利于卖方）	点数图：盈利目标 竹线图：止损点

买入测试适合于长期下跌趋势后的大盘或者个股；卖出测试适合于长期上涨趋势之后的大盘或者个股。

在开仓之前，必须使用点数图评估盈亏比，而且盈亏比至少是三比一，必须使用竹线图设置止损。

下面两张是股票 Atchison（艾奇逊铁路公司）的竹线图（图 19-1）和点数图（图 19-2，上方为三点点数图，下方为单点点数图），我们将用它们解释：

- 买入测试和卖出测试的应用；
- 如何把点数图研究与竹线图上的重要信息结合使用；
- 如何应用前几章解释过的原理。

图中股票的背景是：经历了下跌趋势，并进入超卖阶段，现在处于恢复中。下面是对各个阶段信号的点评。

- 如图 19-1 所示，A—C（31.5—$17^{7/8}$）急速下跌，中间没有出现反弹，促成了超卖行情。（6 月 16 日到 6 月 28 日）
- 如图 19-1 所示，股票极速突破区间支撑（24—25），这属于震仓行为，三点点数图上的快速反弹确认了震仓行为。
- 如图 19-1 所示，股票快速下跌之后，6 月 28 日异常增加的成交量，说明股票进入恐慌抛售，并且发展成初始支撑。（买入测试第三条）
- 在单点点数图上，股票在 18 已经完成了下跌目标。（派发区计算的下跌目标，买入测试第一条）

满足了这些条件，股票应该放到位置图上的位置一的地方。如果能够熟练地认出这些拐点特征，现在可以在底部做多（19），止损放在 $16^{5/8}$。

- 如图 19-1 所示，股票迅速反弹到 $20^{3/8}$，低量说明供应不足，而且确认了股票由弱变强（从趋势线突破得出这个结论）。（买入测试第五条）

- 股票的反弹比大盘更轻松，我们看股票出现高支撑，而大盘当时反应迟钝。（买入测试第四条）

- 现在看单点点数图上的初始支撑更明显。所以在竹线图 19-1 上，价格回调到 $18\tfrac{5}{8}$ 的时候，成交量很低，我们或者加仓，止损放在和上一个止损同样的位置。如果上次错过了建仓机会，现在可以买入。我们现在把股票放到位置一。

- 如图 19-1 所示，股票出现另一个快速反弹，成交量增加。走势的加强给吸筹的判断添加了证据。（买入测试第二条）。现在更清楚地看到：股票强于大盘（大盘还在创新低）。

- 这次反弹遇阻，源于大盘依然表现很弱，另一个原因是价格触碰趋势线 A—B。如果股票以低量回调走向支撑（18—18.5），我们又有了建仓机会，止损和上次一样，在 $16\tfrac{5}{8}$ 附近。现在把位置一取消，因为我们期待股票会回调。

- 回调的时候，成交量迅速减少，而且价格停在高支撑。我们再次看到股票强于大盘。在点数图上，19 这个价位已经有 5 个点，20 这个价位已经有 6 个点。我们再次把股票纳入位置一。

- 7 月 9 日，股票进入死角（交易活动和价格波动都进入极度低迷状态）。如果价格突破死角，趋势线 A—B 很容易被突破（买入测试第五条），这样股票站到了弹跳板上（21），我们再次有了建仓机会（如果之前想等条件完全满足再建仓，现在就是机会）。

- 低量反弹并突破趋势线，这是看涨信号。股票迅速跟随大盘反弹，在点数图上，为上涨目标又增加了 1 个点。现在股票形成高支撑和新高，而且成交量在增加，这些行为满足了买入测试的第六条和第七条。现在我们把股票纳入位置二，满足了买入测试的第八条和第九条。

通过上述分析，我们有了十次清晰的低点进场信号。结合前几章所学，并应用到这个股票分析上，会发现更多重要的市场行为。比如在 7 月

13 日，股票经历了两天上涨，经过正常回调之后，继续上涨。【译者注释：原书中写的是 7 月 14 日，但是和图上指向不符。所以我们改成 13 日，这样跟图上 K 线指向符合。】另外从 7 月 9 日到 7 月 15 日，成交量随着价格上涨持续增加。

下面是持续看涨的信号。

- 7 月 18 日和 7 月 19 日，股票回落，这次回落没有达到正常回调的水平，而且成交量骤减。
- 在 7 月 21 日，价格涨到 25，可以从三点点数图上清楚地看出，6 月 24—28 日的急跌属于震仓。用三点点数图计算，把 24—25 作为吸筹基础，预示上涨目标是 48—49；如果计算 30 一行的横盘点数，下一个可能的上涨目标是 60—64。
- 在单点点数图上，22 这个价位有 10 个点，目标是 28（从 18 开始加的）；然后有 13 个 24，得出目标是 37；再后来，粗略计算，有 29 个 24，得出下个上涨目标是 54；最后，在吸收阶段（45—49），45 这个价位形成的支撑（横盘），预示价格会涨到 58。

通过上述点评，我们发现，在实战当中，应用这些买卖测试原则并不难。

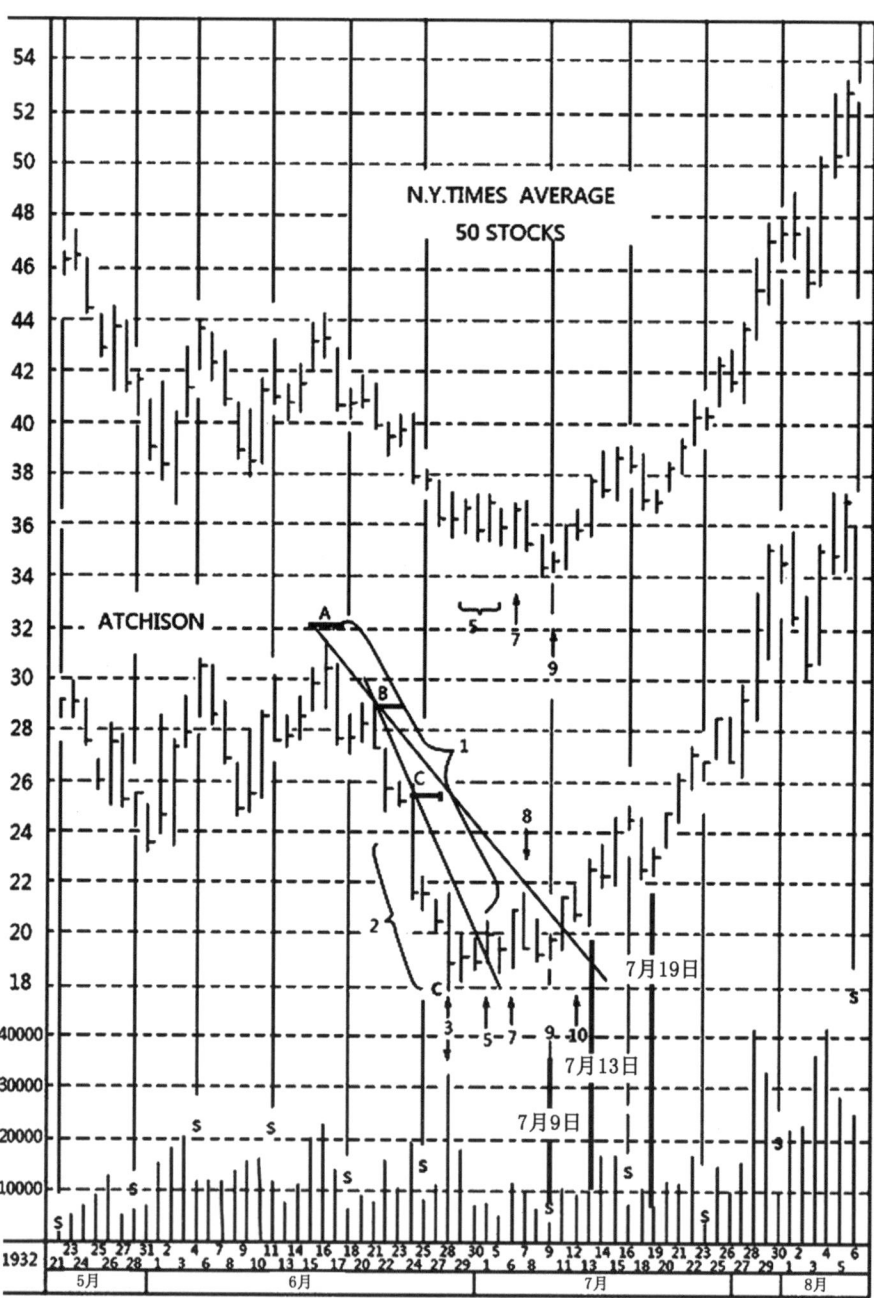

图 19-1

第 19 章　买入和卖出的测试：研究汇总　223

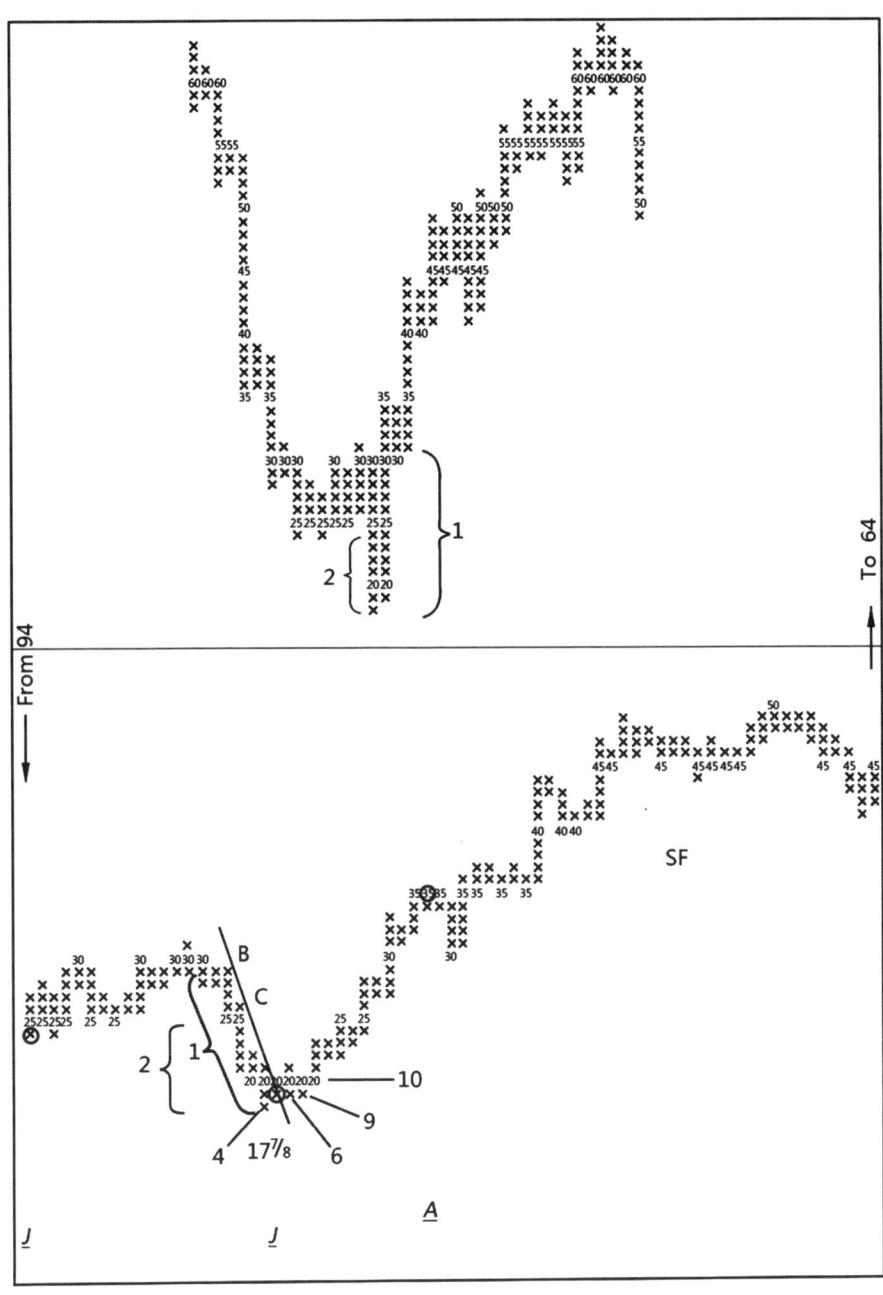

图 19-2

第 20 章 精华篇

这一章我们讨论一些经常遇到的市场现象。第一个要讨论的就是震仓。震仓现象有两种：
- 普通震仓；
- 终极震仓。

第 15 章我们讨论过终极震仓（Anaconda 公司，吸筹结束的标志）。另一个例子在第 19 章讨论过（Atchison 公司），第三个例子就是这里的图 20-1（Allied Chemical 公司）。

带有震仓行为的吸筹

如图 20-1 所示，吸筹起始于 1932 年 4 月的 55 这个价格附近。然后股票一直下跌到 6 月末（从 55 开始急速下跌到 43）。从 5 月到 6 月有四个支撑（50—47）。股票跌到 47 之后反弹，回调后，支撑抬高到 48，股票继续反弹到 55 之后出现震仓。

股票反弹到 55 并突破了下降趋势线（趋势线从 1932 年 3 月份顶部 87 开始画的，但是图上没有显示）。在 5 月中期，股票突破了清盘区间的上沿，几周后，股票就在 47—55 之间横盘。接下来上涨趋势的准备阶段（吸筹）以 55—43 的终极震仓结束，然后接盘行为一直持续到 7 月（主力资金吸收那些恐慌抛售的股票），导致供应耗尽，最后股票进入稳定的上涨趋势。

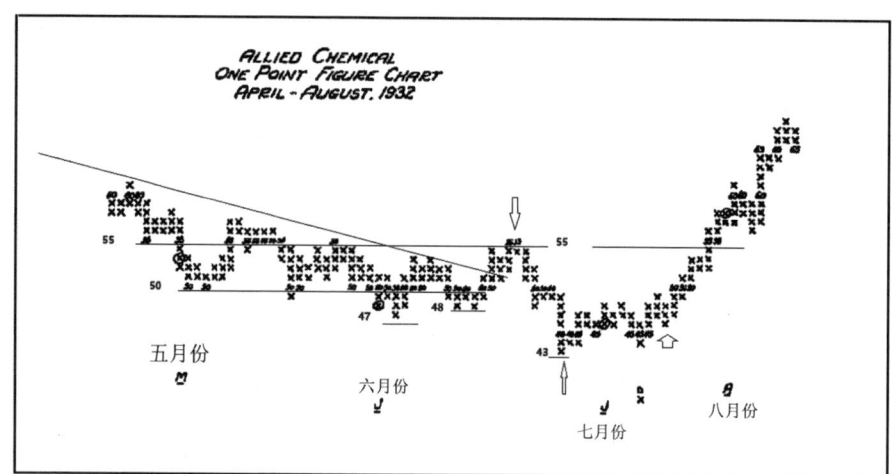

图 20-1

震仓导致的恐慌抛售，把价格压到了 43，然后市场进入低迷状态；接下来支撑持续抬高和低量回调，说明需求大于供应。股票在 47 踏上弹跳板之后，又拉了 2 个点到 49，然后 3 个点的回调给了我们进场机会。后来股票涨到了 50，伴随增加的成交量，确认了弹跳板。到 7 月份为止，55 这个价位的横盘点数（单点和三点点数图）预示股票会涨到 135。

根据上述案例，我们总结了如下定义：

终极震仓发生在上涨趋势初期的准备阶段（吸筹阶段），特征是股票迅速下跌并冲破支撑。这种行为属于操纵行为，目的是制造恐慌，逼迫公众抛售（割肉），另外就是扫掉支撑上的止损单（在吸筹底部，那些跟风做多的公众设立的止损价），以及引诱公众做空。换句话说，就是主力资金尽可能把低价股票纳入囊中。扫盘结束后，主力资金会想办法把离场的多头和业余的空头挡在场外，或者采用低调上涨的方式（循序渐进的方式），或者采用急速上涨的方式。【译者注释：终极震仓的英文缩写是 TSO。】

无论是恐慌抛售引起的震仓，还是由于主力资金操纵引起的震仓，区别都不大。导致价格急速下跌的卖盘来自公众的恐慌抛售（供应），而这个阶段的价格上涨是因为质量好的需求（来自于主力资金的买盘）。

【译者解读：所谓来自公众的恐慌抛售（供应），是来自于公众的一种亏钱的出货（在底部卖出），这种出货的主要原因是恐慌（不过大脑的行

为)。而正常的供应，是指那些在底部吸筹的主力资金在顶部出货，是一种赚钱的供应。】

普通震仓从形态特点上跟终极震仓是一样的。区别是：终极震仓发生在上涨趋势之前的准备阶段，而普通震仓发生在其它阶段（经常在上涨趋势的回调阶段，或者上涨趋势中的横盘阶段）。

震仓行为，我们在前几章已经讨论多次，上述讨论只是总结了一下定义，作为继续学习的参考。

顶部的上冲回落【译者注释：UT 是这行为的缩写】是与震仓相反的行为。【译者注释：在我们学习当中，经常用 UTAD 表示顶部的上冲回落，用 UT 表示其它阶段的上冲回落，比如区间顶部或者熊市反弹顶部。】比如第 6 章，1 月 9 日、6 月 27 日和 29 日、9 月 23 日和 24 日，价格冲到顶部（或者顶部以上）之后都维持不住，这属于上冲回落，是股票走弱的信号。

另外我们要讨论的是超卖之后的迅速反弹，这种反弹（或者上涨）没有经历任何准备过程（比如说吸筹）。【译者注释：类似于 V 型反弹。】图 20-2（American Telephone & Telegraph，美国电话电报公司）就有这样的市场行为。图 20-2 是点数图，图 20-3 是竹线图。

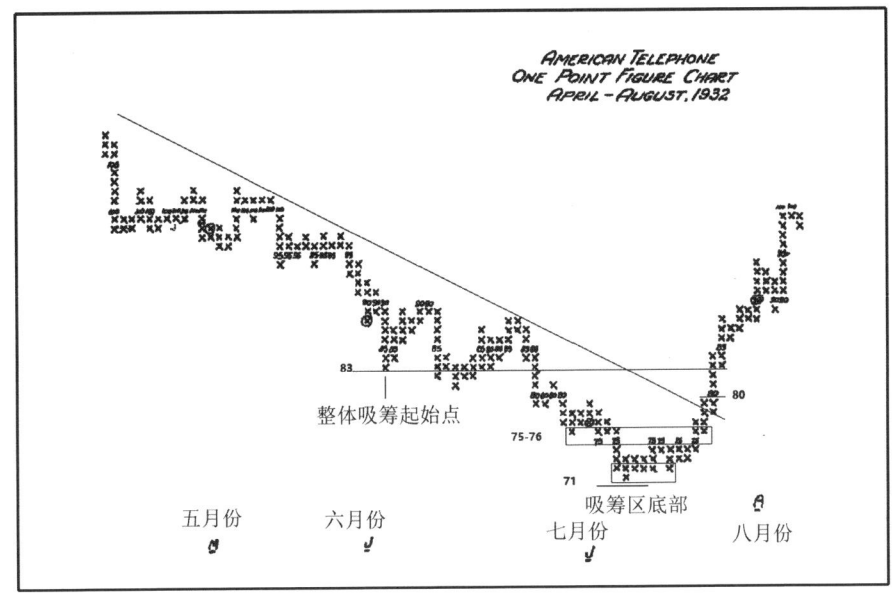

图 20-2

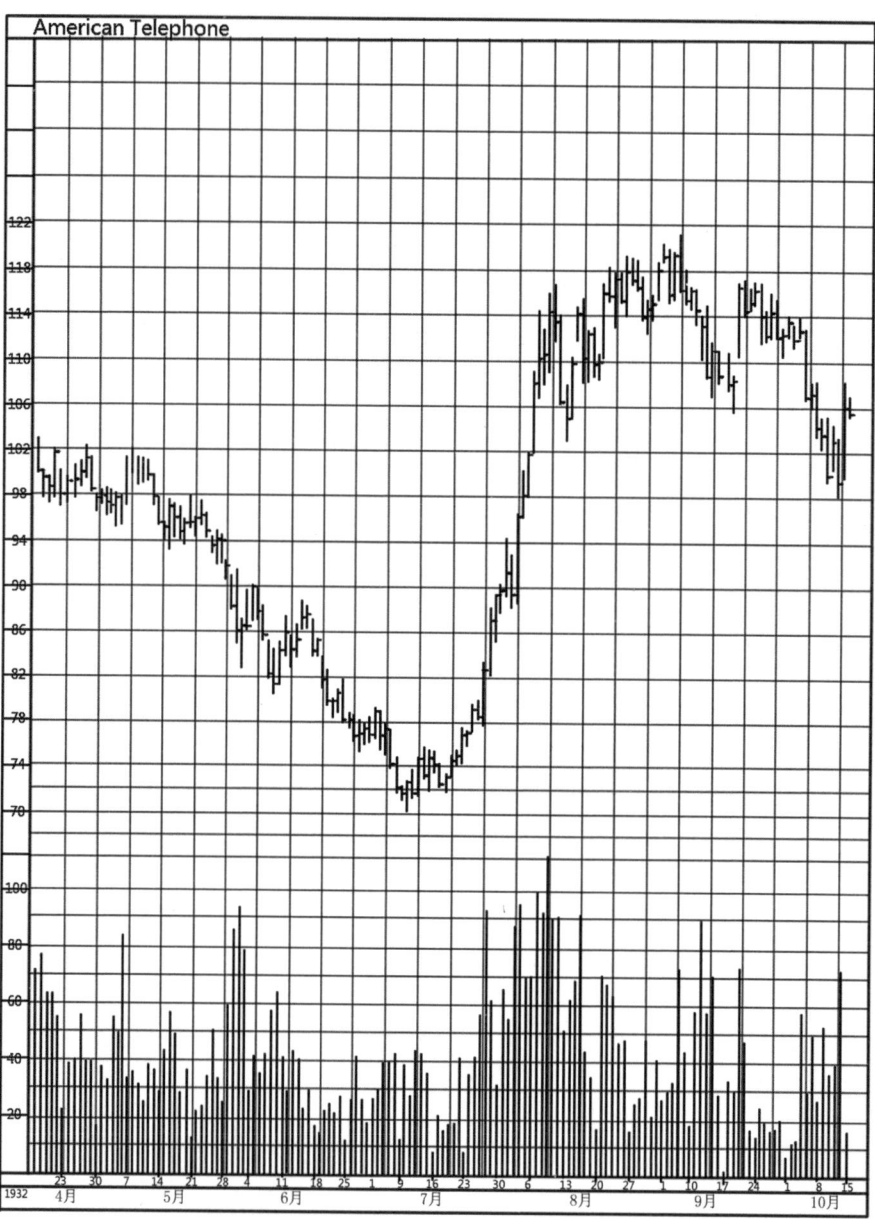

图 20-3

从点数图上，在股票进入上涨阶段之前，我们没有看到长时间的吸筹过程，但是竹线图上体现出更多的由弱变强的行为特征，也可以参考第19章的 Atchison 股票（同样有很多由弱变强的行为特征）。

图 20-1（Allied Chemical）的横盘区间出现在上涨趋势之前，但是图 20-2 这只股票却和图 20-1 不同。美国电话电报公司跌到 70 左右是 1929—1952 熊市的一个影响比较大的事件。后来股票的清盘行情持续了数月，然后到了底部（7月份）。

71—73 的横盘区间有 9 个点，预示股票涨到 80—82，如果按照 75—76 更宽的横盘计算，股票能涨 19 个点。这个信号的价值在于，即使是 9 个点的上涨，也造成了趋势线的突破（如果涨到 80 的话）。

所以，整体背景出现改变的重点不是 72—76 的横盘宽度，而是主趋势线的突破。带着这种思维，我们要重新评估一下这个横盘结构。

从 6 月初开始，价格沿着 83 一线（接近 7 月末）形成支撑区，或者说吸筹的开始是从 6 月份的 83 那个价位开始的，那是吸筹区的顶部价位，71 是底部价位。在单点点数图上，83 这个价位有 49 个点，从 71 算起的话，上涨目标是 120。在 1932 年 9 月，股票平稳涨到了 121。

三点点数图上（原著没有附上这个图），73 一线有 4 个点，预示上涨目标是 83—85；76 一线有 6 个点，预示上涨目标是 89—94；83 一线有 12 点，预示上涨目标是 119。在三点点数图上，股票开始没有突破趋势线，直到后来涨到 83 的时候才突破趋势线。趋势转变的进一步确认是，横盘多个星期之后，股票第一次伴随着增加的成交量强势上涨。

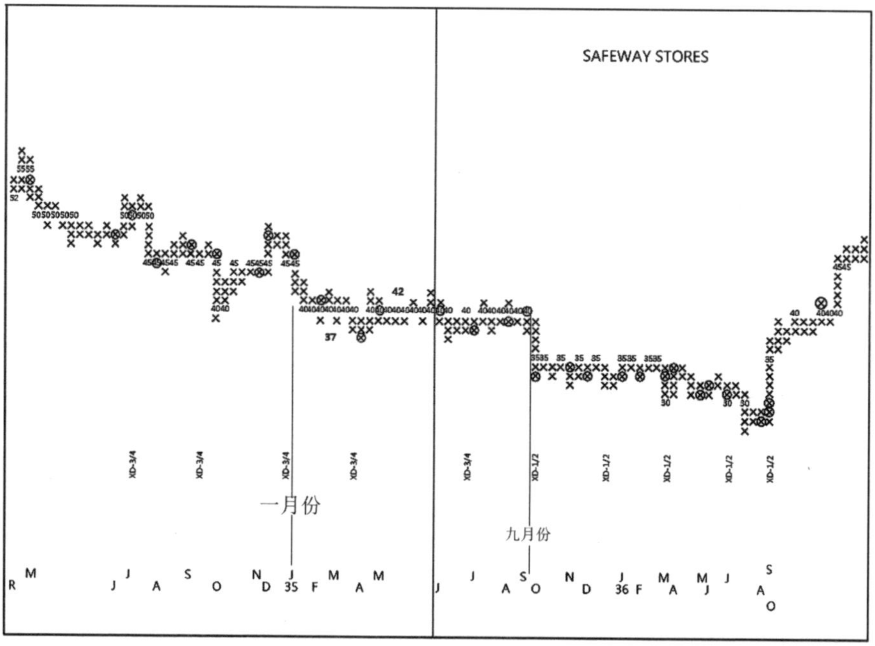

图 20-4

图 20-4（点数图）和图 20-5（竹线图）是 Safeway Stores 股票。这个图的重点是想说明成交量对点数图横盘分析的必要性。【译者注释：因为点数图不考虑成交量因素，所以我们要结合点数图和竹线图进行分析。】

不看后面，在点数图上，我们可能错误地认为 37—42 区间的横盘（1月份到 9 月份）是一波上涨趋势的底部吸筹区（上涨基础），但是本着谨慎的原则，更聪明的学生会把竹线图（因为竹线图上有成交量）结合点数图一起分析。对比竹线图和点数图的横盘阶段，一个重要发现就是：偶尔巨量把股票推到顶部之后，价格没有挺住，而且调头回落。【译者补充：努力没有结果，说明供应大于需求。图中已经用竖线标注。】这种行为直接警告我们不能做多，特别是大盘经历了八个月吸筹之后，背景由弱转强的时候，这只股票不跟随大盘。最后供应扩大，导致股票暴跌（并且突破这个区间底部）。

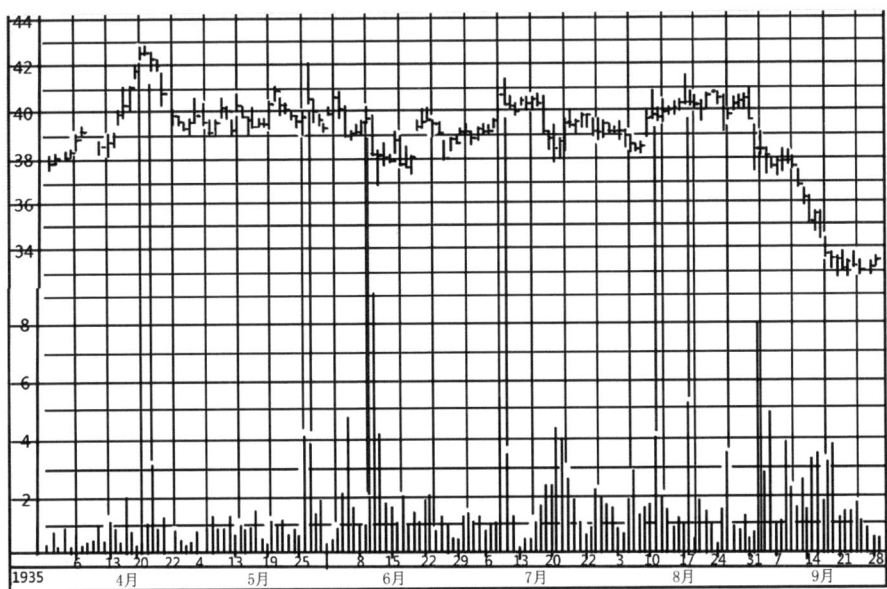

图 20-5

第 21 章　波线图

【译者注释：波线图是威科夫先生的必备分析工具之一。和我们想象中的波浪图不一样，它是由五只龙头股的综合价格组成的。当趋势到了关键时刻，波线图展示的小的摆动波的变化可以帮助交易员更准确地定位趋势的拐点。在当今的股票市场，因为股票数量众多，所以如果使用这个方法，可以找一些每个版块儿最活跃的股票，来组成自己的波线图，数量自己定。如果某一天其中的一只股票不活跃了，我们可以用其它更活跃的股票来替换。】

确定大盘趋势是进行所有判断和所有交易的第一步。趋势（一波大的上涨或者下跌）是由很多小的连在一起的摆动波组成，这些小的摆动波组成一个中型的波段，最后合并成一个 10 到 20 个点（或以上）的大的波段。所以这些小的摆动波的行为对判断中线和长线趋势非常有价值。

一个出色的盘口交易者能够每天观察市场，这些小的摆动波的动作反映出当时的供求博弈关系，这样他可以判断那些专业交易员用什么成功的手段打压或者抬升价格；他也能判断那些个股或者板块对价格的快速变化（冲动的买卖行为）是如何反应的。

专业市场运作的成功取决于小的摆动波吸引公众的程度。市场向上或者向下对他们来说没什么分别，一旦他们赶上一波强势，他们会坚持到最后。当然，我们也必须这样操作。如果他们发现市场（价格）对需求反应迟钝，他们会立刻卖出或者做空，并打压价格，借以吸引更多的卖单（推动价格下跌），以便最后获利平仓。如果市场抗压能力强，他会跟踪趋势做多，然后取决于（走势启动后）公众的跟风程度，如果跟风者众多，并迫使价格上涨，他们会择机获利平仓。

这种牛熊断博弈的结果是，股票最终会走到大波段中的某个位置，而这个位置可能是专业交易员发现强弱的关键位置。

危机往往从那些小的摆动波当中显示出来。当吸筹快要结束的时候，通过研究那些小的摆动波，可以知道供应是否耗尽，是否进入真正的（买家更积极的）上涨阶段。或者，当派发快要结束的时候，通过研究那些小的摆动波，能够掌握市场何时进入积极的下跌阶段。

盘口交易员可以在最开始就能识别出这些关键位置（时刻），懂得解读盘口的优势在于：

- 加强了进场时机的准确性；
- 降低了风险。

那些每天没有时间看盘（5小时），但是还想达到盘口交易员这种水平的人，期待有一种简便的方法，这种简便的方法就是我们将要讨论的波线图。

波线图的重要功能在于：

- 让没有时间看盘的人得到一种简要的和容易理解的供求变化记录，这样可以随时研究这些记录。

- 它为我们提供了一种工具，通过这个工具，可以加强对关键拐点阶段的市场行为的理解；培养盘口的解读能力；抓住那些经验丰富的主力资金的意图（他们能够做到凭直觉就能感知市场到了拐点）。

- 波线图提供的信息，锻炼和加强了我们判断小波段拐点的熟练程度。这种方法对确定技术性位置非常有帮助，确定大盘的位置一和位置三，以及进场的最好时机。

- 为我们提供了市场行为的基本信息，通过这些信息，我们可以识别中级或者主要波段的拐点；这些信息经常在大盘反转的两天、三天、四天，或者一星期之前就能提醒我们，比如纽约时报50指数、先驱导报 100 指数、道琼斯指数，等等。这为我们确定大盘的位置二和位置四提供了重要的帮助；巩固了对较长走势进场时机的判断。

- 简单点说，它为我们提供了一种方法，通过这个方法，使我们极大地增加了判断和进场的准确性，巩固了对重要拐点阶段的市场行为的理解，增强了预测拐点的能力（在拐点出现之前）。使用这种方法，我们可以识别市场从一个阶段过渡到另一个阶段之间的关键点。

如果要成为一个日内交易员。最好从波线图开始，来研究市场的盘口动作，而不是一开始就研究盘口。波线图可以帮助我们：

- 如何更好地判断市场，因为通过它，我们能够熟悉一笔成功的交易所必需的要素；
- 判断和比较市场的拉升力和压力；
- 判断市场是否对供求变化有反应；
- 通过收盘价的变化和小摆动波的波长判断涨跌速度；
- 通过交易活动跟成交量的变化，揭开买卖的行为特点；
- 掌握市场的强弱变化。

所有上述因素都可以通过波线图分析出来。波线图是市场的脉搏。

用波线图练习日内波动的判断，然后我们可以把同样的推理用于 3—5 个点的波段分析，然后 10 个点的波段，然后 20—50 个点的趋势，最后是几年的长线趋势，最后我们可以熟练地操作各种市场。

市场的整体波段（背景）不能单凭个股动作分析出来。所以我们采用合并五个龙头股价格作为基础，来研究买卖波段。采用这种方式还有一个优势，整体市场的趋势大部分时间是和龙头股的趋势一致的，虽然有时候也会暂时相反，是因为主力资金有时要使用这些龙头股影响市场。大部分情况下，整个市场的波动（趋势）都是由这些龙头股开始的。

选择龙头股的方法。我们选择近几个月最具影响力的股票。美国钢铁的股票是其中之一，还有其它的股票：Allied Chemical、American Can、American Telephone、Chrysler、DuPont、New York Central and Westinghouse Electric，等等。但是这五只龙头股票的选择，要经常随着市场的变化进行调整（更新），目的是：我们选择的这五只股票必须一直是活跃的，并且是真正的龙头股。这组股票可以根据需要进行改变，在不影响其使用价值的前提下，可以改变图上的边框基数（比例）。如果原来五个股票的总价格是390，现在换了一只股票，总价格变成了375，基数调整为15个点。

如何制作波线图

【译者补充：原著中描述如何用铅笔在纸上画格制作波线图，在当今社会，这个方法已经过时并浪费很多时间。现在波线图可以利用很多软件完成，所以我们这里直接用案例来解释波形图的制作。】

在任何一天开盘时，计算五个龙头股的最初的成交总价，即所有五个成交价的总和。在10点钟线上用一个点标记这个开盘价。然后观察这些主力股，直到他们出现向上或向下的小波动。当波动耗尽时，标记时间——即10点10分，10点15分，或者最近的五分钟整数时间点。一旦标记好时间，再计算这五个主力股的价格总和——比如在那个波动的顶部，并在记好的时间上用点标记。然后从您的开盘点画一条对角线到第一波结束的点。【译者补充：下面的图表和解释将清楚说明。】

在统计五个股票的总价方面，上涨波统计最高价，下降波统计最低价。有时候只有三到四只股票都是相同，但其中一只和波线图的上下波相反，我们把这只股票的价格加到上一波的总价，或者比其它股票晚一些跟上波形图的走势，我们就等到这只股票行程跟波形图走势一样的时候再把价格加上，下面我们看案例。

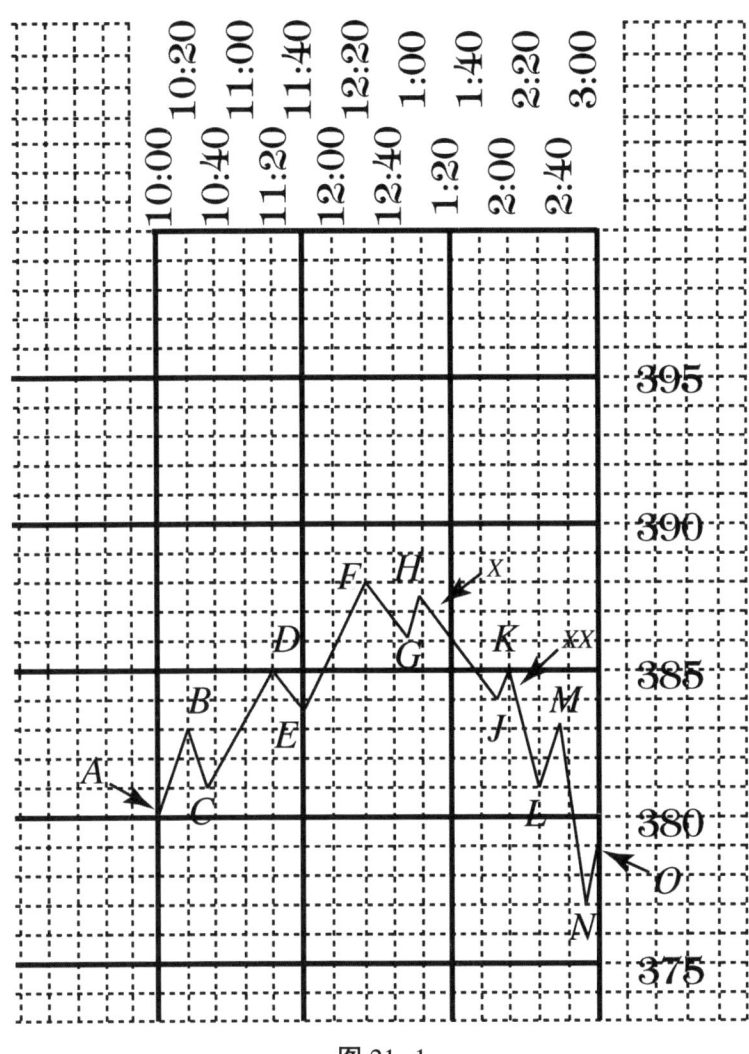

图 21-1

右边是五只股票的总价,上方数字是时间(间隔 20 分钟),分别是 10:00、10:20、10:40、11:00、11:20、11:40……

比如五只股票开盘总价是 380,假如开盘时间是十点,在十点对应的竖线和 380 对应的横线交叉点画 A。如果接下来股票涨了 20 分钟,停顿之后开始回调,把五只股票最高价加在一起,比如说 383,在相应位置画上

B（10：20），然后把 A 和 B 连起来。C 是价格回调后五只股票的最低总价位置，以此类推画上其它点直到收盘，并连线。最后的收盘总价是第二天的起始点。通过这个完成的波线图，我们可以判断：

- 价格波动——上坡和下坡的点数；
- 每一波花的时间；
- 每一个上坡拉升力和每一个下坡的压力。

A—B	涨了 3 个点，持续了 20 分钟时间。
B—C	跌了 2 个点，持续了 15 分钟时间，说明购买力比压力要大，并且持久，需求大于供应。
C—D	涨了 4 个点，持续了 45 分钟时间，并且创新高（385），说明购买力在增强，因为这一波涨了 4 个点，多于前一个上涨波 A—B 的 3 个点涨幅，并且这次上涨花了 45 分钟，也多于 A—B 的 20 分钟。
D—E	跌了 1.5 个点，持续了 20 分钟时间。从时间上看，比上次回调多了 5 分钟。但是回调点数少于上次回调的 2 个点，确认股票当时很强。
E—F	涨了 4.5 个点，持续了 40 分钟时间。
F—G	跌了 2 个点，持续了 30 分钟时间。这次回调的点数和时间跟上次回调相比稍微多一些，这警告我们趋势可能以后变化。
G—H	涨了 1.5 个点，持续了 10 分钟。比如我们是个日内交易者，这次上涨的 10 分钟只占了上一波 E—F 时间（40 分钟）的 1/4。而且价格没有像上一波涨得那么多，说明购买力已经耗尽，市场已经没有能力吸引更多的跟随者。所以我们有了一个清晰的信号——供应超过了需求，趋势开始向下。
H—J	这次下跌导致多头离场。如果要做空这五只股票（X），放在每个价格上方 2 个点的位置。
	我们假设每次这五只股票都交易，而且每次买卖的数量也相同。但是为了简单的解读，假设我们只交易一只股票。
H—J	跌了 3.5 个点，持续了 50 分钟，比上一波回调多了 20 分钟，回调点数也多于上一次回调。

J—K	涨了 1 个点，持续了 10 分钟，反弹点数少于上一次 G—H，是开盘以来最短的一次反弹，说明市场没有购买力。如果前面没有做空，现在应该在 K 停顿的时候做空。如果之前已经做空，现在应该在 XX 加仓（时间是 1：50，价格是 384）。止损降低到前高点上方。
K—L	跌了 4 个点，持续了 20 分钟。
L—M	反弹了 15 分钟，当它停顿的时候，说明我们的空仓很安全。
M—N	跌了 6 个点，持续了 20 分钟。N 的时间是 2：55，如果这时候市场行为显示出要反弹，平掉空仓；否则不用平仓，但是要移动止损，保证利润。

这个案例阐述了如何从日内波线图读出价格走势、时间、相对的拉升力以及压力，以及这些条件是如何帮助我们确定 10—20 个点的（波段）好中最好的进离场时机。

同样的方法，我们可以用于比较大的波段，就是那些可以形成短线、中线或者主趋势的波段。随着分析波线图经验的增加，波线图分析也可以帮助我们观察：如何通过小波段的波线图觉察出主趋势的拐点。

到现为止，我们还没有考虑成交量行为和交易活动。因为我们最好先学会判断价格行为、时间、拉升力和压力这些基本元素。所以我们掌握了上述原则之后，应该开始研究成交量和交易活动的强度，更能加深我们对市场动力的理解。

下面是一个完整的波线图，含有我们讨论过的所有重要信息。这是股票日内上下摆动波的分析，数据采自于纽约股票交易所。

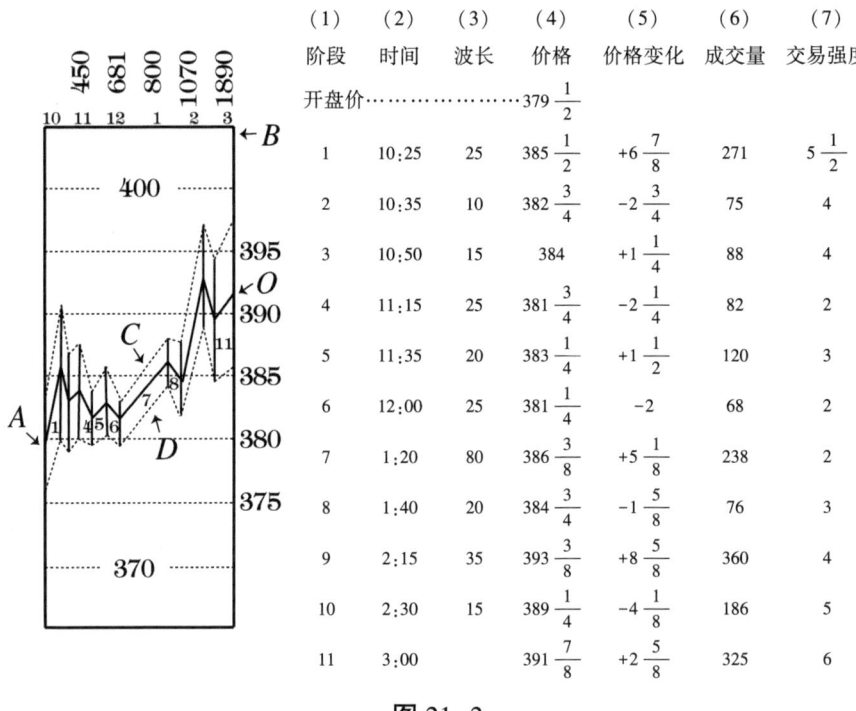

(1)阶段	(2)时间	(3)波长	(4)价格	(5)价格变化	(6)成交量	(7)交易强度
开盘价			$379\frac{1}{2}$			
1	10:25	25	$385\frac{1}{2}$	$+6\frac{7}{8}$	271	$5\frac{1}{2}$
2	10:35	10	$382\frac{3}{4}$	$-2\frac{3}{4}$	75	4
3	10:50	15	384	$+1\frac{1}{4}$	88	4
4	11:15	25	$381\frac{3}{4}$	$-2\frac{1}{4}$	82	2
5	11:35	20	$383\frac{1}{4}$	$+1\frac{1}{2}$	120	3
6	12:00	25	$381\frac{1}{4}$	-2	68	2
7	1:20	80	$386\frac{3}{8}$	$+5\frac{1}{8}$	238	2
8	1:40	20	$384\frac{3}{4}$	$-1\frac{5}{8}$	76	3
9	2:15	35	$393\frac{3}{8}$	$+8\frac{5}{8}$	360	4
10	2:30	15	$389\frac{1}{4}$	$-4\frac{1}{8}$	186	5
11	3:00		$391\frac{7}{8}$	$+2\frac{5}{8}$	325	6

图 21-2

- 价格趋势：图中代表五只龙头股的日内股票的摆动波。五只股票分别是：American Telephone、Du Pont、New York Central、U. S. Steel and Westinghouse Electric。价格是五只股票的合并价，这种计算方式比取平均价对市场反应更敏感。在图的右侧，横线的间隔是 5 个点。

- 时间：图的上方数字是时间，间隔是一小时，分别是 10 点、11 点、12 点、下午 1 点、下午 2 点、下午 3 点。

- 成交量：在时间的上方，这是从盘口记录下来的每小时的成交量，然而，价格可能在一个小时内上下波动，这些数字不代表其间内每个小波段的成交量，基于这个原因，我们在第六列记录每一波的所有五只股票大约的总成交量。

- 交易强度：在第七列，代表市场交易强度。图中的虚线，连接波与波的高低点，然后用竖线连接虚线高低点（图中表达的连接方式比较清楚），比如图中的C和D。1或2代表低迷市场；3或者4代表一般强度市场；6或者7代表活跃市场（高强度），特别活跃的市场可能达到10或者以上。交易强度的变化是用等长竖线在拐点的上方或者下方表示。

如图21-2所示，在第一阶段末期，通过10：25的波段高点 $385 \frac{1}{2}$ 画竖线，对应的强度指数记录在右侧表格中的第七列，强度是 $5 \frac{1}{2}$。我们以 $385 \frac{1}{2}$ 那个波段高点向上画长度为 $5 \frac{1}{2}$ 的竖线，然后向下画相应长度的竖线。

第二阶段停止于10：35，价格是 $382 \frac{3}{4}$，用上述同样的方式画竖线表示强度。

把这些表示交易强度的竖线用虚线连起来。这些虚线的距离就表示每一波的交易强度。交易强度加剧的时候，虚线延伸得长一些，比如在第九阶段。当交易强度减弱的时候，虚线间就更接近一些，比如第六阶段。第七阶段虚线是平行的，说明交强度没变①。

经常把每一波的交易强度、经历时间和成交量结合起来分析，我们可以判断供求质量的好坏。例如：比较两个买盘波（上升波），它们具备同样的时间（10分钟）和成交量（10万股），他们的交易强度分别是5和3，这样我们可以判断：第一个买盘波的需求质量比第二个买盘波的质量差，因为第一个买盘波更活跃，活跃的原因是众多小单子的交易活动。（前提是两个波的时间和成交量是一样的）。我们要注意，这种比较方式只能发生在市场的关键阶段，否则会浪费时间。

交易强度不是简单的时间和成交量直接的比率，而是代表单子流入市

---

① 在判断趋势中，关键买盘波段的需求质量和关键卖盘波段的供应质量更重要些。例如：在上涨波的所有交易中，如果100股的小单子居多，说明上涨不会持续很久，因为这些交易活动来自于公众，这说明需求的质量很差。但是如果其间是1000、2000、或者5000的单子，说明需求来自主力，这种需求的质量很好。下降波的观察正相反，小单子居多说明供应质量不高，大单子居多说明供应质量高。

场的速度,所以和量价关系不大。

这里我们顺便提一下,那些表示交易强度的竖线也用来表示时间间隔,线与线之间的横向距离代表每一波经历的时间,在表格中第三列。

- 表格:这是每个时间段的各种元素的综合,从左到右有:阶段、时间、波长、价格、价格变化、成交量、交易强度。
- 总结:通过波线图,对市场行为进行详细的总结,得出对每一波重要技术性动作的汇总。

全面了解了波线图的构造之后,下一步就是如何在实战中应用。为了获得最好的研究结果,我们应该准备五个龙头股单点、三点、五点和十点的点数图。其中单点和三点点数图用来判断市场中级趋势的拐点,十点点数图用来判断主趋势的发展和拐点。

每天观察这些日内波线图,可以看到小波汇聚(转变)成大波的时候,那些重要的供求变化。如果我们再结合点数图和成交量进行分析,对市场行为的判断将更有价值。

结合上述所有因素进行市场行为的分析,会进一步加强我们的判断。使用熟练后您会发现,在任何时候都能知道<u>市场将要做什么</u>,这正是华尔街的人们最期望得到的东西。如果不知道市场将要做什么,您会无所适从。

在应用上述解读之前,我们首先要考虑成交量、交易强度和支撑阻力的重要性。

通过研究这些波线图,就像我们看到了一个完整的市场行为流程图,从中我们可以观察量价、趋势和交易强度之间的关系的变化,并且知道市场的强弱变化。特别是价格接近前支撑和阻力区的时候。

<u>交易强度、成交量和价格趋势的关系</u>。如前所述,交易强度是通过观察那些虚线距离的远近得出的,我们同时也可以把第七列作为参考,这样,交易强度的变化,伴随着价格的反弹和回落,可以迅速展现在我们面前。

另外,我们要记住,通常情况下,市场看牛的表现是:价格上涨中,

交易强度增加；价格下跌的时候，交易强度减小。市场看熊的情况正相反。但是也有例外，就是交易强度出现不寻常变化的时候（无论是在上升中还是在下降中），这种不寻常经常代表趋势的终结。

我们观察成交量的时候，价格上涨中量增，以及价格下跌中量减，说明市场看牛，反之，市场看熊。一个例外就是成交量出现不寻常的变化，表明趋势接近终结。【译者补充：就是我们常说的牛市中出现抢购高潮；熊市中出现恐慌抛售。】

<u>支撑和阻力</u>：一个需要重点观察的行为是下跌中遇到支撑。有支撑说明主力资金在这个价位愿意买，并且告诉我们主力资金对整个市场的态度。阻力也是能够反映主力资金对整个市场的态度，他们的动作是卖。大量股票涌入市场，主力资金在利用活跃的市场出货。

在主力的交易中，价格是他们愿意接受股票的价值，成交量是他们愿意接受的数量，这些是将来走势的信息来源。

研究支撑和阻力，可以通过波线图，或者通过五个龙头股的单点点数图，或者结合两者进行分析。

我们将使用图21-2来讨论如何解读波线图，并且讨论如何结合所有上述因素来进行实战。为简单起见，我们在图21-1的基础上，增加了下列因素：成交量、交易强度、支撑和压力，时间因素、价格走势以及相对的拉升力和压力。

我们用这个波线图解释主力资金是如何判断市场的。假设您是一个日内交易者，从开盘到收盘使用波线图进行判断和交易。

从这个图上我们看到，第一阶段和第二阶段，所有摆动波的成交量和交易强度都比较小。这一天的开始是从一个小的反弹开始的，然后股票立刻下探。这段时间供求平衡，因为哪一方力量都没有办法把价格推得更远。这个时候的行情属于中立位置，应该继续等待更清楚的信号。

第三阶段，股票回调之后出现反弹，但是没有吸引到买单，表现为交易强度在反弹中没有增加，并且价格没有创新高。

第四阶段，回调停止于高支撑，而且成交量特别小，说明供应不足，这种情况会促使买方再次努力，给了价格上涨的机会。

第五阶段，价格出现反弹，但是依然没有能够吸引到买单。这次反弹停止于前两波的顶部位置，而且市场进入低迷状态，这个我们是从交易强度减小看出来的（目前为止最小）。

第六阶段，卖单增加，但是价格下跌没有进展。这一波花的时间比上一波多，但是交易强度没有增加，而且成交量在减少，说明供应属于劣质供应，所以我们期待价格挺在第二阶段和第四阶段的支撑上。这个预期后来得到了确认，价格停止于当天低点之上并且市场进入低迷状态。

目前有了一个暂且看涨的信号，因为每次回调都没有带出很多卖单。另外，市场现在进入彻底的停摆阶段。这个警告我们市场将有变化。也就是说，在第六阶段，股票处于上涨前的临界点。现在的关键是看哪一方可以吸引到更多的跟随者，或者向上突破，或者向下突破。我们相信僵局会被上涨打破，因为一点钟的回调特点是：在这个持续60分钟的波段里（看右侧表格），产生了12万股的成交量，前一个上涨波产生了13.5万股的成交量，价格下跌没有进展说明供应不足。如果做超短线，现在可以买。但如果做相对长一点的趋势，我们宁可继续等待更多的信号。

第七阶段，现在是买方应该显示力量的时候。我们看这次需求强一些，成交量增加（30分钟就有7万2000股，与前一波60分钟有12万股比，买方的数量增多），说明大量的股票在换手。股票突破了前高点并创新高，并且交易强度随着上涨而增加，说明这次上涨吸引了足够的跟随者。

现在价格走向第一、第三和第五阶段的高点，我们期待股票出现停顿或者回调，因为前几次反弹到这里都出现了回调，但是一旦接下来的回调中，交易强度减小，买方可能表现得更加积极。

第八阶段，这一波仅仅有15分钟，回调幅度特别小，成交量和交易强度都非常低，这是我们需要的好中最好的时机。这种情况告诉我们，几乎没有卖单进入市场，供应耗尽。我们建仓做多，其他买方见到压力减轻和股票稀少，也会做多，并促进价格上涨。

第九阶段，股票迅速上涨确认了我们的判断。交易强度指数随着价格创新高而上涨，解决了我们对价格上涨的怀疑。这次多头吸引到了足够的跟随者，成交量随着交易强度和价格的增长而增长，证明需求强劲。

2 点之前，上涨进入停顿阶段，因为到了供应区（星期五和星期六的供应区，图上没有显示）。如果那里的供应依然大，价格会快速回落，或者买方放弃他的收益。但是迅速缩小的成交量和交易强度说明股票很坚挺，没有出现大幅回落。另外价格的净变化很小（根据收盘计算的价格变化），而且这波持续时间短，说明顶部供应被吸收了或者被清掉了。因为市场没有压力，而且供应不足，所以我们继续持仓，等待价格走向更高的目标（收盘前，股票涨到了更高的价位）。

上述例子，我们只是讨论了日内波线图的分析。现在我们如果把这个原则应用到 10—20 个点波段分析上，需要准备五只股龙头股的点数图，分别是单点、三点、五点和十点点数图。

不是每个波线图都能给出清晰的信号，所以我们不能期待每个日内波线图能够产生判断依据。有些时候，市场行为相互矛盾和混乱，那么这个时候我们必须选择等待。当趋势到达一个重要拐点的时候，我们知道市场走到了一个关键时刻，当时的市场行为会给我们一些重要的信息，这时候波线图就能够体现它的重要价值。

比如上一个案例的第一阶段和第五阶段，我们从中无法确定趋势，但是第六阶段和第七阶段就显得特别关键，并警告我们走势会有相当大的变化。有很多日子，市场处于无法确定方向的阶段，我们要保持耐心，等待市场最终走到一个关键的时刻，这时候市场动作本身会警告我们，中期趋势会有变化。

应用波线图分析较大的波段

如图 21-4 所示，这是单点点数图。在 A 下方，五只龙头股的价格在 409 和 419 之间摆动。这个行为发生在 1933 年夏天派发之后，股票自 7 月 21 日的底反弹到现在。

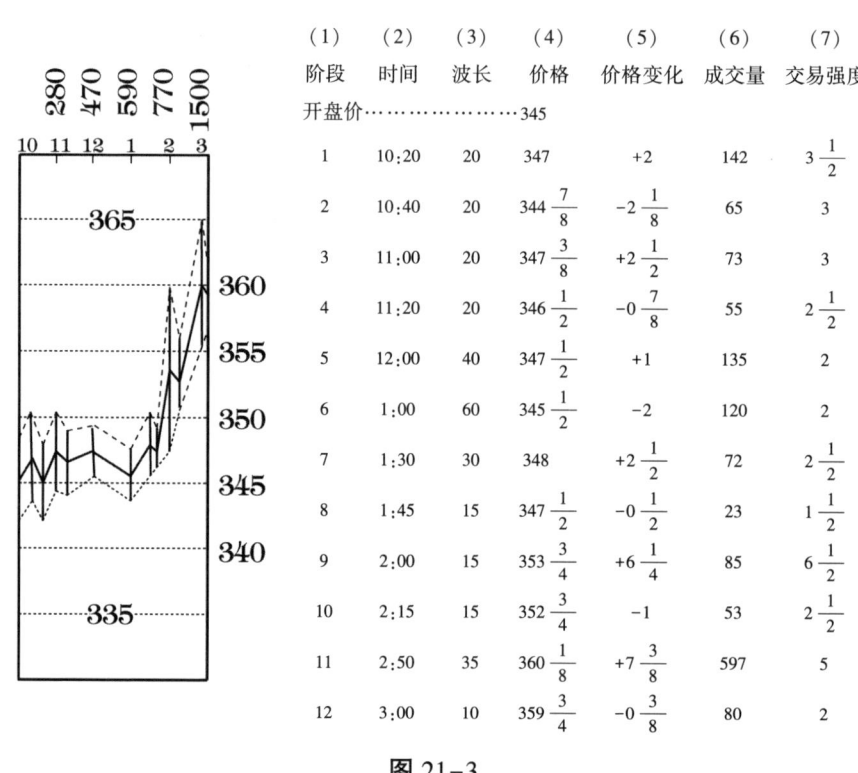

图 21-3

如图 21-5 所示，这是五只龙头股的波线图。8 月份顶部的成交量很大，但是比 7 月份上涨阶段和顶派发阶段的时候小很多，说明市场的吸收能力或者买方购买力减弱（源于之前的抢购和 7 月 18—21 的猛跌）。

【译者注释：图中 AUG 是英文 8 月的缩写；THU 是星期四的缩写；FRI 是星期五的缩写；MON 是星期一的缩写；TUES 是星期二的缩写。在 AUG 后面的数字代表日期。】

8 月份的恢复上涨已经把股票带到了比较强的阻力区。现在我们的问题是要确定市场是形成二次派发，还是创新高，并恢复牛市。

为了便于理解，假设我们现在是 8 月 29 日晚上，比较一下五只龙头股的波线图（图 21-5）和单点点数图（图 21-4），我们发现股票上涨出现困难。从波线图上看，价格趋于横盘，交易强度在扩大，而且成交量很高，但是价格上涨没有进展，很显然，市场进入过热状态。

同时在点数图（图21-4）上发现，买方已经无法推动价格继续上涨。在409（A下方），股票突破了前支撑412（图中左数第六列），在波线图的相应位置是8月28日的第三阶段（3）。接下来下跌被阻止，并开始反弹。但是股票涨到416—418的时候停止上涨，因为需求耗尽，并且股票在这里开始横盘，此时仍然低于前高点419，说明股票失去了继续上涨的能量。

如图21-5所示，在波线图上，8月28日，成交量同前一天比减小，从330万降到212万。特别在日内的第5—9阶段，交易强度没有随着价格上涨而增加，这是看跌信号，确认了买方购买力（吸引公众的能力）下降。在8月24—25的时候，交易强度还随着价格上涨而增加。同时，交易强度没随着价格下跌而增加。这说明市场的背景出现了变化，原来在上涨中买方能够吸引跟随者，并且卖方拒绝参与价格下跌，但是现在买方开始犹豫。从波线图上看，现在有足够证据表明市场在由强变弱。

在8月28日收盘，需求一样有能力把价格挺在416—418。但是第二天，买方开始退后，虽然做了最后的努力（来维持趋势）。在8月29日上午，股票成功突破阻力，迫使市场创新高（涨到了421，参考点数图）。公众欢呼这个突破，并进入抢购状态，削弱了购买力（由于过度消费）。这个阶段，交易强度到达顶峰，主力资金在派发。（译者注释：这是一个解释上冲回落的一个很好的例子，标志着上涨进入极限状态。）

我们已经意识到趋势可能出现拐点的信号，认为8月29日的第一和第三阶段是一个关键时刻（中线趋势有可能由牛转熊），当日剩余时间的波线图强化了这个判断。第二阶段出现了巨量供应并阻止了上涨，而且在10：30—10：40之间，价格回落的时候，成交量和交易强度没有减小，说明卖方在尽全力出货。在11：00—12：00，也就是第四阶段，卖压减轻，买方开始上攻。但是交易强度立刻缩减，显示出反弹虚弱，买方已经满仓，没有能力再接纳更多的股票。

这是第二次在关键阶段需求强劲的情况下，价格不再上涨，导致卖方恢复了主动攻势，他们在第五阶段再次大量出货，这次下跌导致409的支撑被突破。接下来的反弹再次失败，因为价格没有到达正常反弹限度，并且交易强度持续缩减，表明股票会继续下跌。

在第七阶段，这次下跌的交易强度减小。价格跌倒8月24日低点的时候，空头有些犹豫。而且从上午高点开始的下跌，特征是急速和垂直。在这种情况下，我们期待股票会有一个技术性反弹（空头平仓）。从点数图上看，这五只股票已经涨到了他们最近的目标，因为418这个价位的横盘产生的供应会把价格压到406—403。

现在检查一下这四天的盘口行为，我们发现波线图提前警告了我们即将出现的反转，以及市场累积了很多派发特征。这次派发发生在7月顶部，所以这次的猛烈上冲是在继续上次的派发（还没派完的股票），如果我们有机会仔细检查星期四的市场行为，我们会平掉多仓，并且在第二天做空。

在波线图上，29日的第八阶段的反弹，我们不看好，虽然上涨推力很强，但是这种反弹速度更像是空头平仓，或者主力资金在市场全线下跌之前，为了继续派发而故意拉升。注意交易强度没有随着反弹而增加，这是第三次多头无法吸引跟随者（需求）的状况。看到这些市场走弱的特征，这个最后的反弹表明市场已经充斥了供应。在这种情况下，多头力量无法克服415这个阻力（参考点数图）。另外，最后的这个急速反弹告诉我们，主力资金利用了这个暂时的超卖动作，以及一些场内交易员趁机做的超短交易（做多），这两个因素帮助主力加快了派发的结束。

如图21-6所示，这是三点点数图，418一线有7个点，415有10个，预示下跌目标是400—391。这表明其它指数将有一个严重的下跌过程，而且可能发生在那些处于弱势的个股和板块下跌之前。

在单点点数图上（图21-4），401—400有支撑，这个在三点点数图上得以确认。但是经历了12点的反弹，价格到达413之后，供应出现。我们看单点点数图和三点点数图，在410一线出现横盘，横盘往前延伸，点数是20个点，往后延伸，点数是24—33个点。保守看来，价格跌到390没有问题。在390那个价位，支撑上有需求，足以把价格推到408—416。然后在C阶段，在415—419这区间，新的派发形成。价格跌到399之后出现恐慌抛售，导致价格反弹到417（D）。主力在那里的搭好的派发舞台，导致价格跌到321（参考图21-6，H下方）。

现在我们结合图21-7和图21-8，这是上述行情的延续。我们发现波线图再次给出了重要信息。点数图（图21-1和图21-8）上的趋势线和总结可以帮助我们解读重要市场行为，这些原则可应用到其它任何行情图。

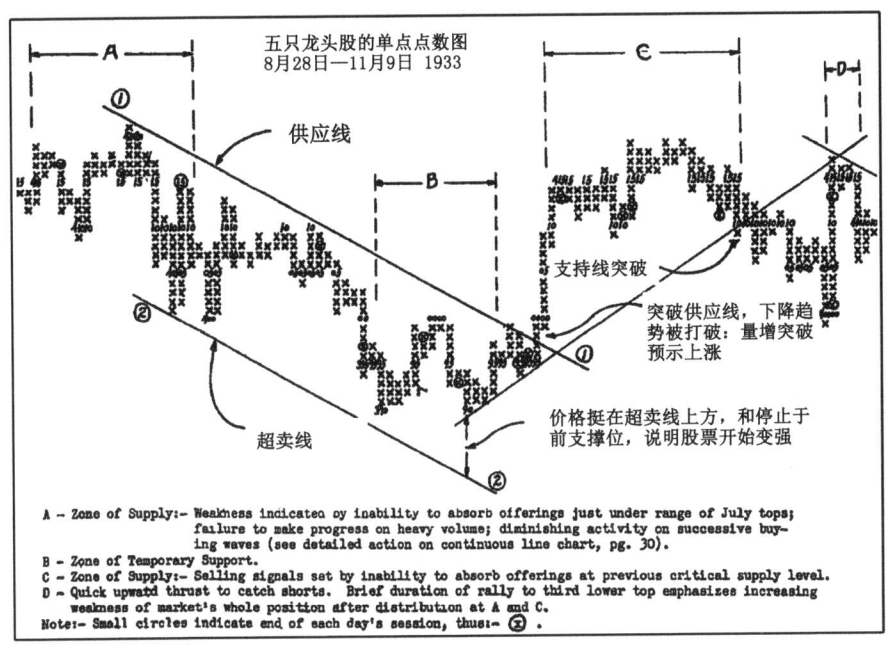

图21-4　五只龙头股的单点点数图（1933年8月28日—11月9日）

- A：供应区，市场变弱的表现是没有吸收顶部供应的能力（在7月顶部区间之下），巨量不涨说明供应大于需求，上涨波的交易强度减小（参考图21-5）。
- B：临时支撑区。
- C：供应区，在顶部供应区，市场没有能力吸收供应。

- D：快速上冲回落扫掉了空头的止损单。这次反弹用时很短，到达的高点是第三个次高点，更加强了市场的弱势背景（在 A 和 C 派发之后）。

【译者注释：点数图上的圈是每个阶段的结尾。】

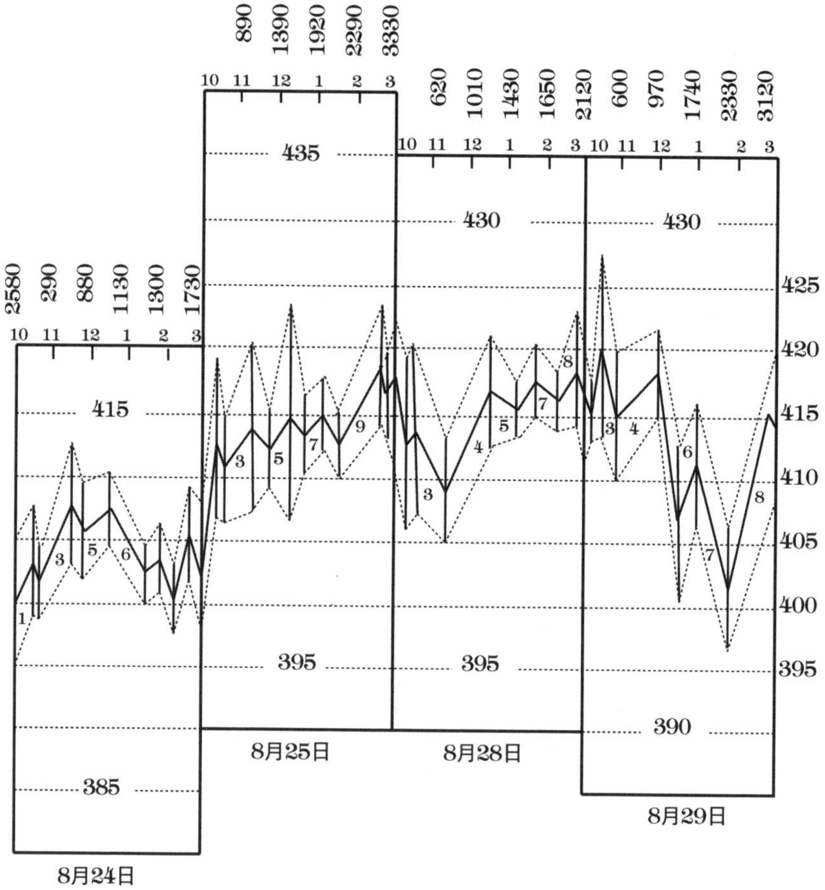

图 21-5

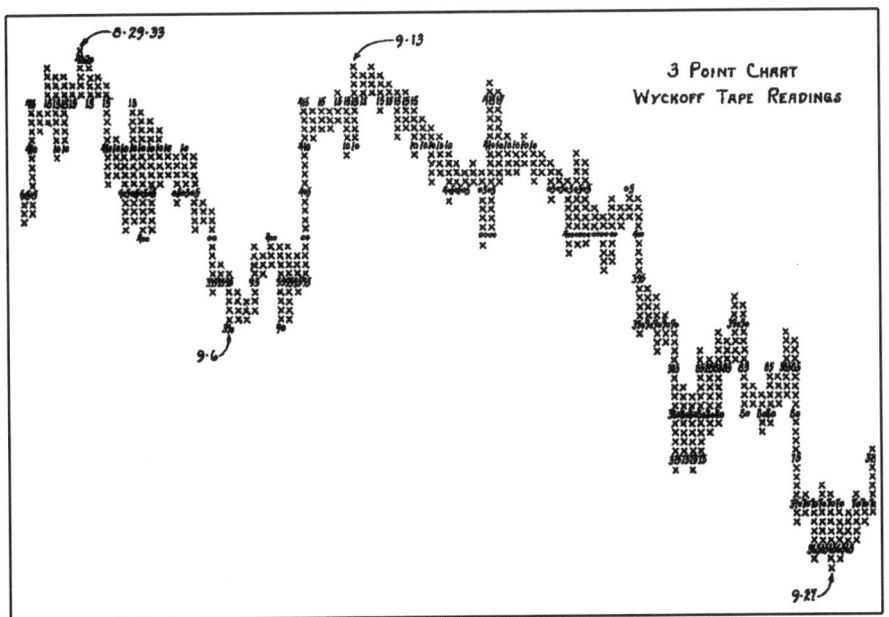

图 21-6　三点点数图

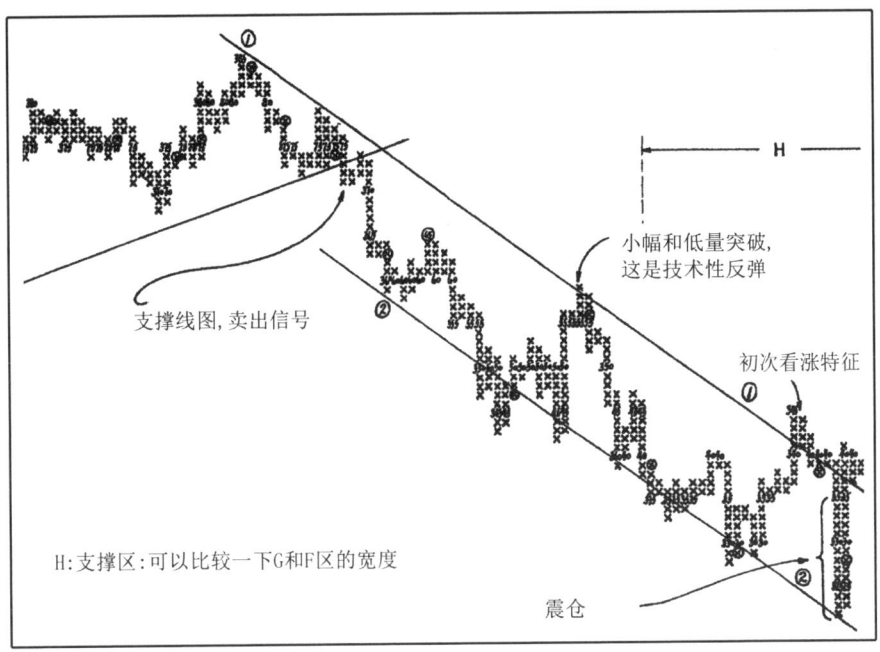

图 21-7

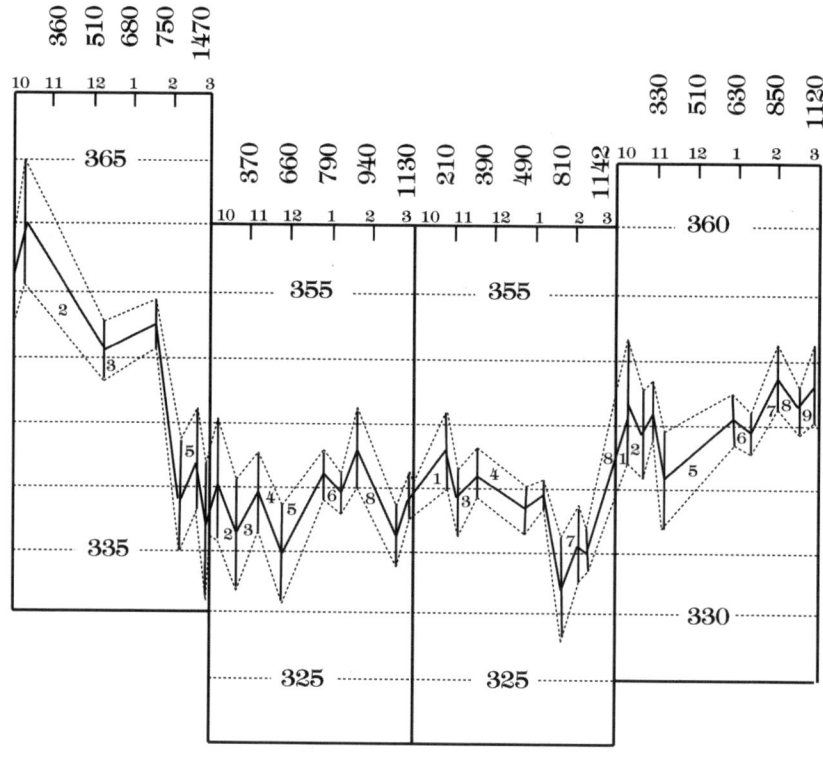

图 21-8

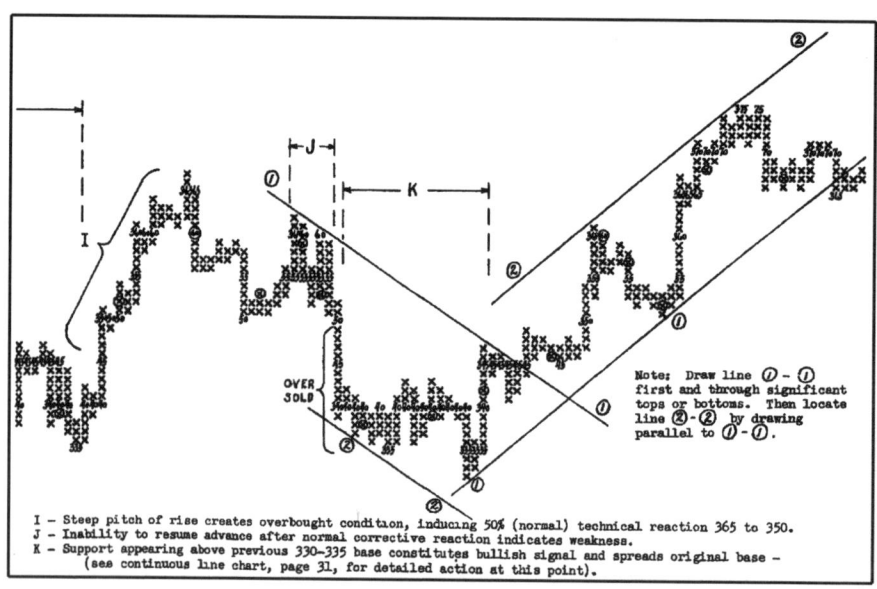

图 21-9

如图 21-10 所示，我们结合了日线图和波线图一起分析市场的关键阶段。这个结合看图的方式，让我们能够观察到单凭竹线图看不到的信息。比如从 8 月 31 日开始的反弹，成交量很低，问题在于这个低量代表的是供应不足，还是代表的需求不足。如果代表需求不足的话，预示着价格会继续下跌。但是在 9 月 3—4 日的波线图上，我们清楚地看到，这两天没有供应，因为交易强度非常的低，说明空头没能够迫使更多的股票清盘（虽然他们努力打压价格去突破 8 月 28 日—29 日的支撑）。所以我们判断那个低量是股票供应不足，9 月初的回调是一个技术性回调，导致股票进入新一轮上涨。

相反，在竹线图上，当价格涨到 109（B）的时候，我们检查 9 月 17 日—19 日的波线图，很清晰地发现多头没有能力吸引跟随者。比如 19 日开盘的反弹，在次高的位置立刻遇阻，并且在第二阶段交易强度增加，说明上次的反弹遇到强大的卖盘。这种表现预示着上涨到达了极限，以及深度回调的开始。

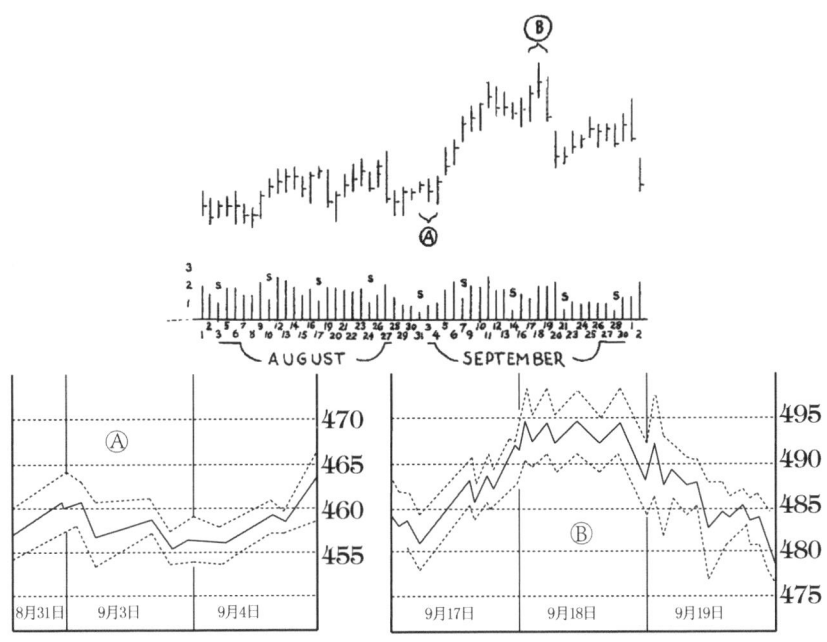

图 21-10

第 22 章　止损单

做投资和做交易的首要原则就是：在亏损最低的时候果断止损。

E. H. 哈里曼，股票交易所的著名经纪人，曾经说："如果想成为一个成功的交易员，一定要砍掉亏损。"作为一个场内交易员，每当股票逆着走半个点或者 1 个点的时候，他就平仓。我们属于那种付手续费的场外交易员，所以不可能把止损放得这么近，但是我们可以控制止损。

我们应该保护我们的投资和仓位，<u>以防巨亏</u>。

- 首先，在确定危险价位之前，不能下单。
- 第二，如果股票按照我们方向走，计算一下利润目标。
- 第三，确定盈亏比是否是三比一。
- 第四，下单那一刻必须放上止损。

如果我们认为一只股票有交易机会，在动手之前，我们要耐心等待股票满足前三个条件。<u>如果这三个条件不能满足，我们等待或者寻找其它机会</u>。要想交易成功，我们必须知道在哪里放着止损，这样保证我们的盈亏比至少是三比一。只有耐心等待，才会有回报。

在股票市场要注意：

- 我们必须时时刻刻为随时发生的危险做准备，无论是投资或者投机。

进场的时候放置止损就等于限制风险，以防小的亏损演变成灾难。简单地说，就是砍掉亏损，这样我们可以有足够的资金准备迎接下一个机会。

经过判断之后,您认为这一单有利可图,那么在下单之前,一定确定自己要亏多少,并且决定,一旦错了,自动离场。如果判断正确,不会连续三次都错。一旦三次进场都错的事情发生,我们每次用 2 个点的止损来保证不会大亏,这样我们还有足够的资本进行第四次交易,这样只要赚 8 个点就可以盈利。但是,如果第一单就亏了 10 个点或更多(原因是没有设置损单),这一单就可能把资金套住,让我们离开市场,或者最好的情况是,很长时间之后才能(有资金)回到市场。

每个人做交易都会有亏损,这是交易开销的一部分。一旦止损被扫,我们不应该感到烦恼,应该说一声谢谢:我的判断是错了,几个点的损失总是好于 10 个点到 20 点的损失(如果不设止损的话)。

止损没那么复杂和神奇,与买股票卖股票一样,止损就是一个订单。

如果您买了一个 50 块钱的股票(100 股),希望把损失限制在 2 个点,您会这样下止损单:"卖 100 股,止损是 $47\frac{7}{8}$。"这句话的意思是,如果股票价格触碰 $47\frac{7}{8}$,经纪商会以市价平仓。或者您 50 块钱做空了 100 股,希望把风险限制在 2 个点之内,您会这样下止损单:"买 100 股,止损是 $52\frac{1}{8}$。"这句话的意思是,如果股票触碰 $52\frac{1}{8}$,经纪商会以最好价平仓。所以止损单也就是买单或者卖单。

我们经常使用的止损单是"取消订单前保持有效",简称 GTC。如果经纪商没有把所有止损单设为 GTC,您要特别告诉他们,这样让资金一直处于被保护状态。

我们还可以使用:"本周有效"或者"当月有效"止损单。这种止损单是防止仓位改了的时候,您忘记了取消 GTC 止损单。如果使用这种本周或者本月的止损单,一定在下周或者下个月开始之前检查一下这些止损单。这样就减少了一个被忘记的止损单演变成灾难的可能性。

<u>止损是对危险(交易灾难)的最好的保护。</u>

止损单就是一个保险:防止亏损;防止判断错误(带来亏损)。就像买房屋保险一样(防止火灾带来的亏损)。您可能认为您的房子不会着火,

但是不买保险会酿成大的损失。止损单也是一样的，回头看看您经历的大的亏损，很多情况下都是没有很好的设置止损。

有人会说：我不相信止损。这么说的原因可能是他的止损单经常被扫。造成这种结果的主要原因是他们不懂得市场行为本身；没有正确地研究市场，造成他们不知道如何以一个最低止损的策略开始交易。他们也不知道如何管理止损。当然，即使最好的交易，止损单也有可能被扫。但是，如果没有合理的判断，大部分止损单非常可能会被扫。

很多人不使用止损的另一个原因是，他们认为那些专业人士会去打他的止损单。这种情况只能发生在市场非常低迷的阶段，或者说大部分止损都放到了一个价位，导致那些场内专业交易员去打这些止损单。在一个非常活跃的和成交量非常大的市场，不会这样，我们没有理由不设置止损单。

我们强烈建议：(1) 每一笔交易必须设止损；(2) 移动止损，以保证能够支付手续费和税；(3) 在市场走势对我们有利的情况下，移动止损来保护利润。

止损的点越小，亏损就越小，利润也越大。例如：如果在最低风险点区（危险区）做空，并且期待股票下跌10个点，设1个点的止损，这样盈亏比就是十比一，这样就比期待利润是5个点而止损是2个点的交易好的多，因为后者的盈亏比是2.5比1。

我们需要养成习惯，每次下单的时候都设立止损，<u>这样不用为亏损担心</u>。我们每天不用盯着止损，可以做其它的事情。我们的经纪商接受订单之后，会全权负责监视和执行。如果他们因没有执行您的止损单而造成亏损，他们要弥补损失。

如果选定一个经纪商，您会发信告诉他们所有的止损单必须是"GTC"。如果他回信确认和接受您的指示，他不能再强调"我想您的止损只是当日止损"。当然，如果您把止损改为本周或者当月有效，您就不用这样做。

设定止损会让头脑清醒。迪克森·G.沃茨，一个成功的棉花期货操作人，在成功投机的基本原则中写道："头脑清醒，才能做出可靠的判断。"

如果我们事先确定好了亏损数额，我们头脑会很清醒。如果没设止损，亏损会超过您预期利润，这会导致头脑混乱，以至于可能在关键时刻犯错。

所以，坚决不要放弃使用止损。您可能认为您很有钱，不会亏损。在1929年，3000万人也是这么想的，他们很少人设立止损。据我所知，一些人亏损上亿。他们没有使用止损。

不要让任何人阻止您使用止损。那些好心的经纪人可能暗示，不同意您使用止损。因为他们长期和公众（的随意的操作）打交道，所以他们的想法跟公众也一样。

止损单用来：

- 限制风险。
- 降低风险。
- 保护利润。
- 在高于或者低于当前的价格开始一个新的交易。

止损单用来限制风险：每次下单，必须立刻设置止损。

当股票的行为允许我们把止损挪到跟当前价格接近的位置，这些止损单能降低风险。在不影响交易的情况下，如果有机会，我们应该这样做。单点损失总比两个点或者三个点损失好，但是不要太着急移动止损。仔细观察支撑和阻力的形成，我们可以参考他们改变止损位置。当然，我们可以通过移动止损来弥补交易手续费，这样做没什么风险——我们的利润期待值是100美金。

关于做多的移动止损，一个好的原则是：只要市场允许，把止损放在成本价之上的半个点或者3/4个点。做空也一样，把止损放在成本价的之下半个点或者3/4个点。半个点足够弥补100股（整数单）的手续费，3/4个点足够于弥补少100股的手续费（奇数单）。

在市场低迷或者浮动供应很少的时候，止损单可能不会在我们认为满意的价格执行。这是因为那些较大的滑点，以及很低的成交量，这种行情是主力资金和担保人（或者专业人士）控制下的市场。后者被您的经纪商雇佣，因为他们没法站在场内盯着您的止损，所以，在这种低迷行情中，70块钱的止损经常在68或者69执行，更差的市场是在65执行。

波动剧烈的市场很吸引人，因为交易非常活跃。但是从长期来看，交易龙头股更令人满意，因为他们的止损可以在设定的止损价执行，或者在接近于设定的止损价执行。这类股票没有滑点，所以能够以上一个成交价格成交。

止损单可以用来保护利润。在交易中，我们不知道什么时候出现反向走势，并抹平我们的收益。使用止损单，即使有3个点收益的单，也不能让它成为亏损单。

记住：每一次下单都有风险，没有"永久"投资这回事（这里指的是买完就拿着的那种长线投资）。没有认识到这个事实是造成亏损的主要原因，导致每年大量浮盈被抹平，资产缩水，损失超过了分红的收益。最差的交易是：因为没有保护，导致10到30个点的利润缩水了1/3或者2/3。当趋势已经出现反转的时候，这些人不平仓，因为他们认为这只是回调。随着利润的继续缩水，他们还在扛，因为他们认为还有收益，并且盼望市场反弹。再往后，他们因恐惧而不平仓，他们认为市场跌了这么多，肯定会反弹。另外，他们也非常不愿意在底部平仓。那些媒体的专栏作家，还沉醉在牛市思维当中，他们认为：这个还是一个主趋势的中期回调。

浮盈变成了浮亏后，这些人自我安慰：这只是浮亏。那么每次牛市结束后，有多少人不是最后把浮亏变成真正的亏损？

我们认识到10个点的利润比一年的分红都要多，会对我们的交易很有帮助。如果赚到15—20个点就平仓，然后离开市场三年，三年的分红收益才能赶上这些利润。

所以，我们应该用止损保护利润。

吸筹派发之后，如果市场向有利于您的方向移动了10个点，我们期待他有3到5个点的反向移动，在选择止损位置的时候，必须要考虑到这些反弹或者回调。开始的顺势方向移动越大，回调或者反弹就越大。即使我们期待初始趋势能够走 20 个点，我们要保证有 10 个点的浮盈。如果股票从 60 涨到 70，不保证接下来价格不会回到 50。

止损单也可以用来进场，就是我们说的条件单。比如在现在价格之上放置买入条件单（类似于止损价格），做空是在当前价格之下放卖出条件单，当价格触碰这个条件单价格的时候，会自动成交。但是使用这种进场方式的前提是：个人的市场和风险控制经验必须非常丰富，不然容易因为条件单被扫而造成亏损。

因为交易所的规定，卖出条件单不能直接开仓。所以要指导经纪商，让他看到价格接近您设定的价格的时候，按照市场价做空。这样就满足了交易所的要求，这个空单是一个市价单，不是止损卖单。【译者补充：这个限制在当今市场已经不存在。】

当我们已经判断好一个重大的上涨趋势即将来临，并且不会有大的回调，我们可以使用止损买单入场（条件单）。这种条件买单可以保证趋势一起来就能赶上，否则的话，如果不使用这种条件买单，趋势起来的时候，我们只能追高，导致风险值增高。下面是使用止损条件单的时机：

- 吸筹或者吸筹的结束阶段，股票已经准备踏上弹跳板。
- 股票已经处于死角位置。
- 股票处于区间（盘整）阶段，看起来能够突破阻力，并有确定性上涨。

条件买单的触发过程是：如果股票触碰了设定的价格，立刻成交（执行）；如果股票没有达到设定价格，您的订单还在那里挂着，直到放弃这单的信号出现。比如，我们发现了股票处于吸筹阶段，参考第 9 章，每次股票下探 30 的时候，总是立刻遇到支撑。我们相信在 M 位置，一个快速上涨会让股票踏上弹跳板，然后股票会迅速上涨，但是带量突破 28 或者 29 会导致股票迅速继续下跌。我们现在没法做决定，如果我们相信价格会涨，会指示经纪商：以 32.5 买入 10 股，用条件买单执行。如果价格没有触碰 32.5，这个条件单不会被执行。但是如果触碰了 32.5，无论我们是否在场，这个条件单都会被立即执行，这样我们就立刻有了成本是32.5的多单。价格当天就涨到了33—34，我们已经有了浮盈，这样就避免了追高的问题。

使用条件买单的弊端是，一旦这边儿成交之后，要立刻手动设置保护性止损，比如说，在28下方。因为条件单在上升波中已经成交，相比于30那个价位的买入单，当前的风险已经增加一些。所以一旦价格刚到 $32\frac{1}{8}$ 就回头下跌，导致28下方的止损单被执行，造成更大的损失。条件卖单有同样的弊端。

条件卖单和条件买单相反，当我们判断股票即将进入下跌趋势，一旦跌到某个价位就会促成下跌趋势形成，而且不会有大的反弹。

使用条件卖单优势和条件买单优势是相同的。当条件卖单的价格被触及后，我们期待价格会迅速下跌。如果不设置条件卖单，我们就错过了在趋势开始就进场的机会，如果再去追着价格下跌进场，我们的风险会增加。

如果我们在一个危险区做多，股票跌破这个危险区的时候，我们选择反手做空。例如：在61做多100股，危险区在 $59\frac{3}{4}$；我们决定，如果股票突破这个价格，我们会做空。我们会这样告诉经纪商："做空200股，价格是 $59\frac{3}{4}$，成交后，放2个点的止损。"

相反，如果在危险区附近做空的话，如果价格向上突破这个危险区，我们会反手做多。例如：73做空100股，危险区在75；我们决定，如果股票突破这个价格，我们会做多。我们会这样告诉经纪商："做多200股，价格是 $75\frac{1}{8}$，成交后，放2个点的止损。"【译者补充：在当今市场，非常不建议大家使用这种立刻反手的进场方法，最好等到下一个好中最好的进场时机。】

我们最好不要把止损单放在整数位，比如90、83、72、41；因为那里经常有很多买单，会被专业人士故意打掉。如果在65做多，不要把止损放在63或64，应该放在 $63\frac{5}{8}$ 或者 $62\frac{7}{8}$。这样当股票跌到64的时候，那里的买单多于卖单，也就是说，需求大于供应，所以我们的止损单是安全的。

只有一种情况，所有的买单被吸收，只要在 63⅝ 多出 100 股，我们止损会被扫。

这个技术性关键点（整数）是经过对大量公众的订单分析得出的。整数位是用得最多的止损价格，其次是半价位置，也经常被用作止损位，比如 25.5、50.5，等等。接下来是 1/4 价格，最少用做止损价的是 3/8、5/8。

在前几章我们用案例说明过：如何设置损，如何移动止损来降低风险和保护利润。从这些实际案例看出，遵循随意的原则设置损单是不可取的，比如随意在进场价的上方或者下方放 2—3 个点止损。这种随意的止损方式只能在市场没有清楚的支撑和阻力的时候（或者不知道哪里放止损的时候）使用。

我们要记住，止损离危险区越近越好。高价股票的做多止损放在危险区（支撑）下方 3—5 个点的位置，做空的止损设置是在危险区上方 3—5 个点，或者在正常回调（或者反弹）的位置放同样点数的止损，也就是上一波的跌幅的 50%位置的上方（做空止损）；或者上一波涨幅的 50%位置的下方（做多止损）；或者明显的支撑阻力线【译者解读：这里说的包括趋势轨道的支撑线和阻力线】。一般价格的股票的止损点数是 2—3 个点，低价股（小于 50）的止损点数是 1—2 个点。

止损的点数和您的交易风格有关。短线交易是期待 3—5 个点的利润。这种交易风格止损必须离危险区比中线交易更近。中线交易是期待 10—20 个点的利润。和长线交易相比，短线交易期待的是低利润和快速回报，所以要合理控制风险，必须把止损放在危险区越近越好。长线交易是允许股票出现正常反弹或者回调的（50%），或者暂时出现突破趋势线的情况，这样小幅波动不会因为触及止损而导致我们离场。总的来说：根据交易目的设置止损，并且根据股票行为和大盘行为移动止损。

永远记住不要改止损价格，这样风险会增加。所有的改变都应该是为了降低或者消除止损，来保护浮盈。

现在很多交易员在支撑阻力附近放 1 个点的止损，甚至是整数止损。建议最好改成小数位，1⅜—2⅝ 个点。这样止损单不在主力资金或者专业人士的打击范围内。

如果进场之后的走势很好，我们要移动止损。我们要记住，股票走得越远，越接近回调或者反弹，或者接近反转，这个时候要把止损缩紧（接近当前价格）。

如果我们计算出股票朝着对我们有利的方向移动15个点，不要等到最后。股票走到10到12个点的时候，当看到股票有迟疑信号的时候（或者有反转的初始信号的时候），把止损缩紧在当前价格附近。走势犹豫越久越说明股票会反转，我们越应该把止损缩紧。

有时候让止损触及比主动平仓还要好，主动平仓说明您关掉了赚取更多利润的大门，但是通过移动和缩紧止损，等于是为可能的利润打开了大门，当然也保护了已经获得的利润。

但是，处理止损和对市场的正确判断分不开。一般来说，如果对市场有正确的判断，主动平仓比等待止损被扫会有更满意的结果。这是因为做多的止损单会在下降波中触发，也就是卖弱；做空的止损会在上升波中触发，也就是买强。但是对市场行判断得好的话，可以在上涨波中平掉多仓，在下降波中平掉空仓。主动平仓和止损被扫之间产生的差额不属于亏损，而是交易费用的支出，也就当成买保险的支出。

当然，即使是最好的判断和最好的止损方式，也免除不了被市场打脸情况发生。在这种情况下，如果因为止损被打而离场过早，等有机会再进，但是必须设止损，别再考虑最初的进场价和被扫的止损价。止损经常被扫的情况有三种：

- 没有耐心，过早进场。没有等到好中最好的时机，或者没有遵循本章开头描述的进场条件。
- 逆势交易。
- 没有正确使用和调整止损。

如果发现止损经常被扫，仔细复盘，找出止损被扫的原因。然后重新阅读本章内容和其它章内容，您会找出错误原因，并且避免将来再犯同样错误。

如果进场时机好，止损也设置得好，但是止损还是频繁被扫的话，说明您在做逆势交易，比如牛市做空和熊市做多。止损频繁被扫会导致大家放弃使用止损，这样更加危险。

　　有些很活跃的交易者喜欢使用心理止损，我们猜这些人没有时间经常关注市场；就在他们不关注的时候，市场出现了反向走势，这种的情况下，心理止损没有用。还有就是，如果无法一直看盘，如果到了您心理的止损价位，让您的员工帮您以市场价平仓。这种平仓方式收益会有所出入，但好在没有大的损失。每个人都会犯错，特别是那些才开始学习交易的人。

　　永远不要放弃使用止损。如果止损总是被扫，彻底离开市场，直到您对市场的判断已经非常清晰，而且完全理解了市场本身，或者直到您能够（*成功*）使用上述原则做交易。

　　不使用止损等于是放弃了本书方法中最重要的一部分。做任何生意的的秘诀都是控制亏损。不使用止损等于说您很有信心，而且永远都不会错。

第 23 章　建议和忠告

您愿意努力学习此方法，就证明您决心要摆脱股市针对大众心理的操控。在知道股市车轮如何转动之前，大众就是股票市场中待收割的韭菜。

通过模拟训练获得必要的经验

与任何其它商务、专业、艺术或科学一样，在开始实战操作之前，您必须通过一段艰苦的学徒期，并进行模拟训练，从而奠定坚实的基础。就像您在成为一名牙医前，不会一上来就急匆匆帮患者拔牙。就像您想成为一名律师，不会一开始就正式出庭辩护（即使律师协会允许您上）。因为您的客户很快就会发现您缺乏经验，您将不得不自尝苦果。股票也是一个道理，在实际操盘前您必须先学习，然后通过模拟训练获得必要的经验。医生的实际操作针对的是病人，而您实际操作所用的是您自己的真金白银。

一直持续学习、思考和实践总结，直到您学会什么时候买卖何种股票。当您决定下单时，把它记录下来，就像您向经纪人下订单一样。然后通过致电经纪人或查看当晚或第二天的报纸来确定您的订单价格会是多少。如果您有疑问，请按最坏的价格来算，并把买卖的佣金算上。当这一单交易结束，把佣金和税扣除，计算净利润或净损失。在损失那一栏再扣除 6% 的利息。一切就像您真正地通过经纪人在买股票一样。

【译者补充：如果您认为模拟交易无法反映情绪因素，如果资金足够，

建议用一手订单进行真实交易，而且这一手交易所造成的资金回撤在您承受的范围内。这样的话，可以考察自己的情绪波动。】

研究您的失败交易，并与成功的交易进行比较，这样您就可以找出错误的原因，并在以后的一系列交易中纠正错误。在您进行了50或是100次没有风险的模拟交易后，您就会知道如何在正确的时间选择正确的股票。请一定要去研究您自己的弱点。【译者补充：因为股市就是针对人性的弱点！】

进行模拟交易的时候，每下完一笔单，请立即加上一个止损单，就像用真实资金交易一样。下止损单在模拟交易中和在实际交易中一样重要，因为您想知道什么时候您的判断是错误的，而错误判断的后果就是损失。

当您成功地完成了一系列模拟交易和投资后，您才能为真实交易做好了准备。在此之前，请不要轻易尝试，不要不耐烦，不要急于求成。即使是模拟交易也需要全面透彻的理解，才能为自己的将来打下坚实的基础。哪怕是投资一块钱，也请您等到对自己的判断有了信心之后才能开始。

不要让任何人和任何事，影响您仓促地用真钱进行交易。如果您在报名上课前有用真钱交易的想法，只是还没有实施，那么正好，请您等到心理上和知识上完全准备好以后，再用真钱交易。没有任何事情能让您匆忙的开始交易，也不要在财务紧张的情况下进行交易。

比起模拟交易，真钱交易更多的是一种对您能力和情绪的测试。因为真钱是赌注，您就会或多或少的被股民们面对的两大恶魔——希望和恐惧所控制。

因此当您开始实际操作时，无论您的资本有多大，比较明智的做法都是从10或者15股开始交易。时时刻刻提醒您自己还在学习中。在学习阶段，您不应该试图盈利，训练自己才是最关键的。记住用这种方法，您并不需要资本来学习如何投资和交易。开始阶段对股市技巧和内涵的理解远比盈利更重要。

您学习本书内容的时间越长，您就会变得越专业。不要幻想在几周或者几个月之内就成为一名全能的交易员。在下一个熊市出现之前，牛市可能会持续若干年。即使是资深的交易员,在这一轮熊市当中学到的技巧,还没等到下一个熊市来到就忘记了。反之亦然。因此,如果您处于一个周期的开始和中间,可能需要很长时间才有机会学习如何在周期末尾交易。所以您应该通过不断的练习来努力完善您的判断。避免专注于课程的某一方面,而忽略了其它方面。学习整个本书的课程,从整个课程中受益。

【译者补充:着急是公众的通病。学习市场和学医一样,需要时间、耐心、毅力,以及见习实践,但是公众却想尽办法躲过这个过程,比如寻找捷径、梦想着电脑程序化可以代替自己交易和躲过学习。模拟交易在公众眼中觉得没意思,因为见不到真钱,满足不了着急赚钱的欲望。但是模拟交易的作用是大家无法想象的,它可以把学到的方法串起来,并从中获得感悟,以及了解自己在哪方面的不足。比如在交易上经常犯的错误,如果在模拟中发现并解决,比如浪费真金白银要好的多。为此,威科夫优势盘感实验室搭建了落地训练平台,来训练我们的交易员,目的是让交易员经常更新知识和发现自身的弱点。】

过度交易是一种金融操作上的自杀行为。这是公众所犯的第二大错误。在您进行了足够多的模拟交易,并有信心用真钱交易后,也请您<u>从轻仓开始</u>,因为足够的资金让您放松心情。如果实际结果不如您的模拟交易好,请再回到模拟交易,直到您准备好了,再开始真钱交易,<u>尝试从利润中筹措资金</u>。

如果您一开始就挣钱,那么等到您有足够的资金之后,再进行大笔交易。先学会爬比先学会走要好得多。在您成为专家之后,会有足够时间让您进行大笔交易,市场永远存在,机会永远会有。开始阶段最主要的,是为将来的成功打下一个坚实的基础。如果您过度交易,把精力过度分散,以致束手束脚,很可能会被早期的经历打击甚至一蹶不振。这种情况发生在大多数没有以正确的态度学习技能的人身上,他们在学会投资交易之前就将资金损失殆尽。我必须强调这一点,这样您不会重蹈覆辙。

学会投资交易之前,<u>以相同数量的股票交易</u>(等量股票交易)。交易的成功意味着,在一系列等量股票交易后,扣除佣金、利息。和税,利润超过损失。

每一笔交易都盈利的人不存在

交易损失是对错误判断的惩罚。交易员的判断越准确,他的损失就越少。例如,选择好中最好的交易时机,意味着下单后股票的价格不会往反方向走超过 1/8。【译者注释:这是当年最小的价格变化单位。这种计算方式在当今已经不适用。威科夫先生的本意是:如果进场时机好,股票向反方向走的几率很小。】这是您应该努力达到的标准。您越接近这个标准,年终的净利润就会越大。

在操作中用等量股票进行交易的原因是:大多数人的习惯是持有不同仓位的股票,比如他们会持有某只股票的 25 或 50 股,同时持有另一只股票的 100 或 500 股。通常公众会喜欢买更多的低价股票,也就是最投机也是风险最大的股票。最后的结果是:损失惨重的是那只持股最多的股票,而利润往往来自于持股最少的股票。明智的做法是进行一系列等量的交易;随着您变得更加专业,您的盈利交易会数倍于您的亏损交易。

如果您的交易目标是投资,也就是着眼于中长期,那么与其每只股票投资相同股数,不如每只股票投资相同资金,而且应该选择潜力股而不是把大部分资金投在便宜股上。

无论您是短期投资还是长期投资,最好将投资分散而不是只投一两只股票。换句话说选择您最看好的 3、5、10 或 20 只股票,股票数量取决于您的资金大小。比如说您选择了 5 只股票,假设 5 只股票是您能同时投资的最大数量。即使是最好的判断,其中的一只可能出错,另一只股票可能也不如您预期的那样好。但是另外 3 只股票很有可能会抵消您的损失。而且您可能至少有 1 只股票走势非常好。可是您如果在 1 只股票上买了 100 股而不是买 5 只股票,每只 20 股,您往往会发现您所选择的就是最坏的那只股票。

既然我们认为单个股票投资属于走极端,那么投资过于分散等于走向另外一个极端。您如果需要同时跟踪太多股票,您的判断会因为担忧和时间短缺而扭曲。没人能在有限时间仔细研究大量股票。

当然也不是说您一定要同时交易5只股票。第一只股票处于好中最好的时机，而他股票未必处于最佳时机。假设您通常投资5只股票，已经选好了2只，那么也不要将钱全投在这两只股票上。剩下的资金在时机成熟投资其它股票。有可能您已经投资了5只股票，而第五只股票走势不如预期，请耐心等待，直到发现一只走势良好的股票再投资。

独处是产生利润的最佳条件

<u>在哪里适合研究市场？</u>您可以在私人办公室，或者闲暇时在家中或其它任何地方。

如果您想要以交易为生，最好的场所是您租一间私人办公室，可以很小，因为您只需要读图表，一部电话，一张桌子和一把椅子。【译者注释：当那是威科夫先生的时代，现在更重要的是有一套电脑设备。】如果您不在门上写名字，没有人会打扰您，只要贴上"私人"标签，其他人都会走开。

如果佣金有保证，您的经纪人会很乐意免费提供办公室和所有设备。

不管您是职业交易员或只是对交易感兴趣，您的经纪人的接待室都是最差的学习或交易地点。当您的经纪人和助手忙着下单的时候，当其他人议论市场或问蠢问题或传递小道消息或大喊大叫又成交1000股的时候，您是无法集中精力看盘的，尤其看盘还是一项很难很细致的活。所有的这些干扰都会影响您的判断。他们对投资者和交易员来说有相当的破坏性和误导性。我们不妨向母鸡学习，母鸡下蛋之前总会找一个安静的地方。您的利润就是鸡蛋，<u>经验证明独处是产生利润的最佳条件</u>。

判断股市是一项需要谨慎平衡各项能力的工作。如果一个人的判断力被经纪人办公室的各种因素影响的话，更会受到偏见的干扰。通过沉默和独处就能隔离这些令人困惑的环境。

反对在经纪人办公室交易的另一个原因是您经常会有频繁交易的冲动。您看见周围的人不断买进卖出。其他人会告诉您最新的小道消息。各种新闻会引起您的兴趣，让您误入歧途。这里的一切都促使您频繁交易，让您头脑发热，操之过急。

您每月交易一次并盈利比您每天交易最后却有损失要好得多。最盈利的交易方式并不一定是当天买当天卖。像我所指出的那样，重要的市场走势需要时间来酝酿和发生，那么很明显，您想要获利的话，必须有耐心。在经纪人办公室是很难有耐心的。相比而言，在您的私人办公室或在晚上，花上一个小时来研究市场和制定操作计划更可行。

如果您没有私人办公室，也只能在下班后才能研究股市，您跟活跃的交易员也别无二致。当然，如果您倾向于投资性交易会更佳。您可以在晚报上找到当日完整交易记录和多空博弈的结果。您只需要一小会就能从这些交易记录和波线图得到数据。您只有在安静的环境下，通过自己的数据，才能制定交易计划。然后您再告诉经纪人下单。在您看到当天的交易结果之前，都不需要再关注市场。交易结果无非是证明您的判断的成败，或者存有疑虑，如果是后者您就清仓观望。

每天花一小时研究市场

【译者注释：这是作者威科夫先生当年的建议，但是根据译者的工作经验，每天一小时远远不够！】

每天花的时间越多，研究市场、制定计划，判断市场的效果越好。当我感觉自己总是被琐事干扰，且不能好好研究盘口动作的时候，我发现每天强制自己用一小时集中精力研究市场趋势和行为是一个很大的优势。对一个活跃的日内交易员来说，每天只花一小时做研究可能不现实。但是在定义市场走向、预测重要拐点以及选择短期内能够获利最多的股票方面，一天一小时的方法是很理想的。在每天一小时的研究当中，牛和熊相对的强弱、市场对牛和熊博弈的反应，以及操纵的本质和操纵者的意图，都变得更清晰。

多年前，在我观察著名股票作手詹姆斯·基恩读盘的时候，我注意到，他会仔细研究盘口两到三分钟，并让他的工作室也保持同样节奏。每次他再次读盘的时候，他会观察到市场以及特定股票的行为变化。通过盘口他可以看到一系列他仔细分析和考虑过的画面。在他穿梭来回的间隙，他会进一步思考并得出结论。

我建议对那些没有更多时间的人来说，每天花一个小时研究市场。对有正常工作的人来说下午或者晚上一个小时就足够了。一般来说用这种方法的人会比那些整天呆在股票经纪办公室的人要更成功，但是他们可能比不上那些在自己的私人办公室，潜心研究盘口并绘制图表的人。

就我而言，在上述时期，当我遵循一天一小时的计划，我有一个助手，我不在的时候，他帮助我密切关注市场，并提醒我特殊情况的发生，这是个小伙子。有一天，我对这个小伙子说："您在这里学到的东西，某天会值一百万美元。"这是十五年前的事。我是对的。如今，他已经赚了一百多万美元，主要依靠的就是那时他所学到的技能。

熊市比牛市有更多的赚钱机会

许多人不能像做多那样容易去做空。这是一个很大的障碍，我建议一直进行模拟做空交易，直到您可以像做多那样随意做空，而没有任何额外心理负担。

只会做多的人只能算半个交易员。他总是以牛的视角看待一切，所以他认为一切都在上升。他从不会在做空上看到任何利润。事实是，长期的熊市比长期的牛市有更多的赚钱机会。

投机性公众主要由看涨派和做多派组成。除了在短期狂热的牛市，他们每年都损失巨大。即使在狂热的牛市，赚的钱也只算是暂时借给他们（最后都要还的！）。华尔街历史证明看涨派大多数都失去了他们的利润甚至更多。如果他们意识到并在合适的时机做空，那么这些损失就可以转化为利润。

关键不是您赚多少，而是您能将您赚到的守住。

很多人因为害怕套牢而不敢做空。如果您调查一下过去50年当中发生的套牢事件，您会发现被套牢的几率是百万分之一。即使是那仅有的一次，也能够轻易地被止损单所摆脱。(但是套牢最多的是那些做多派!)

华尔街传言，股市涨是有人运作上去的，但是股市跌是自由的。最大最快的收益来自做空。1929年10月和11月的股市大跌，将前面14个月的上涨化为乌有。这意味着做空者如果在合适的时机，利用急转直下的形势就能在短期内赚取大量的利润。如果那时候有更多的做空者，市场就不会有毁灭性的动荡。如果在1929年7月、8月和9月，股市疯狂上涨的时候，如果有更多的投资者做空，那么股市就会平衡得多。这不仅能够阻止股价夸张的上涨，也能够阻止股价疯狂的下跌，从而在一定程度上维持着价格的平衡。

一般的商业行为要求人们先买后卖。但在股市，您必须对先买和先卖同样熟悉和同等对待。因为最终目标都是卖出价格高于买入价格。

当您做空时，您得通过经纪人借来股票，然后做空。而对于把股票借给您的对方经纪人来说，他的保底价就是当时的市场价。

有时候当某些股票很难借的时候，您必须额外付费，这些额外付的价格，也通常公布在财经媒体上。如果需要额外付费的话，通常意味着有很多人想要卖这只股票。但是这不是绝对的，只要您设好止损单就无需担心。

交易员必须小心避免在市场不活跃的情况下做空。因为往往第二天的开盘价比前一天的收盘价要高几个点。这样会导致您的止损单被扫，得不偿失。

有时纽约证券交易所禁止或者限制做空，使得做空者处于劣势。如果这样，最好推迟交易，直到市场正常化，从而避免此类风险。

寻找最好的股票进行交易

持续不断的寻找最好的股票进行交易。您的图表会告诉您如何选择。

倾向于选择交易量大的股票，这些股票容易买卖，而且使用止损单最安全。

不要只是因为一只股票涨就买入，或者因为跌就做空。我们应该等到一波趋势结束和下一波趋势开始时行动。在此之前让别人去操作。这样可以保持您资金的流动性，避免被呆滞的股票套牢，也避免过早入场而被踢出局。

一定努力做到进场后，市场马上有动作，而不是盼望价格上涨只是因为您买了。持有一只股票许多日或许多周而没有任何获利是一种很糟糕的操作。

试着选取能马上有动作的股票（上涨或者下跌），并且是上涨或者下跌最快最大幅度的股票。

预期的利润必须数倍于风险

控制您的损失，扩大您的收益，这是华尔街最基本的交易原则。如果您做不到就不要开始交易。公众损失巨大，是因为大多数人都违背了这一原则。他们通常赚取蝇头小利却不断扩大损失，直到破产。

当决定下单时，要确定您会承担多大的风险。如果股票的走势暗示会往您预期的方向移动 10 到 15 个点，那么承担 3 个点风险就是合理的。预期的利润必须数倍于风险。您必须在下单处上下几个点设置止损单。如果股票按照预期运行，您就顺势移动止损单，从而降低或者消除风险。如果市场允许，账面利润出现，您将进一步移动止损单，以保证这一部分利润。

以上说明，如果您错了，请快速逃离。如果股票开始向不利的方向移动，现在只是错误的开始，判断错误没关系，但是让错误持续，通常会造成巨大的损失和灾难。想象一下，在 1929 年到 1931 年的股灾中，如果每一个交易者都设定止损点，那么公众将会避免大部分的损失。【译者补充：中国的几次股灾也是如此，比如 2015 年的股灾。】

如果您交易了一段时间，发现您的止损频繁被扫，这意味着您在开始交易时不够谨慎。请只等待好中最好的进场机会。根据您的图表趋势秩序，尽可能地持仓，直到真正的危机苗头出现。

研究您的错误，并从中受益。每时每刻都要清楚您为什么下单，为什么持仓，为什么平仓。

市价下单与限价订单

几乎在所有情况下，"市场价"下单最好，当然止损单除外。通常不建议采用限价下单，但也不是绝对的。

当您观察到一只股票蓄势待发，并且它的交易在 $85\frac{1}{2}$ 处变得非常活跃。此时在 $85\frac{1}{2}$ 处下单或者任何的限价订单都是错误的。因为您可能根本拿不到这个价格。可能要到 $85\frac{3}{4}$ 或者甚至 86 的时候才能成交。您可能会为了省下一点儿小钱，而错过了整个走势。

如果您在等待股票反弹时卖出或者下滑时买入，并且您的图表显示下单必须在您指定的价格，那么限价订单就没问题。举个例子，一只股票经过调整，从 86 涨到了 90。通过股票行为和大盘走势，您判断在继续上涨前，它会跌 1 到 2 个点。此时，您可以在 $88\frac{1}{4}$ 处下一个限价订单（如"止损单"一节所述，在整数上方）。

如果您的订单是明天执行，或者不能在当天观察股票和大盘，那么限价订单通常是可行的。但是如果当天晚上您发现某只股票处于熊市或者在大跌的边缘，请在第二天开盘时就以市场价做空。在这种情况下，不要使用限价订单。

限价订单意味着只有在设定的价格或者好于设定价格的情况下，订单才会被执行。如果是买单，就是等于或低于设定价格；如果是卖单就是等于或高于设定价格。

不要同时做多和做空

除非您很有经验，任何情况下都镇定自若。否则不要同时做多和做空股票。

当有下跌的迹象时，您应该做空。

等下跌完成，您应该平仓。如果有反弹的趋势，您应该在同时做多。

【译者补充：不建议这种方法。】

如果只是小的反弹,您无需采取行动,而应该等到真正的买入信号出现。如果您预测了一个较大的反弹,您应该平仓。如果您预测股票还会继续下跌,那么在反弹的顶部,请继续做空。

但是不要试图抓住市场的每一次转机,请等待好中最好的时机。

在我最成功的做空交易中,我通常每个月做空一次。常常会有五到六次交易以损失告终,但损失通常很小,因为每一单我都设置了止损单。到年底的时候净利润不错,因为获利的交易通常收益巨大,往往数倍于损失。

考虑所有技术要点并尽可能的加以运用

在没有图表的情况下,通过报纸来判断市场。当您练习了波形图和其它的方法后,您可以很容易地应用这些原理来研究报纸中显示的股票行为。

选择几只大股票来研究他们与大盘的关系。他们在下跌时是否有支撑;是否引领或跟随大盘反弹;成交量与大盘的关系,在上升和下跌时成交量是小还是大。

如果您使用点数图,并且花了足够多的时间研究它,您会发现您能记住它。方法就是您盯住一个图形片刻,就像您的眼睛是照相机,在脑海里照了一张图片。当您手上没有图形的时候,这能帮助您研究市场。通过报纸,您能看到下单的时机来到时,图表上会发生什么变化。

最好避开分红日

仅仅因为马上要分红就买入股票是不可取的。很多人这样做,是因为他们错误的相信这是一笔额外的收入。这样的行为会让股票在分红前小涨一下,但是这些收益往往随后就会损失掉。

在牛市中,分红一两天后股价就能弥补分红,但是长远来看,这些收益都会被吸收在平均趋势中;因此为了分红而买入是错误的,仅仅是在赌股票会马上涨。

如果您在分红日做空股票，您必须支付分红，或者您的经纪人会从您账户里扣除。但是没关系，如果您做空的判断是对的，股价可能会跌去所有的分红。因此，在熊市中，当分红对股价的影响消失后，股价通常比平均趋势跌得更快。也就是，在分红日，股票不仅会跌去分红，更会多跌几个点，原因就是那些长期持有股票的人在分红后将股票卖出。

因此不管是做多还是做空，最好避开分红日。

金字塔式交易

您的图表会提示您在某些点位用金字塔式交易法，并在每一笔追加的订单设止损单。这些图表中有解释。

有些时候，股票准备好进入快速且重要的走势，即在弹跳板上一触即发，并且情况表明金字塔式交易的心理时刻已经来到。此时有两种好方法进行金字塔式交易：

（1）假如我们做空300股，当市场按预期走时，每跌1个点追加100股。开始的止损点和每次加仓的止损点都设在成交价3点之内。随着股价下跌，初始300股的止损应该同步调低，每次加仓的100股的止损价格不应该超过初始300股的止损点。

（2）如果开始交易100股，股价往预期每移动一点加仓10股。每次加仓都设止损。根据上述方法移动止损。

金字塔式交易结束和其它交易方式结束一样——直到股票图形告诉您该结束交易了。

千万不要认为股票显示了上升或下降的趋势就开始金字塔式交易。只有在某种情况下，这样的操作才是相对安全的。相对安全是因为没人在股市能保证绝对成功。

如上所述，做空时进行金字塔交易的理想时机是股票卖压很强而支撑很弱，显示出快速下跌趋势。做多时，持续的需求显示出强劲的上升势头。

至少需要10到15个点的移动来确保金字塔交易的有效性。

追加订单的时候应该用止损条件订单，也就是当价格达到指定价位时，订单自动成交。

断绝均摊的念头

当趋势不利的时候千万不要增仓。让一只股票往不利的方向走几个点是很坏的操作，想通过增仓来平均掉损失更是不可取。

如果一开始您的判断是错的，止损单可以让您及时止损。如果您没有设止损单，而价格持续反向运行，这就更证明您的判断是错的，为什么要执迷不悟呢？

您可能认为一只股票90很便宜，80更便宜，但是请记住，它可能跌到25甚至10。不管是交易员还是投资者都不能任由价格反向运行超过几个点。所以在交易中必须彻底断绝均摊的念头。

在市场走弱时及时平仓

必须在图表给出明确信号的情况下平仓。就像您需要好的理由下单一样，您也需要好的理由继续持仓或者平仓。

市场在不断地告诉您：什么时候买，什么时候卖，什么时候观望。

当市场告诉您应该保持中立的时候，不管盈利或损失，您必须平仓。

如果您在上涨、反弹，或大牛市时没有及时离场，那么您就没有资金在下跌、恐慌，或大熊市时抄底。

如果您做空但没有在市场走弱时及时平仓，您可能就失去了最好的机会。

詹姆斯·基恩曾对我说：买股票的最佳时机是当所有股票都下跌的时候，卖股票的最佳时机是当所有股票都上涨的时候。

第24章 建议和忠告（续）

投机客的必备素质

股市成功的两大要诀是：(1) 本书课程所教授的知识原理；(2) 正确应用这些知识原理的能力。著名交易员，迪克森·G. 沃茨，多年前曾说过投机客（投资者）的必备素质包括：判断力、自立、勇气、谨慎和灵活性。我认为还需加上一条，耐心。简而言之，严格的自我控制就等于成功了一半。

我们可以帮助您训练出良好的判断力，但是您必须训练自己具有坚定的执行力。这意味着在交易中您不受情绪的影响，就像模拟交易时一样客观、冷静、清醒地进行每笔交易。如果您<u>诚实地面对自己</u>，您就能做到这一点。试图探寻分析您的思维过程，研究您的心理弱点。<u>了解弱点是为了克服弱点</u>。如果您发现自己缺乏勇气、自立、耐心、谨慎和灵活性，请着重培养这些品质。<u>不具备这些品质就进入市场是愚蠢的</u>。

当您下单时，您对待每一笔交易的态度应该是：这就是普通的商业交易，任何交易都有风险。如果盈利，那么恭喜您。如果亏了，也不会有严重的损失，因为您用止损单控制了风险。您早就知道不可能每笔交易都盈利，所以对损失也能坦然接受。

这样您就不会浪费时间去后悔。错误的唯一价值，就在于吸取教训。因此，对待错误，您能采取的唯一行动就是研究错误的原因。后悔教不了您任何东西，只能从精神上折磨您，从而影响您的自我控制，影响您的下次交易。

一旦您能完全掌控自己的情绪，您会惊喜地发现这极大地提高了您的判断力。您的判断越准，自信越高，越不容易受别人影响。在这让我提醒您，成功的另一要素是您独立操盘的能力。

集体做出的判断是最差中的最差的判断方式，至少在股市这是一个事实。大嘴通常伴随着脑残，但是声音高亢比逻辑清晰更能蛊惑人心。这听上去很尖刻，如果您现在不理解，那么假以时日您会明白它的正确性。

您也不应该征求即使是您认可的专家的肯定，除非他和您遵循同一原则。即便如此，您也应该谨慎。有人可能站在投资者的角度看市场，有人可能站在日内交易员的角度看市场。您可能两者都咨询，却得到相反的观点，每个人的观点在各自的角度都合理，但却不符合您的目标。再重申一下，您可能仔细研究过某只股票，当您问一个并不了解这只股票的人时，出于礼貌，人家也会在没准备的情况下给您一些建议，这些建议往往会干扰您的判断。结果就是，您要么亏损要么错失良机。事实上，我们知道有这种情况，两个同样资深的交易员，在同一时间却做出了完全相反的判断，一个买，另一个卖，当然他们操作的是不同的股票。两个人都盈利。但是如果他们互相咨询比较，造成混乱，结果错失良机并且心情沮丧。因此，请务必养成自己得出结论并坚持己见的习惯。

在和别人讨论市场的时候，一个股票交易员必须像一个煮老了的鸡蛋那样坚韧，像鱼一样冷血，在所有流言面前是聋子，在所有新闻面前是瞎子，并且像门轴一样固执。

资本和勇气是您正式交易前必不可少的两样。您必须有足够的资本，也必须有勇气做决定和采取行动。

经过不断的学习和练习，您会积累信心，在您看到机会时，信心会给您行动的勇气。如果任何时候您发现自己没有勇气去进行交易，请先进行模拟交易，直到您找回信心。这种情况下您最好远离市场，在几天甚至几周内，别进行任何交易。当您再次回来时，您会发现您的判断力提高了。

谨慎。不要让成功冲昏头脑，去进行比您资金量大很多的交易。如果您有$10000，先试试一系列$1000左右小额股票交易。不要动用剩下的钱，除非您知道这$1000的交易是否成功。如果您损失了这$1000，再拿出$1000来交易；不要把剩下所有的钱都用上。

　　在交易记录上用一列记下每笔损失的<u>原因</u>，并进行研究。这将助您成功。

　　您一开始的交易额可能很小，但是这样对您很重要，因为"当树苗弯曲时，树也不会长直"。

　　请压制住您所有赚大钱的欲望。不要想着一次交易就致富；而是试图持续获利——年增长20%到45%也不是不可能的目标。如果您一开始的目标不是太高，您会惊喜地发现您利润积累得有多快。集中精力学习——不是学习大众如何交易而是<u>学习专业人士的交易方法</u>。

　　不要像局外人而是要像局内人一样交易。<u>试图摸清主力资金的意图，思考一下，如果您是主力资金，您会如何操作</u>。如果您想买入，那么您一定会尽量将价格压低。当您想卖出的时候，您一定会通过媒介散布牛市观点和利好消息以此来诱导公众买入，从而为卖出创造好的市场环境。这就是主力资金的操盘法。如果您懂了，就能在图表上跟踪主力资金的运作，并加以利用，为自己创造利润。这样就会不断增大自己的赢面。

　　<u>永远不要拿您输不起的钱去冒险</u>。如果您这样做，您的判断会扭曲。恐惧会让您判断失误，而希望会让您在该止损时犹豫不决。

　　<u>灵活性</u>。如果您不能摆脱希望和恐惧的影响，那么等到您有足够多的资本和时间再入市。这样您就能保持清醒、冷静和专注。同时再进行模拟交易，<u>就能更好地为实战进行准备</u>。

　　如果有疑问，请离场。没有什么比离场更能让头脑清醒。原因就是，交易员通常会因为已有的交易而产生偏见。如果他买入，他认为应该会涨，他的信赖通常盖过了他的理智。如果他做空，他会经常害怕反弹会将他的止损单扫掉。利弗莫尔曾说过，人们<u>在该信赖时恐惧，在该恐惧时信赖</u>。人们应该恐惧损失会发展成更大的损失，应该希望利润会成为更大的

利润。像常人一样在股市中赌博是绝对错误的。

无论什么时候,只要您发现信赖和恐惧干扰了您的判断,不管您是盈利还是损失,请坚决离场,离开几天,一周,甚至更长,直到您找回状态,能客观的做出判断。信赖和恐惧是很多股票交易失败的原因。您只有克服了他们才能成功。

在我当顾问的那些年里,我发现我成功的一个很重要的原因就是,当趋势存疑的时候离场数天或数周。我的学员们常常抱怨,因为他们交了一整年的费用,我却不让他们交易,剥夺了他们交易的权利。我的回复是,离场是最好的建议,我并没有承诺他们时时刻刻都在交易。我的目标是在年底扣除所有的损失、佣金和费用后能有大利润。

我知道有人一年只交易几次。我记得有一年我有很多其它事要忙并没有太关注股票账户,但那一年我确实交易了三次,每次都盈利,总盈利七倍于本金(使用了杠杆),并且之后都不再需要使用杠杆。

预期利润。不要将思维固定在您预设的利润上。在您下单前,图表会暗示概率。永远不要说我这一单会有20点的盈利,因为这只是信赖,可能会导致您持仓过久。即使是大银行,大投机商和大操盘手也永远不会知道何时离场。市场瞬息万变,在您持仓24小时以内,您可能不仅要离场还要反向操作。您必须保持灵活,能根据情况随时做出反应。

不要拿您的判断去对抗市场。今天趋势这样,明天趋势可能那样。您需要培养的是感知并且跟随趋势的能力,无论趋势走向如何。

耐心。如果您发现在本该盈利10或20点的时候您只盈利5个点,这可能是因为您缺乏耐心。您的图表会显示您在不该离场的时候离场了。您必须等到确定的信号出现,告诉您股票走完了趋势并准备反转的时候离场。

耐心在交易中是不可或缺的:等待机会成熟的耐心,等待利润增长的耐心。利弗莫尔说过只有在他学会不受反弹和回调的影响,保持仓位直到有明显离场信号以后,他才成为大赢家。

不要只是因为您有闲钱就匆忙入市,而是要等到机会出现。假设您三

个月内有 $5000，利息按 6% 算就是 $75，如果您不投资，这点利息就损失掉了。一年一次成功的交易所得收益能比利息高很多倍。但是一单匆忙的交易却能让您损失一整年的利息，更别提对您信心的打击了。

同样，如果您认定市场已经到顶，并且平仓收割了利润，就不要想着还能再涨几个点再匆忙买入。让其他人去赌那最后的蝇头小利。如果一切顺利，您总能在低价时再买入，即便您可能要等上6个月或一年。

请保持耐心，直到时机成熟大的趋势即将到来，然后迅速行动。不要去争论是否该等到更多的信号出现。等到您百分百确定的时候，趋势已经启动，机会不再。如果这真的发生了，不要再错误地去追赶趋势。因为您这时候的判断会有意无意地被之前的错误判断所影响头脑不再清醒。有句话说得好，涨得越高越不想买（如果您看涨），跌得越低越不想卖（如果您看跌）。所以您不如寻找下一个机会。

永远不要认为您必须时时刻刻在盘上交易。实际上，时不时清仓，让您的资金完全流动不失为好的做法。这样做的目的是阻止您思维僵化，保持清楚明白的视角。

<u>永远不要去交易一只股票，除非您仔细研究了它所处的位置、历史背景和当前的行为</u>。如果您还没有图表，请务必准备好图表之后再行动。

不要仅仅因为您<u>认</u>为好，或有消息说好，或有朋友推荐，又或是经纪人说某某大人物开始买或卖而交易一只股票。

如果您必须依靠咨询服务，也请亲自研究他们的推荐和观点；如果您不同意也不要犹豫。他们的判断也不一定比您的好，当您全面掌握了这套方法，您的判断可能比他们好太多。

<u>自立</u>。永远不要问您的经纪人或其他人对市场的看法，对您的建议，或是否同意您的交易计划。要形成并完善自己的观点。当您的观点越精确，您的信心就越大。学会尊重自己的看法而不是别人的看法。如果您跟随别人的观点，那么您自己的判断就会削弱，这与您<u>应</u>该做的背道而驰。持续不断的培养更精确的判断力，您的获利能力就会不断增加。

您不变的原则是永远不要让经纪人或客户表达他们的看法，只有当您

问的时候,他们才给您报价。理解并遵循这一准则,经纪人只是帮您完成订单,除此以外别无其它。

当您问另外一个人看法,问选择哪只股票,您就将他(她)的看法和您自己的看法混淆在一起了。大多数情况下,他(她)的看法充其量只能算是猜测。而您的看法是基于图表所显示的事实。当您不断地练习本书所讲述的方法后,您的看法会越来越精准。研究,练习,交易从而提高您的判断力、预见性和自立。新学员尤其不能去咨询经纪人:"目前怎么看市场?"这会导致经纪人给出观点后,学员的认知立马发生了偏差。

尽管经纪人会被经常询问对市场的看法,但其实他们也不愿意回答。亚瑟·布里斯班曾写到:"当建议是正确的,买家会欢喜于自己的智慧而忘了出处。而当建议是错误的,他们就会恨上提供建议的人"。

经纪人喜欢从不问建议,知道什么时候如何操作,给出清晰下单指令的客户。经纪人手头是忙不完的客户账单和下单指令,再问他们如何买卖,对他们所赚取的佣金而言无异于剥削。

不要将基本面、统计数据、报纸头条(通常与国际国内政治形势有关),与银行、经纪人或商业伙伴的对话混为一谈。这样只会歪曲您的视觉,损害您的判断。

不要通过您在盘口匆匆一瞥看到的内容来判断市场。首先,除非您是一个活跃的交易者并且能够每天花5个小时连续看盘,否则您根本不应该去看盘。但如果您确实有机会打电话给您的经纪人,请远离盘口。匆忙在午餐时间来看看市场的表现是非常糟糕的做法。这就像随机跳进电影院看电影一样,您只看到女主被坏人绑架,生命垂危的片段,就以为她死定了。殊不知,立马就有男主带着警察来救援。

注意不要把小的波动和中期走势混淆起来,也不要混淆短期交易和长期交易。如果您的投资是为了取得5个点的利润,那么在图上显示利润达到后就马上结束交易。另一方面,如果您希望通过趋势图的分析得到10—15个点的收益,那么当收益达到后就结束交易,不要再跑到经纪人办公室从而使自己的计划付之东流。短期交易需要更高的技巧,而这些技巧不一定适用于中期交易。因此如果您把他们混淆起来，一定会导致巨大的损失。如果那样，您总是会在暴涨时进场在暴跌时退出，除了只会付给经纪人更多的佣金外，您会一无所获。

综上所述，不要混合使用您的或者其他人的交易方法。

我们偶尔看到新学员努力把本书的内容和他先前学到的想法或理论结合（尤其是那些流行的对几何形状的研究）。在交易中试图寻找捷径的想法是完全错误的。交易更像是一门艺术，而艺术的本质在于它不能被简化为僵化的公式和机械的或数学的线条。简而言之，您不能通过机械的计算来解决市场问题。

我们的经验证明，那些放下所有其它理论方法（特别是道氏理论）的人有最好的回报。有这样一件事：一位学员正确地判断了上涨趋势并精确地预测了主力板块上涨的点数。但是当上涨到他预计的一半时，根据道氏理论，股市会反转，他不仅应该卖出全部股票还应该做空。结果，由于不按本书课程所学却按道氏理论所说的一样反向操作，他错失了一半的上涨势头。他不仅损失了利润，而且错失了在顶部离开市场并做空的机会（这里道氏理论再一次没能预测出反转）。

那些没被以前的想法束缚的学员取得了最快的成就，因为他们100%遵照本书课程并很快站在了赢面。因此，我们希望您不要将我们的方法与其它方法混用，因为我们的方法是实用的，是根据富有经验的一线操盘手的实际经历得出的，而不是那些只会空谈花哨理论的人，比如股评家、统计学者和自称专家的专家。我们的方法是全面的，涵盖了您所需了解的市场的方方面面。在长达25年间，我们的方法经历了各种市场行情的考验，事实上，我们的方法所基于的原理自市场诞生就存在。它给数以万计的人们带来了财富。它不能和其它所谓的方法混用，这样做就像去看两个医生，开两种不同的处方，同时吃两种不同的药，还幻想能治愈。您真的只需要遵循一个医生的医嘱就行。事实上，我们认为除非您使用本书的方法，要不然您最好远离市场，去从事您确实理解的其它商业或职业。

不要缺乏耐心，幻想一开始就盈利。即便是进行模拟交易前也请全面透彻的理解本书的方法，这样才能为将来打下坚实的基础。持续进行模拟交易，哪怕交易一块钱，也请等到您对自己的判断充满信心再开始。

有时，有些学员没有学完整个本书的课程，而只是学习了某些技巧就开始操作。站在对双方公平的角度，他们应该遵循整个方法，那就是阅读、学习并研究这些方法。在您熟练掌握本书的方法之前请进行模拟交易，然后再开始小额操作。

我们问过一个学员，他是医生并坚持立刻开始操作股票，"在您执业医生之前，您进行了多少年的医学学习呢？"他回答"五年。""那么为了您的利益，让您学习3个月再开始交易是否要求太多呢？"他承认，"那很合理。"

附录1 切记！

上述第23、24两章以及接下来的内容，与前面的技术研究章节一样，都是本书课程的重要组成部分，甚至尤其重要。

我们强烈建议对这些内容反复阅读，特别是在真正交易之前，直到您把这些内容印在脑子里。然后经常阅读并刷新记忆。

之所以这样建议，是因为我们发现很多技术上很好的学员搞砸了一个很好的交易，他们没有让交易心理一直保持新鲜状态。

附录2 不给交易建议

我们不做交易建议。首先我们的公司规定不允许，另外图表提供商也没有授权我们。

我们的服务是教授交易股票的这门科学。我们帮助您培养自身的判断能力。我们的目标就是能够让您独立操作，而不是一直依赖我们。当您达到这个程度的时候，您就完全掌握了本书所教授的交易方法。

如果我们直接告诉您买什么股票和什么时候买的话，我们不是在帮助您，而是给您的成长路上设置障碍。一个判断的质量好坏不来自于任何建议。如果我们直接告诉您怎么做，并且事实证明我们是对的。这不证明我们有一个好的交易方法，只能说明我们没有好的交易方法（只能靠交易建议生存）。

今天的牛市信号到明天可能是完全错误的。不仅是市场的趋势可能随时改变，而且股票的位置也会随时变化。因此，除非提建议的人一直跟踪这个建议下的趋势，并告诉您市场是否验证了他的建议，否则这个建议没有任何价值。

如果给交易建议的话，必须附带止损价格，然后持续关注市场，并给出移动止损价格。没有这些跟踪，只是告诉大家买某只股票，这种建议对任何人都毫无价值。

当您问我们的时候，最好先给出您自己的行情解读，然后我们给出有帮助性的建议。所有的市场解读都要等待接下来的市场动作来确认和否定。如果我们给出关于股票位置或者大盘位置的建议，这种建议纯粹是为了提高您的判断质量，并且这些建议只适用于模拟交易，这些建议永远不做为真实交易的建议。我们的任务是教学而不是提供交易建议。

　　当您按照要求完成了充分的模拟交易之后。您对市场的判断能力会更强。在验证自己的水平的时候，可以这样问自己：我是否做了足够多的模拟交易，并且这些交易的总体利润大于亏损？如果是这样，说明我为真实交易做好了准备，否则，我还没有完全掌握股票交易这门科学，还没达到做真实交易的水平。

附录 3　指导和训练

在培训当中，我们会讲解使用这种方法的所有操作细节，并且学习如何解读市场的每一个阶段。如果您订阅我们的服务，这些指导都是免费的。

我们也为公司提供指导和训练业务，包括理查德·威科夫先生最有价值的的教程。我们希望您把您的问题排序发给我们，然后我们按顺序回答。您应该详细叙述您的问题以及希望得到的解答，以便我们给出更清晰的答案。

如果您能提供模拟交易的细节，您会收到我们关于这个模拟交易更全面的讨论，包括重要交易原则的应用方法。

<u>好好地利用我们的市场知识指导服务</u>。请随时联系我们。这套教程可以决定您在金融事业上的未来，如果方便的话，欢迎您到我们的公司来做客。每天我们都接待来自各地的学员，他们来学习既帮助了他们自己，也对我们的辅导课程的设计很有帮助。

您加入我们的服务的时候，我们很高兴回答您的任何问题。在您自己的学习没有很大进步之前，我们强烈建议不要到我们办公室来寻求 1 对 1 的辅导。

附录4　您应用了本书中全部和完整的交易原则了吗？
您是否错过或者忽略了其中的一部分？

本书所述的交易原则清单

这些总结和建议是基于以往订阅者（学员）在从事交易初期所遇到的困境（错误）。我们把它们列在这里，作为您的参考信息和指引。

亲爱的E先生：

　　我们检查了您过去几个月的交易，下面是您交易中出现程序上和操作上的错误：

　　1. 您单一地使用个股的点数图进行交易。（而没有结合其它图表进行分析和判断，比如竹线图、成交量、波线图，等等。

　　2. 不是所有的交易都跟大盘走势一致。

　　3. 在使用真实资金之前，您没有进行足够时间的模拟交易。

　　4. 您的进场经常太晚，比如趋势已经发生了一段时间或者趋势即将结束的时候。

　　5. 您太着急获取利润，破坏了一个好的判断。

　　6. 您经常很着急，没有耐心。

　　7. 在下单之前您没有正确的估计股票（趋势）能走多远。

　　8. 您没有使用位置图，只是用直觉选择股票，而没有经过理性的计算。

9. 您过早地停止了（必要的）模拟交易。

10. 您经常买突破，而没有等回调再进场。

11. 您同一天做两次到三次交易。在没有完成充分学习和实践的情况下，这种交易频率会导致失败率增加。

12. 您放弃使用竹线图，竹线图应该和点数图结合起来使用。

13. 在 Atchison 这个股票交易中，在有很多买入信号的价位，您没有进场，反而是在涨了 20 个点之后才进场，当然，您的止损单被扫了。

14. 您没有设置止损单也没有使用移动止损。

15. 有几次您给您的经纪人打电话，征求他的建议，您采纳了他的建议，（卖）空在底部（那里本应该什么都不做）；您进场的时候正是应该离场的时候；您采用了他的建议，导致您失去了一个很好的交易。

16. 还有一次，您阅读了某机构的市场分享报告，说股票因为某个消息会涨，您丢失了一个非常合理的空单。

17. 您跑过去听了一个朋友讲的双顶和缺口形态交易策略。使用这些图形，表面上是在预测市场，但是没有一个解释这些用形态交易的逻辑推理依据。

以上就是您交易上遇到困难的主要原因。总结成一句话就是：您没有根据本书的课程要求进行落地练习，比如进行足够的模拟交易。

我们建议您重新开始。第一，重新学习整个本书的课程。然后按照这封信的教程进行模拟交易。如果必要的话，做几百次模拟交易，直到您的判断有了进步，直到您的收益大于亏损。然后开始使用资金进行轻仓交易，直到您可以用利润所得来增加仓位。

现在对您来说，忘记您曾经使用的方法非常有必要，改掉一些坏习惯，跟专业老师学习。您会逐渐形成自己正确的判断程序（书中所说的），然后开始赚钱。如果您不听从这些建议，请停止交易，并且放弃成为一个成功交易员的想法（您这样做的话，我们会感到很遗憾）。如果您按照书中的教程学习，我们相信您会成功，因为成功在一些基础比较差的学生中已经实现。

附录 5　每日工作程序

1. 保持使用大盘和板块的点数图和趋势图。这样您能知道市场的整体趋势。只是研究一只或者几只股票无法完整得到整体市场的趋势。您必须依赖路线图、大盘和板块的趋势图，才能知道下一步的涨跌，或者是否达到您要进场的位置。为此我们的分析要结合大盘和板块的竹线图和点数图，以及成交量。这样我们得到更完整的预测。

2. 每天坚持更新点数图和竹线图。

3. 每天更新位置图。

4. 完成上述更新之后，在位置图上加一列，当前的行情是否证实了趋势信号。并把这些数字放到位置图形上。可以随时提醒我们趋势是否改变。

5. 按照上述程序做，交易会有非常好的结果。

附录6 总结

通过这套教程，威科夫先生为我们奉献了最好的交易理念、交易计划、交易方法和交易技巧。能否成功完成并应用这一教程，取决于您花的时间和您的资金能力，您最后所要达到的目标，您希望是交易还是投资，以及您能够获取最大利润的努力过程。

您可能会问，需要多长时间才能成为成功的交易员？答案是可长可短，看您怎么选择。但是当您阅读和学习本教程之后，您就知道花的时间越多，收获就越大。如果您愿意，您可以把交易作为唯一的（一生的）职业。

应用本书这些原理，长期的实践和总结经验，会让您非常受益。您会发现，您已经渐渐地培养了自己对市场的直觉。

直觉是不用特意的推理就能掌握市场节奏。

曾经有一段时间威科夫先生无法正确地判断市场，因为当时他还没有获得他后来所学到的知识。他的这些知识不是能在书上找到的，而是来自于他日常的研究和经验总结。这样，威科夫先生不得不在研究中寻找错误的根源，一点一滴地进行钻研。每个交易员都需要很长的时间来解决交易上遇到的困境。（因为市场总是会出现以前没有遇到过的情况。）

本书所提供的工具和方法，是威科夫先生成功用于实际交易中的工具和技巧。怎样学习和怎样使用，取决于自己的努力。您在使用本书中的交易原则过程中，遇到任何问题，以及有任何要求，我们很高兴为您解决，同时我们也很欢迎您们的批评和建议。

股票市场是世界上最伟大的游戏。最富有的人、最专业的人以及最有实力的个人、企业、银行和投资信托公司，都在玩这个游戏。他们已经从中赚取了上亿美元。

关于点数图工具，是我们交易员在日常交易中使用的工具，是目前最真实反映威科夫点数图计算方式的版本。如您需要，请与我们实验室咨询。www.zibencity.cn

译者的话

公众选择学习交易，喜欢那种固定的形态和指标（因为这种方式很容易接受，很好学）。他们希望老师把点位和形态总结好，然后马上就可以机械地照搬使用，并梦想着能够立刻赚钱。其实这些公众是希望能够用固定的形态来对付复杂的市场。然而市场的复杂性已经超过了公众的想象和认知。资本市场是个和其它科学一样的领域，同样需要长时间（不间断地）研究和实践，其中的知识完全不在公众的认知范围内，而这些知识就是让我们控制风险和盈利的关键。所以，如果要认真地考虑进入这一行业，从态度上就要重视，并做好持久战的准备。而不是以为懂得用几个技术指标或者形态就可以速成了。

从开始动笔翻译到现在接近完稿已历时 8 个月。期间经过了数次的推敲和完善，在这里要感谢团队所有成员和老学员的合力相助，让这本纯粹的专业书籍更具可读性。在翻译过程中也是感触颇多，之所以这本书在我的专业生涯里有不可替代的价值，不仅是因为我读过数百遍，更是因为我对每一个细节的数次的深度思考，特别是经历了很多实战之后的深度思考。这本书更适合以极其严肃的态度和市场打交道的人，这样他们会以深度思考的方式来面对和解读这本书。只有以这样的态度，他们才能从这本书中汲取更深层的市场内涵，他们才是真正从中获益的人。而那些到处寻找捷径的人，在他们的心中有一个信念，就是一定能够找到一个省心省力的交易方法赚钱，他们的时间都花在到处寻找这种方法的路上，我更希望这些人能够静下心来，带着深度思考的方式来认真读一下这本书，我相信会改变一些他们对市场的认知。

请记住：证券市场是来赚你钱的，而不是让你来赚钱的。如果想逆转这个事实，或者说想从证券市场上赚钱，我们就要有一个谦卑的态度：遵从市场，敬畏市场。这里所说的遵从和敬畏市场，是因为市场与科学及艺术有同等的地位。我们要用对待科学和艺术的心态来对待市场。科学和艺术上的成功，需要数年的磨练，市场也一样。没有这个过程，我们无法从内涵上驾驭市场，一路上只能被市场的表象牵着鼻子走！

请切记：您想从事资本市场这个行业，从现在起，就做好成为一名心脑外科医生的准备！GOOD LUCK！

孟洪涛（Edward Meng）
2019 年，于美国伊利诺伊州